Gentagne spor

Gentagne spor
Tyge Ingerslev

Tyge Ingerslev
Gentagne spor

© 2025 Tyge Ingerslev
Redaktion: Tyge Ingerslev
Korrekturlæsning: Tove Ingerslev, John Bertelsen og Stig Lægdsgård Madsen

Forlag: BoD – Books on Demand, Hellerup, Danmark

Tryk: BoD – Books on Demand, Norderstedt, Tyskland
ISBN: 9788743068914

Indholdsfortegnelse:

Forord:

På en måde er der noget deprimerende over erindringer – som om livet ER levet, og nuet er omdannet til ren erindring, og noget er der om snakken.

Når man bliver ældre, mærker man verden langsomt forsvinde. Man synes, at debatter og samtaler bliver mere og mere åndsvage, og mennesker kommenterer ens verdensbillede med et venligt men overbærende smil.

Det er fordi verden flytter sig og i dag med en rasende hastighed. Jeg lytter og følger med, men synes verden ter sig tosset.

Verdens forestillinger om mening fjerner sig ubønhørligt fra min. Som en anden gammel gnavpot oplever jeg i det overbærende smil hos alle de aktive en selvsikker forestilling om, at de og deres verden lever evigt – at fremtiden stopper med dem, og at fortiden er noget gammelt skrammel.

Rigtigt er det, at fortiden ikke lader sig ændre, selvom en vittig hund engang har sagt, at så har man ikke skrevet sine erindringer, mens Sartre mere venligt mener, at erindringer er det eneste paradis man ikke kan fordrives fra.

I hvert fald er fortiden vigtig, for selvom den er gået, så bærer vi den med os, når vi i nutiden skal tolke, hvad der er meningsfuldt eller ej.

Samtidig mærker man både i sin krop og bevidsthed, at enden – nok ikke er nær – meeeen den nærmer sig, og at den pludselig er blevet konkret. Løgstrup nævner et sted, at vi lever med et grundlæggende livsbedrag om udødelighed, men dette bedrag bliver sværere og sværere at holde fra døren.

I sådan en situation er det livgivende at skrive sine erindringer, for man får italesat sin eksistens og talt tiden imod. Det betyder ikke, at erindringer bliver et surt kampskrift, men blot at man italesætter sin eksistens. Ja, man bliver på sin vis udødelig. Mark Twain har sagt, at de to vigtigste øjeblikke i ens liv er, når man bliver født, og når man finder ud af hvorfor.

Det at samle sit liv i ord giver en stor glæde, fordi man opdager, at der faktisk har været en sammenhæng og mening i galskaben. Som en vigtig sidegevinst – måske i virkeligheden hovedgevinsten, genopstår ens liv. Gamle og glemte erindringer træder frem.

Det er dybt tilfredsstillende og på den måde bliver erindringer en stor glæde i hvert fald for den skrivende.

Men der ligger også lidt af et omnipotent storhedsvanvid i memoirer: Hvem siger, at mit liv er interessant og læseværdigt – hvad berettiger mig egentlig til at stjæle andres tid. Jeg er ingen berømthed og har ikke sat uforglemmelige spor i verden, og alligevel påstår jeg, at historien om mit liv har en berettigelse. Begrundelsen er, at ethvert menneske er et mirakel, og dets liv en spændende historie, hvis man evner at beskrive og fange de mange spændinger og overvejelser, der opstår når et subjekt sættes ind i en verden. Derfor er mine erindringer heller ikke en kronologisk opremsning af begivenheder, men mere en refleksion over det liv der blev mit.

I kunstverdenen diskuterer man for tiden, om kunst eksisterer uden en betragter. I disse postmoderne tider med ren konceptkunst, ofte uden et egentligt værk, er spørgsmålet relevant, men tager man udgangspunkt i Kants kunstforståelse, er der også et værk i nattens mørke. På samme måde med erindringer: Gennem ordet er de blevet eksistens. Det betyder også, at filosofiske tanker om f.eks. tid, bevidsthed, kunst og kristendom bliver en del af erindringerne. Måske nørdede, kedelige tanker, der med min begrænsede viden og evner kan mangle kvalitet, men det er mit håb, at de også har almen interesse og finder en klangbund hos dig – kære læser, og måske kan rykke en smule ved de fordomme som danner grundlag for vores forestillinger om nutiden.

Da mine forældre døde, var jeg en af de aktive og udødelige unge, men i dag ærgrer jeg mig over, at jeg ikke fik deres historie, inden det var for sent. Hvordan var de som voksne mennesker – deres ægteskab, deres bekymringer og glæder? Det ærgrer mig, fordi de er en del af mig og min selvforståelse, og fordi historien – fortællingen – er en vigtig del af vores liv. Det er mit håb, at jeg med disse erindringer kan videregive en fortælling til mine børn og børnebørn, der giver deres liv perspektiv. Derfor er erindringerne også dedikeret i kærlighed til dem.

God fornøjelse!

Kapitel 1.

Big Bang.

– Vejret:
Efter sommerens varmeste nat klarer vejret noget op og bliver meget varmt. –
Forventet dagstemperatur 28 g.
Ved morgenbordet åbnes den dugfriske avis. Man håber på lidt køligere vejr og dagens vejrudsigt i Dagbladet Politiken læses med interesse.

På forsiden – dagens Breaking News:
– Børnelammelsen:
Ikke epidemi, men – sværere tilfælde. "Usædvanligt at så mange mennesker angribes, siger Dr.med. Frits Neukirch, Blegdamshospitalet, der i øjeblikket har 100 patienter indlagt.
– Et Douglas Dakota rutefly er styrtet ned ved Rio Verde.
– Stor-godsejernes vælde afsluttet i Ægypten.
– Frugthøsten begynder.

Inde i avisen har firmaet Stofman investeret i en sort hvid reklame med Kvalitetsmetervarer lige fra 1,98 kr. per meter, og under Officielle Meddelelser oplyses, at bagermester Karl Emil Hansen bliver begravet fra Kapellet på Sundby Kirkegaard.
Det er onsdag den 13. august 1952 – en usædvanlig almindelig sommerdag i Danmark.
Folk bliver født, og folk dør.
Jeg blev født den dag.

Trygt ligger man i sin mors mave isoleret fra fly i flammer, børnelammelser og godsejere i Ægypten. Man er en del af en helhed. På en gang sammensmeltede og dog sig selv – uovervindelig i en følelse af fuldkommen gensidighed. Men der er ingen vej udenom: Ubarmhjertigt presses man ud i verden, halvkvalt, blå med kraniet mast sammen, og mødes af sin far med et klask i måsen og velkomsthilsenen: "Godt at han blev en dreng med den næse. Den var jo en hel fødselshindring."

　　　Det er en oplevelse, man med en vis ret kunne kalde traumatisk. Jeg har siden brugt det meste af livet på at komme over den.

Alle nyfødte burde have tilbudt akut krisehjælp hos en psykolog, men i stedet klippede min far glædestrålende den sidste forbindelse til den ultimative kærlighed over, og der ligger man så for første gang i sit liv og gisper fortvivlet efter vejret, skrækslagen og alene.

For mig var den 13. august en helt usædvanlig ualmindelig dag – og alligevel ikke et ord om det i dagens avis!

Indsmurt i lort og blod lå jeg rynket og blå og skulle gøre verden til min, og min første uoverensstemmelse med den startede, da verden helt upåagtet fortsatte livet som om intet var hændt, mens den for mig var The Big Bang, der satte verden og tiden i gang.

I over 70 år har uret tikket, og jeg har stædigt kæmpet for at overbevise verden om, at min ankomst var noget helt specielt, men jo ældre jeg bliver, des mere er jeg klar over, at den 13. august 1952 nok alligevel blot var en helt almindelig, men dejlig sommerdag, hvor jeg kom til verden.

Helt alene var jeg ikke. Skrigende blev jeg lagt til et varmt bryst og mærkede den bløde svampede brystvorte og den kildrende fornemmelse af sød velsmagende mælk mod ganen. Et øjeblik følte jeg igen den velsignende fornemmelse af fuldkommen helhed og en næsten perfekt tilbagevenden til min trygge fortid. Mit første dopamin trip, hvor jeg oplevede det vigtige at finde erstatninger for fostertilværelsens gensidighed og fornemme en følelse af vellyst og belønning.

Erstatningerne er siden blevet mere og mere avancerede. Brystet blev erstattet af en sut, og sutten af min dejlige pibe, som fornuften og alskens pegefingre tog fra mig, men siden har jeg fundet andre og spændende surrogater for tabet af den ultimative gensidighed den onsdag i 1952.

Og jeg forlod min mor og hendes brystvorte. I begyndelsen fulgt af formanende ord om lektielæsning og "Pas nu på..." og dårlig samvittighed, indtil alle børns Karius og Baktus'er fik overtaget i skriget "Du skal ikke lytte efter din mor."

I det skrig ligger der en oprørsk frihedstrang men også en fortvivlelse, for sandheden er, at man aldrig slipper hverken forestillingen om den ultimative gensidighed, brystvorten eller formaningerne.

På samme måde har mødre en sjette sans, når deres børn river sig løs. I teenageårene havde vi i kælderen lavet en bordtennisklub, som mest var et skalkeskjul for at invitere dejlige piger ned på divanen. Færrohormonerne må have simret op gennem gulvbrædderne, for når man endelig havde fået adgang til dejlige Ullas BH, og usikkert famlede med låsen for at få den op, blev døren ned til kælderen åbnet, og min mors sukkersøde stemme lød oppe for enden af trappen "Tyge – hvad laver du?"

Tilbage til fødslen:

Min mor havde længe forberedt sig til begivenheden. I min fars dagbogsnotater skriver han den 12. august:

Jeg havde siddet hele aftenen og skrevet attester til Varedirektoratet og invalideforsikringerne, og det var blevet sent, da Dot kom listende ned ad trappen med en fast, men ikke just objektivt underbygget følelse af, at nu skulle det til at ske.

Da jeg ikke kunne få hende pacificeret, måtte jeg til at hjælpe Dot, så hun kunne få luft for sin rengøringsdille, for der var selvfølgelig uorden og snavs overalt, selvom Dot nu har ventet og gjort klar den sidste måned hver dag med rengøring og afpudsning.

Nå – vi fløj rundt i huset på lette fjed med koste og spande som et svalepar i en ladeport. Dot kendte mig dog godt nok til at servere en kop kaffe med blødkogt æg og en ostemad midt i travlheden, og nu er hun i gang med at sæbevaske gulvet i soveværelset. Det kan jo hurtigt blive alvor, men jeg har nu ikke set noget overbevisende tegn til, at der er gang i det, så jeg tør næsten ikke tro det. Bare ikke Dot bliver skuffet med en længere ventetid, end hun regner med. Men jeg kan da altid hjælpe lidt til, så kan det jo være, at det bliver til noget op på dagen.

13 august 1952:

Ja – så blev det omsider til alvor. kl. 8.30 fødtes en stor dreng, og der blev stor glæde og fest!

Læser man i hans dagbog fra året inden, opdager man at han har drømme om at blive skibslæge i et ½ år og får i december 1951 af Lægeforeningen tilbudt en rejse til Buenos Aires, men efter mange overvejelser takker han nej. Ansvaret for familien og min mor med 4 børn og en på bedding, har formentlig været for stort. I februar 52 skriver han: "*Det nye år begyndte med spekulationer over skibslægerejsen. Nogle bekymrende dage med undersøgelse af Dot tilsidesatte rejseplanerne til næste år. Skuffelsen herover var ikke til at feje helt til side, Dot havde det skidt, men den lykkelige udgang på de diagnostiske overvejelser var jo et lyspunkt.*"

Graviditetstesten var positiv, og man kan ikke lade være at tænke på, om ægtemandens flyvske tanker om at sejle om på den anden side af kloden havde noget at gøre med, at jeg blev til. At min mor med graviditeten lagde det afgørende lod i vægtskålen for, at han blev hjemme.

I hvert fald blev rejsen aldrig til noget, men til gengæld kom jeg til verden, så måske er jeg født på ruinerne af min fars drømme. På den måde blev jeg en del af en familie med en far, mor og 4 søskende.

Hjemmet:

Min far var praktiserende læge. Efter kandidattiden nedsatte han sig efteråret 1940 i en nystartet praksis i Søhus, en lille forstad 5 km. nord for Odense. Pengene var i starten små, og den hastigt voksende familie boede under krigen i trange kår, hvor forældresoveværelset i starten var lejlighedens køkken, og hvor min mor på grund af sin højde, måtte sove med benene inde i komfurets bageovn. Praksis var startet fra bunden, og meget afhang af sygekasseformand Pedersens gode vilje.

Mit barndomshjem i Søhus nord for Odense

Senere blev økonomien lidt bedre, og i – 43 blev der råd til at bygge mit barndomshjem –Slettensvej 71 – en villa med rødt tegltag og overvejende pæne regelmæssige gule sten, men iblandet mærkeligt knortede, forbrændte, deforme og uhyggelige sten, som gav huset et lidt pjusket og uperfekt udseende, men som også skabte variation i den pæne facade, og som på en måde fint afspejlede vores liv i huset: Et pænt borgerligt liv, men også et uforudsigeligt og livligt hjem med aparte mørke og lyse sider, mange gæster og en fortravlet og engageret råben og skrigen.

Den pæne forhave med græsplæne omgivet af en halvcirkel med knasende perlesten, hvor patienterne kunne køre ind og ud, og en vidunderlig dejlig stor baghave, der skrånede ned mod et siv-og skovområde.
I den have er der blevet gravet huler, og i lune sommeraftener leget 'Krongemme'. Jeg husker min søsters tællen til ti efterfulgt af et pirrende "Nu kommer jeg", solens sidste stråler gå ned bag skoven, uroen for at de voksne skulle kalde os ind, græsplænen og staudernes grønne farver forsvinde og omdanne haven til et blågrønt, dunkelt eventyr.
Vi drenge var røvere, der gravede skatte ned, og for at understrege alvoren i projektet, havde vi stjålet en halskæde med fine, og formentlig også dyre sten i min mors smykkeskrin og gravet ned i haven. Da min mor flere måneder

efter fandt ud af det, blev vi kaldt til krydsforhør og med røde kinder beordret til at grave haven igennem, men smykkerne blev aldrig fundet.

Praksis var en del af privatboligen. I venteværelset sad sekretæren ved et lille skrivebord og tog imod, talte i telefon om hæmorider, børneorm og kønsvorter, alt imens patienterne pænt lod som om, de ikke hørte noget. Der var et fællesskab blandt folk, som kom af en kollektiv bevidsthed om menneskelig fejlbarlighed – at vi alle var i samme båd.

Om onsdagen aftenkonsultation, hvor venteværelset var fyldt til bristepunktet, og ofte måtte foldedøren ind til vores spisestue åbnes op, og folk sad bænket om familiens spisebord og kiggede over på skænken med familiebillederne og doktorens halvfyldte vinkaraffel. De aftener måtte vi bære vores mad gennem baghaven om til stuen.

For en dreng var min fars konsultation et mekka af mærkværdige instrumenter. Katetre, tænger til tandudtrækning, skalpeller, der glimtede skarpt i operationslampen. Blodprøveglas, og affaldsspanden fyldt med servietter og mecher med blod.

Hele rummet lugtede af sprit og karbol, undtagen en af de to vaske, der havde en svag lugt af tis. Ved det ene vindue, min fars skrivebord med små hylder til blanketter og recepter.

Min Far i sin konsultation

Tempoet var hæsblæsende i klinikken. Sekretæren for ind og ud ad dørene mellem stuen og konsultationen, og i kaldeanlægget gjaldede min fars stemme utålmodigt "Fru Folderås !!!" Når jeg cyklede på min elskede trehjuler inde i stuen, kom min far farende ind med kitlen flagrende, satte sig, tændte piben og råbte: "Kaffe, stærk, straks!" – og min mor eller Fru Folderås fik hurtigt serveret en kop kaffe, stærk som tjære.

En dag havde jeg i sjov slået ud efter vores unge pige og slog hånden igennem køkkendørens glasrude. En ordentlig flænge i håndleddet, og blodet, der pulsede fra såret. Jeg hylede utrøsteligt, og min far blev tilkaldt fra sin travle konsultation. Med et vredt "Nu tier du stille " blev jeg slæbt hen i konsultationen og lappet sammen uden bedøvelse – Doktorens børn fik ingen særbehandling.

Vagtordninger var der ikke rigtig noget af. Skulle man i teater, kunne man ringe til en kollega, men ellers passede den praktiserende læge sine patienter 24-7. Det betød også, at det kunne ringe på døren på alle tider af døgnet, også selvom der var gæster.

Når mine forældre inviterede til middag, var der ofte mange kollegaer, og til datidens fester var damerne i lange kjoler og herrerne i smoking. Der blev spist og drukket rigeligt, og spisestuen var ved desserten indhyllet i en tåge af cigarrøg, råben og latter.

Hvis en patient ringede på under festen, blev han eskorteret af 4-5 cigarrygende læger ind i konsultationen og behandlet under store faglige diskussioner og fagter.

Vi børn blev vist frem efter middagen, men var ellers gemt væk i køkkenet, hvor nabokonen, Fru Sørensen, huserede. Rødkogt og svedende stod hun over gryderne med et tørklæde om det tjavsede og fedtede hår. Køn var hun ikke med flere ansigtsvorter, hvorfra der stak lange grå hår, men selvom hun havde travlt, var der altid tid til at række en godbid over til os.
Vores mad var rester fra festbordet, og især når det drejede sig om desserten, var vi stærkt bekymret for, om det hele blev spist af gæsterne.
Ved en fest bliver desserten båret ind, og lige da døren ind til spisestuen bliver åbnet, råber min bror højlydt ude fra køkkenet: "Nu æder hende den fede fru Jensen s'gu hele lagkagen."

Fra helt lille var jeg vant til at tage telefonen: "Hos doktor Ingerslev – Nej, min far er på sygebesøg – men nu skal jeg kalde på min mor" Mærkelig nok husker jeg stadig telefonnummeret – 12 61 09. I det hele taget kan jeg i dag genskabe mit barndomshjem i mindste detalje.
Som barn vidste jeg ubevidst, at jeg var 'dovtorens' søn og bandede i den anledning lidt ekstra, men oplevede ellers ikke nogen mobning. Kun en enkelt gang var det svært. Min far var også skolelæge, og i teenageårene måtte jeg høre, at "Din far ta'r pigerne på patterne". Personligt synes jeg det var en udmærket idé, og formentlig har vi alle syntes, det var et ønskejob. I hvert fald hakkede jeg mig rødmende igennem et elendigt forsvar for min fars ædle motiver.

Bedsteforældre

En drabelig løve – lidt skæv med kæmpe hjørnetænder og dens svælg ildrødt.
Går man lidt længere hen langs gelænderet – en sørøver med klap for øjet.
Jeg er vel 4 – måske 5 år og står i baggården i Bymøllen hos min mormor og morfar i Assens.
Gelænderet ned til kælderen er gammelt og afskallet, og rød maling stikker frem mellem talrige lag sort maling og frembringer de fineste figurer.

Det er en af mine tidlige erindringer: Kælderhalsen mørk, og forneden en sort-tjæret skæv kælderdør halvt på klem. Inde bag døren et fløjlsblødt, uhyggeligt og dragende mørke. Væggen op til køkkenvinduet hvidkalket, men grøn af alger fra køkkenvaskens afløb ud på gårdspladsen. Brostenene og væggen rundt om afløbet lugter af mug, der blander sig med lugten fra den tjærede kælderdør.

Mormor åbner køkkenvinduet. "Kan du gå ned til Funders og købe et franskbrød." Hele min verden opleves i nærsyn. Gelænderets figurer, den lille gåtur til konditor Funder som en angstfuld jordomrejse, og den mønt, der blev lagt i min hånd som et tyngende ansvar som fik jeg overdraget rigets finanser. Da jeg kom ud af Bymøllens port stod jeg usikker, blændet af mor-gensolens lave stråler og kikkede ned ad Algade på Storms gård. Morfar havde fortalt, at gården engang brændte, fordi sprittere overnattede på høloftet og tændte ild om natten, og jeg forestillede mig, at langskæggede, grimme mænd med rådne tænder ville komme ud og fange mig, men jeg nåede da ned til fru Funder, og fik købt mit franskbrød, og fik ovenikøbet et klap på kinden og et bolche i munden.

Arne Haugen Sørensen: Hjemmet (Copyright)

Fru Funder var kendt i hele Assens for sin afskedshil-sen til alle kunder: "Titusind taaak – taaak – taaak – fær – velll". Hun fandt det ikke nød-vendig med den form for kunde-pleje overfor mig, men jeg fore-trak nu også bolchet.
Arne Haugen Sørensens motiver er grundtemaer i livet. Van-dringsmanden, dyret, hjemmet. Når jeg ser hans billeder, tænker jeg på den dag i Algade. Den store verden, livets farer og hjemmets tryghed.

Om morgenen blev der kogt vand over komfuret, og jeg blev sat i køk-kenvasken og blev vasket af mormor. Som hos alle bedsteforældre fik jeg lov til næsten alt. Min yndlingsret, røde pølser, blev serveret på en blå mussel-malet tallerken med en rød klat ketchup og hjemmebagt pølsebrød, og om aftenen sad morfar med sin pibe, stor og tyk, ved kakkelovnen og fortalte indianerhistorier. Fortællerammen var simpel men effektfuld. Som ung havde han været cowboy i Amerika og i krig med indianerne. På klingende fynsk berettede han: "Så re' vi u' a' prærien – Galoppi – galoppi." og derefter fulgte nogle drabelige røverhistorier, som han formentlig har hentet fra de mange cowboyromaner, der lå ved hans natbord. I virkeligheden var han født på Lolland, havde arbejdet hårdt hele sit liv på slagteriet, og aldrig været udenfor Danmarks grænser.

Senere døde morfar, og når vi var på ferie hos mormor, blev vi hver dag slæbt op på kirkegården til hans grav. Her underholdt hun os grædende om, hvor kærlig Hansen havde været, og hvor ringe hun havde behandlet ham.

Hun omtalte ham altid ved efternavn, og når man tænker på deres soveværelse, de to engle, der hang indrammet over gavlen på den mørke mahogni seng og de tunge klamme dyner, den kvalme tunge lugt af lavendel fra skufferne, så forstår man måske lidt bedre både efternavnet og hendes dårlige samvittighed.

Min mormor, Carla, var den, der bestemte i hjemmet, lille og spinkel, men altid kærlig. Hendes far, Niels Madsen Skøtt, mistede sin mor som 4 – årig og flygtede som 20 – årig fra Sønderjylland på grund af krigen i 1864 og bosatte sig i Assens som klejnsmed.

Assens er for mig forbundet med den tidlige barndom og dens forestillinger, men ikke mindst min mors verden.

Når vi gik ude ved 'Anlægget' – en lille park med en sø, fik jeg min første lektion i verdens indretning. "Her i skovsøen kom storken og hentede dig og fløj hjem til din mor og far."

Senere sad de voksne og talte fortroligt om Frk. Jensen's ulykkelige graviditet, mens bjerge af kager blev skyllet ned med kaffen og et indforstået og hemmelighedsfuldt forargeligt nik med hovedet.

Min fars forældre har jeg næsten ingen erindring om. Farfar var død, og farmor besøgte vi næsten aldrig. Hun havde samlet resten af min fars søskende omkring sig i, hvad vi kaldte 'Virum – klanen'.

Jeg fornemmede, at der var en vis bitterhed mellem min far og resten af familien, som mente, at de økonomisk havde støttet hans lægestudie, mens de andre måtte lide.

Mine forældre:

Af gode grunde har jeg ingen erindring om tiden før – 52, men min ældste bror Knud har i sine erindringer bidraget med mange nye og ukendte oplysninger:

En familie bliver til (Uddrag af Knuds erindringer).

Min far, Johan Wilhelm Christian, blev opkaldt efter min oldefar, der var en agtet person, distriktslæge i Præstø, ridder af Dannebrog for sit 2 – binds værk om "Danmarks læger og lægevæsen fra de ældste tider til år 1800".

Fint skulle det være, måske fordi farfars løbebane var mindre glorværdig. Efter en tid som løjtnant af reserven, og en kort periode som lærervikar på Borgerskolen i Assens, endte han som kordegn i Ringkøbing. Lønnen var beskeden, så mødet med byens skrædder medførte hastig flugt til en af sidegaderne for at undgå påmindelser om den stående gæld.

Hertil kom, at farmor, udover andre kreative evner. havde udpræget hang til det melodramatiske. Når bølgerne gik højt, bestod hendes glansnummer i med løftet kniv over vuggen at true med at tage sit og det yngste barns liv, mens mand og de andre børn rev i hende fra alle sider. Men selvfølgelig havde hun også sin baggrund: Faderen var efter sigende bankdirektør, men stak af med kassen til Amerika og lod kone og børn tilbage i skam og armod.

Ud over lærerjobbet måtte farfar supplere indtægterne med klaverundervisning af børn fra byens bedre kredse.

Formentlig på grund af umoden uregerlighed og de mange hjemlige dramaer med farmor som primadonna – blev min far deporteret til den missionske kostskole i Haslev, hvorfra han blev student i 1930.

Efter studentereksamen og en måned hos sine forældre, lejer far et værelse og begynder på lægestudiet. Penge til dagens ophold fil han ved at give lektiehjælp og arbejde som bybud på konditorfabrik og senere som sodavandssælger.

Men den egentlige historie begyndte hos "prof". Her skete et møde mellem to ulige personer. Student Ingerslev, var formodentlig på grund af sit gåpåmod blevet optaget som protegé i det professorale hjem, og havde fået værelse der, hvor frk Doris Hansen fungerede som stuepige. Hun var smuk, havde en flot skikkelse, med små spidse bryster og et rent uskyldigt væsen. Ganske vist var far, på grund af farmors indsats lige ved at blive smedet sammen med Edith, som var af den bedre borgerstand. Men student Ingerslev indledte samtidig en flirt med tjenestepigen Doris. I kulissen spøgte Edith stadig. Alligevel faldt frøken Hansen for studentens charme. Vel var han lille af skikkelse, men han udstrålede kraft, og talegaverne var strålende. Så selv om frk. Doris en gang tidligere havde følt sig tiltrukket af forvalteren med de brune øjne på slottet Brahesborg ved Assens, hvor hun havde sin første stilling som stuepige, så blev det ikke til mere.

.

Uskylden, tidens moral og moderens formaninger tog formentlig over, og var måske med til at hun i maj 1930 i stedet fik lov til at vove springet til hovedstaden, hvor hun så mødte far.

Om det var Ediths træghed eller frigørelsestrang fra en ganske åbenlys moderbinding, der gjorde udslaget, vides ikke, men gradvis kommer stuepigen Doris mere og mere ind i det Ingerslevske univers, selv om hun bestemt ikke var populær hos familien på Rosenørns Allé. Sagen endte med at Wilhelm måtte tage stilling. Efter et opgør, hvor farmor satte trumf på ved at nægte at fortsætte med at støtte studierne, hvis Doris skulle ind i billedet, så kom det til et langvarigt brud med farmor. Resten af livet blev denne bitre konflikt mellem mor og søn hængende.

Efter bestået 'kantus' flyttede Wilhelm så fra 'prof', fik værelse på Mathildevej, og tjente til dagen og vejen ved voluntørtjeneste. Doris forblev kæreste med studenten, men beholdt jobbet hos professoren.

Min Mor

I juni 34 hørte Doris op som stuepige og rejser hjem til Assens, hvor far igen besøger hende.

December 34 blev en skæbnemåned. Far dumpede til 1.del. Men Doris kommer til København og trøster ham. Og som en følge af naturlige drifter, studentens overtalelsesevner, mistede Doris endeligt den 8. december sin dyd, og resultatet blev – mod studentens hensigter – årsagen til denne beretning, og med en graviditet i udsigt, ender det med en ringforlovelse i julen. Nu stod den ludfattige student med noget af et problem. På den ene side dumpekandidat, og på den anden side en gravid pige.

Ved den årlige familiefest i 2006 fortalte Tyge, at far havde betroet ham, at situationen havde bevirket, at han en hel nat havde siddet nærmest i trance for minutiøst at skille et armbåndsur, samtidig med at han overvejede, hvad han skulle gøre. Det taler så afgjort til hans fordel, at han tog sin skæbne på sig. Men virkelighedens kendsgerninger i form af kærestens stadig større topmave var så påtrængende, at Doris flytter igen hjem til forældrene, og den 10. marts bliver mor og far gift i Assens.

Mor blev i Assens, men i september 38 forenes familien igen i København.

Omtrent samtidig får mor kvalme på ny. Kølen var lagt til Vitus. Far fortsætter studierne med succes, og der var genetableret tålelige forhold til farmor. Men så bliver farfar alvorligt syg og indlagt på Finseninstituttet. Jeg har kun vage erindringer om ham, en lille tyk mand med et mildt ansigt. Far omtalte ham altid smukt og fortalte om hans barnlige impulsivitet.

En gang i sporvognen udbrød han højlydt til farmors store fortrydelse: "Ida, må jeg ikke få en røget sild". De øvrige passagerer havde svært ved at skjule et medlidende fnis. En anden gang under en tur i parken, lagde han sig spontant ned på alle fire og duftede henrykt til de nyudsprungne levkøjer.

All imens gror Vitus i mors mave. Farfars sygdom forværres og i februar 39 dør han. Måneden efter kommer Vitus til verden.

I juni 39 havde far bestået eksamen med laudabilis – 1.karakter. Så et kort ophold på fødselsanstalten i Århus, hvorfra jeg som en sidebemærkning kan huske, at far fortalte, at det dengang var en ganske selvfølgelig praksis for såvel læger som jordemødre, at ugifte kvinder naturligvis havde mistet retten til narkose på grund af deres usømmelighed, og måtte føde med smerte.

I 1943 fødtes Eva – den første pige i familien.

Under krigen blev fars involvering i modstandsbevægelsen mere og mere tydelig. I hemmelighed blev der bygget et skjulested under skabet ude i entreen. Hvis det ringede på om natten, krøb far derned, og mor skulle åbne. Hvis det var tyskerne, havde de aftalt, at mor skulle sige, at far var på sygebesøg.

Årsagen var, at tyskerne som hævn mod sabotagen, ringede på hos tilfældige læger, skød dem og sprængte huset.

En morgen var der postyr. Far stod udenfor med plørede bukser. Han blev i en ophidset stemning hevet indenfor og blev vasket. Senere fandt jeg ud af, at han den nat havde været ude og transportere jøder til Sverige. De havde skjult sig for tyskerne ude i skoven på Horne land, under halmbunker, hvor de havde levet af ubagt mel og bær. Fars benzindrevne lægebil var ideel til formålet. Jøderne blev inden videreforsendelsen anbragt hos dyrlægens gård i Anderup. Far fik senere et dansk flag med inskription som tak.

Direkte aktiv modstandsmand med sabotagehandlinger blev far ikke. Men han fungerede som læge for sabotørerne. Måske skønnede de, at han var bedst egnet til det. Efter sigende skulle far have været til et møde i præstegården hos Pastor Petersen, hvor nedkastede våben skulle samles og efterprøves, her sluttede hans skydekarriere med at han affyrede et vådeskud, der heldigvis kun ramte kakkelovnen.

I 47 fødte mor Åge, så der var nu fire børn i huset. Det var en tid, som aldrig stod stille. Der skete hele tiden noget. Far havde dag og nat travlt med sygebesøg, og sommetider fik jeg lov til at køre med. Om vinteren foregik det i kane, med skindtæppe og fodpose.

Med sædvanlig 5 – årig regelmæssighed fik jeg efter krigen endnu en lillebror – i 1952 kom Tyge til verden.

Så er vi igen tilbage til den sommerdag i 1952, hvor jeg blev født.

Som barn havde jeg kun lidt kontakt med min far. Jeg husker ham desværre mest som faretruende råbende, talende og meget lidt lyttende. Kun når jeg skulle forklare min dårlige karakterbog, eller naboernes klage, kunne han afkræve en forklaring, men inden den var givet, var der ofte kvitteret med en syngende ørefigen.

Min far

Min far var et impulsivt menneske, der let tændte af. I den gamle psykiater Kretschmers typologi var han udpræget pykniker, lille af statur, let til snak og med nem kontakt med andre, underholdende og grundlæggende et lyst og glad menneske.

Genetisk lignede han sin far med en barnlig og umiddelbar tilgang til livet. Hans mor, melodramatisk og hysteriform. Den uharmoniske opvækst og hans fædrene gener har formentligt formet et menneske, hvor omgivelserne blev vægtet efter, hvor interessante de var for ham. Han havde sjældent behov for nysgerrig kontakt med os børn, og vi følte os således sjældent sete, men til hans forsvar skal også siges, at tiden var en ganske anden. Børn skulle afrettes, og øretæverne blev uddelt rundholdet både derhjemme og i skolen. Mantraet i datidens pædagogik var, at 'børn skal ses men ikke høres'. Endelig havde han et vidunderligt og ægte engagement i alt, hvad han foretog sig. Bagsiden af den medalje er, at man ofte glemmer både sig selv og andre, at man i sin begejstring ikke ser andre mennesker og deres behov.

Den oplevelse af at 'være for meget' oplever også jeg – noget jeg har kæmpet med hele mit liv. Så midt i vreden og følelsen af overgreb, mærker jeg også en rem af huden i mit eget sind.

Som menneske oplever vi konstant konflikter mellem subjekt og objekt, og som dybest set er funderet i vores infantile, omnipotente erindringer og fejlagtige forestillinger om at eje hele verden. Men jeg oplever også en anden sandhed:

En forfatter beskrev i en artikel i Politiken sit job som en voldshandling. Hans påstand var, at fortælleren tiltvinger sig et rum og et overherredømme overfor de andre, som er dem der 'fortælles'. Nietzsche taler på samme måde om viljen til magt – at kristendommen er en mærkelig størrelse, der binder det stærke menneske og neurotiserer tilværelsen med sine tanker om 'næsten' og den svage. Forestillingen om overherredømme er forfatterens udgangspunkt, men ikke mit.

Det er rigtigt, at alle mennesker vil ses, og måske stammer det grundlæggende fra et førkulturelt behov for et rum – et hjem – en base, hvor man føler sig tryg og har identitet, og hvor man føler, at dette er mit rum. Tilværelsen bliver således en evig kamp om magten over rummet – se mig og mit hus, og derved bliver verden styret af Foucaults forestillinger om at erobre fortællingen om sandheden. Men der er også en anden historie:

Jeg er ikke noget voldsmenneske, fordi jeg har noget på hjerte – fordi jeg gerne vil dele – fordi den anden betyder noget reelt for mig – fordi det at fortælle ikke alene er at beherske, men også berige, og en mulig indledning til en dialog, hvor fortælleren bliver den lyttende. At samvær er ligesom at trække vejret – inspiration og eksspiration. Det er den lyttendes respons – ability. Det er smukt og ikke vold! Løgstrup nævner i den *Etiske fordring:* ”Den enkelte har aldrig med et andet menneske at gøre, uden at han holder det andet menneske i sin hånd.” Det betyder ikke, at samværet er harmonisk og enigt, men nærværende i en interaktiv eller korresponderende proces.

Lytte og handle kan også bringes til et helt andet niveau, hvor den lyttende og handlende bliver en del af samme helhed uden at miste sig selv. Tim Ingold, en britisk antropolog, kalder det at korrespondere – at skabe sammenhæng. Når vi lytter, så går vi sammen med det, vi lytter til. Dette i kontrast til at interagere, hvilket implicerer, at hvert individ ENTEN lytter ELLER handler. At korrespondere er en flydende proces. Violinens pause er ikke en interaktion men en del af et samspil. Det er opmærksomhed (attention) mere end intention. I intentionen ligger der et bevidst formål. Jeg har en intention, du har en intention, og vi interagerer med vores intentioner. At være opmærksom betyder at række ud, vente på og følges med den anden i en pågående bevægelse.

Når jazzmusikere improviserer, spiller de hinanden gode i en vekslen mellem fællesskab og soloen, hvor de andre understøtter den individuelle optræden. Der ligger en berusende følelse og styrke i det sublime fællesskab hvor vi alle bliver bedre end os selv. Selv publikum fanges i samspillet med deres applaus til det individuelle og korrespondancen.

Det samme ser du i dansen, hvor man både er sig selv, men også er en del af et berusende samspil. I dansen bliver 1+1 til 3, og er et smukt eksempel på emergens, men må ikke forveksles med det psykologiske begreb sammensmeltning – en dans på krykker, hvor 2 halve bliver til én.

Både i fysikken, men også i vores liv, opstår emergens – dette forunderlige fænomen, hvor der dannes nyt og mere i et system, som ikke kan forklares ud fra de enkelte deles egenskaber.

Mennesker eftersøger korrespondancen og elsker at være en del af en helhed. Det er fodboldholdet, mandskabet på en sejlbåd, arbejdsfællesskabet og orkestret, hvor hver enkelt bidrager og skaber en helt ny virkelighed, der bliver til mere end bidraget fra de enkelte. Men korrespondancen kan også erfares i den ensomme samtale med billedet i atelieret eller i barnets leg med Lego. Det skabende opstår i en givende dialog med verden og adskiller sig grundlæggende fra Facebooks interaktion.

Ved sammenkomster finder folk sammen med andre, der også nyder denne gensidighed. Hvorfor finde sammen – hvis det handlede om opslidende magtspil. Ægte samvær handler ikke om egoistisk spin, men tværtimod om en glæde over en meningsfuld korrespondance mellem hinanden eller verden.

Som min ven Stig har sagt: Hvis man har noget på hjerte, så er det fordi man har et hjerte, og det er et fælles privilegie og ansvar at dele hjerter. I vinteren 2021 havde Stig og jeg aftalt et besøg i huset i Spanien – Tove havde opgaver hjemme i Danmark. I en hel uge besluttede vi hver morgen, at nu måtte vi ud og opleve noget, men alligevel sad vi indenfor og snakkede dagen lang om alt og intet. Vi begge havde noget på hjerte. Jeg nyder mennesker, som giver noget af sig selv, og hvor samværets største problem er tiden, der ikke rækker. Al den spildte tid med et meningsløst samvær fuldt af floskler og passen på sig selv. Jeg hader det samvær og går ofte alt for langt i min higen efter at opleve en meningsfuld tidløs væren sammen. For samværet har også sine betingelser for at lykkes: Du skal ville og have tillid til den anden. Sker det ikke, dør korrespondancen og bliver til interaktion eller i værste fald til ligegyldige floskler. Men korrespondancen må ikke blive til sammensmeltning, som gør samvær meningsløst, fordi man så er ens.

I alle tider har der eksisteret ekstroverte og introverte. Den ekstroverte får energi af samvær – den introverte energi af at være alene. Tidligere blev den ekstroverte beundret for sin udadvendte charme, sit åbne og tillidsfulde forhold til verden, mens den introverte var tillukket og genert – bange for verden og med et behov for at lukke sig inde bag en forsvarsmur af stilhed. I dag har rollerne ændret sig. Nu er den introverte reflekterende, rummelig og dyb og den ekstroverte et overfladisk dominerende snakkehoved. Begge forestillinger er tåbelige fordomme om menneskers forskellige klange, men hvorfor har sympatien skiftet side?

Min forklaring er individualiseringen af tilværelsen. Med tabet af forestillingen om en reel fælles verden – med tabet af forestillingen om 'Gud, konge og fædreland' mistede vi fællesskabet og stod tilbage med individualiteten, ensomheden og den amerikanske forestilling om, at enhver er sin egen lykkes smed. Med Nietzsches erkendelse af at Gud er død, med tabet af en verden udenfor os selv, bliver fællesskabet netop en kamp om rum – samvær bliver individernes krig om eksistens.

I denne kamp bliver den ekstroverte oplevet som en brugtvognsforhandler, der med salgssmil og Facebook likes sælger sig til den anden – fortællingen bliver en voldtægt med det formål at købe eller besidde den anden, som nu beundrende skal lade sig fortælle, for at jeg kan lyse.

Den introverte bliver omvendt opfattet som en person der ikke vil deltage i dette spil, men i stedet koncentrerer sig om sagen.

Men problemet er hverken den intro – eller ekstroverte, men derimod vores forestillinger om fællesskab og virkeligheden. At vi ikke tror på et reelt fællesskab og en fælles virkelighed, og at vi i misforstået respekt for den anden aldrig vover at slippe kontrollen, men i stedet holder samværet på det interaktive plan. I min barndom havde vi en forestilling om at være en del af samme rum, og det at meddele sig til hinanden ikke er en salgstale, men en livsytring, som undertiden kan være en gave til den anden.

Så kære forfatter – bliv ved at skrive – voldtag mig ikke, men betag mig i en grad, så jeg er i din vold.

Der findes en sød lille fortælling der siger alt: Manden banker på konens dør. "Forstyrrer jeg?"

"Du ikke alene forstyrrer – du ryster hele min verden – Kom indenfor."
På samme måde har jeg lavet mit eget lille gruk: "Du er lidt for meget – ikke meget for lidt"

Mennesket og verden er fantastisk. I 2016 fortalte en forsker om sin opdagelse af gravitationsbølger, som Einstein i sin generelle relativitetsteori mange år forinden havde spekuleret sig frem til måtte eksistere. Disse bølger opstår, når to sorte huller i en spiralformet dødedans smelter sammen. Ved sammensmeltningen udløses trykbølger så store, at de som ringe i vandet 'ryster' hele universet og påvirker rummet og rumtiden, omend i en meget lille skala. Rummet bliver i meget lille skala mast sammen i et plan og trukket ud i et andet plan.

Nu havde forskeren så bevist og målt deres eksistens. Han havde gjort det ved at opstille flere kilometer laserlys, der går vinkelret ud i 2 retninger. For enden er der spejle, der på grund af de store afstande kan måle den lille rystelse, der repræsenterer henholdsvis strækningen og sammenpresningen af rummet.

Tænk sig hvad der ligger bag det forsøg: Først en bævrende forsøgsteori –kan vi nu bevise det, eller vil jordens egenrystelser forstyrre forsøget? Så en enorm investering i flere kilometer rør, prismer, spejle og dyre måleinstrumenter. Alt sammen for at verificere resultatet af neuronale elektriske impulser, der er faret rundt inde i Einsteins hoved 50 år inden og videregivet til verden gennem ordet. Og både forsøget og Einsteins mål med det hele er at forstå den virkelighed, vi er sat i.

Forskeren beskrev opdagelsen meget rørende: "Jeg ville så gerne kunne fortælle Einstein, at han havde ret. Tænk sig et menneske, der spekulerede sig til en fuldstændig teoretisk virkelighed, som han var overbevist om aldrig kunne verificeres, og det nu så alligevel er sket. Vi mennesker kan både forestille os virkeligheden og verificere den. Det er et mirakel. Alle mennesker kan være stolte over det forløb."

Efter at have sagt det med et ansigtsudtryk af glæde helt blottet for prangende egenstolthed – lænede han sig tilbage med et stort smil og udstødte et lille grin – glæden var for stor og kunne simpelthen ikke være inde i ham, men boblede over i et tilfreds glædeskluk.

Dejligt nogle gange, når man på alle måder møder storheden i livet og mærker blot et lille pust af Gud passere forbi: At blive vugget blidt i søvn af Guds gravitationsbølger men også den menneskelige storhed, ikke mindst forskerens glæde over sagen og ikke sig selv. Det er det smukke ved at give. Glæden ved at have givet noget stort til andre: – Er gaverne ikke fantastiske!! FUCK hvem, der giver dem. Det er kærlighed og giver hele livet mening.

I mit barndomshjem oplevede jeg dette fællesskab. Ved sammenkomster var det helt almindeligt, at man underholdt hinanden med hvad, man nu havde af talenter. Om aftenen lå vi i vores senge og hørte min far og Børge Lund, en kollega til min far, spille på tværfløjte og klaver sammen. "Åh – vil I ikke spille for os?" kunne selskabet spørge, og hvis Edi Laider og Tove Villaume var på besøg, fik vi lov at sidde i nattøj i stuen og høre med. Hun var operasangerinde, gift med en røntgenoverlæge og havde undertiden held til at få den berømte sanger Edi Laider med. Han havde udgivet mere end 100 plader og var efter 1953 i en periode tilknyttet det Fynske Musikkonservatorium.

Jeg har i dag forliget mig med min fars hårde opdragelse, og selvom jeg ikke accepterer den, netop fordi hans forhold til andre mennesker var een lang udånding uden en reel forståelse for gensidighed, så forstår jeg baggrunden, men jeg ser også hans glæde og ægte begejstring, hans mangel på smålighed overfor os andre. Når man læser hans dagbog og om hans reelle bekymring for os børn, så fornemmer man en ægte kærlighed i hans hjerte, som gør godt at mærke, også selvom den ikke just blev praktiseret i hverdagens travlhed.

Min mor som gammel

Min mor var min fars diametrale modsætning – fysisk høj og optaget af hverdagens problemer med tøjvask, madlavning og opdragelse af os fem børn.

Jeg har som voksen fundet en båndoptagelse, hvor hun bliver interviewet en hel time af sit barnebarn, Signe. Her fortæller hun, at en kvindes opgave er at blive gift, få børn og passe hjem, børn og mand. Uddannelse kan da være god nok – den kan bruges, hvis kvinden skulle blive enke, eller hvis det helt utænkelige skulle ske, at hun blev skilt. Som helt ung havde hun selv overvejelser om at blive sygeplejerske, men " så mødte jeg jo morfar", og så var de drømme slut. Hun fortæller det helt uden bitterhed – ja, hun synes ligefrem, at nutidens kvinder svigter både børn og mand. Hun har intet fortrudt, og synes at hendes liv har været rigt og fyldigt. I ægteskabet bestemte de begge og talte sammen om store beslutninger, ligesom min far ikke blandede sig i de beslutninger, hun traf i sin verden, men det var alligevel min far, der havde pengene og skabte tilværelsen og havde retten til at råbe op. Når det skete, "så skal en kvinde ikke svare igen – Signe, vi kvinder har vores måde at få det, som vi vil." Med stor selvsikkerhed udtalte hun, at en kvinde altid får ret, når hun vil. Faktisk havde hun lidt medlidenhed med nutidens mænd, fordi kvinderne nu både kæfter op og vil have ret, og samtidig har den urgamle kvindelige føjelige, men stærke evne til at få deres vilje ved at lukke for det varme vand, ikke bare seksuelt, men i hele samværet.

Det er mærkeligt at høre sådan en båndoptagelse. Bare det at høre sin mors stemme 20 år efter hendes død, men også den selvfølgelighed og sikkerhed, der ligger i hendes forestillinger om kønsroller, og som i dag jo er helt uforståelige.

Vores virkelighed forandrer sig med rasende hast, og alligevel er vi så sikre på, at netop vores verden er den rigtige. Det kan lade sig gøre fordi følelser kan guide os, hvis de er forankret i en normativ struktur. Nutidens store problem er, at denne normerende struktur er opløst i individuelle 'ople-velser' og efterlader os med et forvirret, uvirkeligt følelsesliv og en identitet hvor følelser og normer er koblet fra hinanden.

Min mor stod for alt det hjemlige. Med til husholdningen hørte en 'ung pige', som hjalp til i hverdagen, og som sov og levede med familien. I dag lyder det herskabeligt og luksuriøst, men hverdagen var hektisk i et travlt lægehjem med 5 børn, stor selskabelighed og desuden med få hjælpemidler. I øvrigt var det helt almindelig blandt unge piger at ' ha' et år i huset'. Det var åbenbart ikke altid den store hjælp. Året før min fødsel skriver min far:

> Den 7/1 – Dots fødselsdag havde jeg 21 sygebesøg efter en stor kon-sultation, da jeg opdagede, at pigen havde brændt mine regnskaber for sidste kvartal. Tabet var uoverskueligt."

I kælderen blev tøjet kogt i gruekedlen – en stor jerngryde indstøbt i cement, hvor man tændte op i bunden. Jeg husker min mor – rød og svedig stå bøjet over kedlen, med en affarvet hvid kæp i hånden til at røre rundt i vasketøjet og det kogende vand, den buldrende ild og pigen, der stod ved siden af og skyllede tøjet flere gange i store cementkar fyldt med vand. Bagefter blev tøjet hængt til tørre, lagt pænt sammen og til sidst strøget og 'rullet'.

Pålæg og mad blev i vid udstrækning lavet fra bunden: rullepølse, medister, brød og marmelade. Altid var der gang i køkkenet, og en af mine første sek-suelle oplevelser var at ligge på køkkengulvet og kikke op under kjolen på den unge pige, der havde travlt med opvasken, men jeg husker også flovheden, da mit skumle forehavende blev opdaget, og pigens snerren "Så ka' du godt flytte dig!"

Med en vis ret kunne man henregne min far som det 6. og mest kræ-vende barn. Om morgenen gjaldede hans råben gennem huset " Dooorrrritz – hvor er mine underbukser?" Min mor var født Doris Skøtt Hansen. Når min far var i det romantiske hjørne, hed hun Dot, men når han havde brug for hende, blev første stavelse til en lang udånding og efterfulgt af et rullende – rrr.

Min mor elskede os børn, og uden hendes hengivenhed var det nok aldrig gået, men hun havde også noget overfladisk og idylliserende i sit væsen. Selv som voksen er det ikke rigtig lykkedes at komme ind under huden på hende som menneske. Hun glædede sig, når det gik godt, og tav, hvis der var pro-blemer. Hun spekulerede ikke over livets store spørgsmål, men var nærvæ-rende i at få dagligdagen til at fungere. Hendes behov for at idyllisere er for-mentlig også blevet forstærket af al det kaos, min far bragte ind i hendes liv, men når det virkelig gjaldt, fik hun som regel sin vilje.

Min barndom:

I sin dagbog skriver min far den 22. oktober 1952 *"Så blev lille Tyge døbt. Gid det aldrig må glide bort fra hans virkelighed."*

Man bliver født som et væsen, men i dåben bliver du budt velkommen til kristendommen og en verden som menneske.

Ordet og sproget er forunderligt. Jeg husker, da vi fik vores første barnebarn og spændt kørte til hospitalet for at se ham. Hvad skulle vi kalde ham uden et navn – 'Lille manden'? eller 'Babyen'? – Mærkeligt uvirkeligt og intetsigende.

Gennem et navn bliver du ægte født. Får en relation til andre –bliver en del af et fællesskab. Så sagde Hjalte dit eller dat – og alle ved, hvem der tales om. Tænk sig at bogstaver, oprindeligt startet som ikoner eller billedsprog, men som siden er blevet til grafiske symboler og sammensat til et ord, kan blive til en ny virkelighed. Grækerne kaldte menneskets ånd for "psyke". Prøver man at sige ordet med tryk på P'et tæt på sin hånd, forstår man hvorfor. I udåndingen – i ordet – mærker du ånden træde frem og blive til en gestalt, som du selv og andre kan mærke. Ja, ånden bliver til en fysisk virkelighed. Det er, hvad vi mennesker kan.

I dåben bliver du et menneske med et fornavn, der er dit, men også sat ind i en kulturel relation som dansk, og tildelt et efternavn, der placerer dig i en familie med en fortid og en historie. Som det vigtigste byder dåben dig også velkommen i et trosfællesskab, som i sin storhed ikke er til at fatte. Mange synes, det er noget vrøvl, men så skal man blot tæt på sin hånd sige: "I begyndelsen var Ordet, og Ordet var hos Gud, og Ordet var Gud." Så forstår man dåbens betydning.

Men ånden skal også have en krop for at give mening. I kristendommen blev det Gud, og i min lille verden blev det min mor og far, der på hver sin måde skabte rammerne i et hjem med mange opgaver.

Da jeg kom i skole, foregik det i Odense, og jeg skulle om morgenen med bussen til Odense. Min mor serverede morgenmad, og, næsten altid forsinket, løb jeg ud til Stigebussen. Chaufføren Åge kendte sine passagerer, og hvis jeg ikke stod ude ved vejen, stoppede han og dyttede, indtil jeg kom løbende. Busdøren blev åbnet 'automatisk' med et sindrigt system med alskens forkromede stænger og en fin trækknop, som han trak i og jeg kunne forpustet sætte mig med min skoletaske.

Når jeg kom hjem, stod der 3 stykker smørrebrød til mig, og min mor satte sig og spurgte interesseret til skoledagen. Det var stjernestunder, hvor jeg havde min mor for mig selv, men samværet sluttede altid med min mors formaning om at huske at læse lektier, og mit forudsigelige svar, at jeg mærkelig nok ikke havde nogen lektier for i dag. Indtil aftensmaden var tiden herefter min egen, men forinden skulle jeg gå til købmanden.

Købmand Hansen havde sin butik længere henne af vejen i en lille knopskydning til privathuset. Kaffen blev malet på kaffemølle med store skinnende møllehjul, men i halvtredserne supplerede man den dyre kaffe med enten 'Richs' eller 'Danmark's erstatningskaffe. Jeg forsøgte altid at overtale min mor til at købe mærket ' Danmark ', fordi der i pakken var dyrebilleder, som vi samlede på og som omhyggeligt blev limet ind i et album.

Alt, hvad vi købte hos købmand Hansen, blev skrevet ned i en sort bog med en lille bitte stump blyant og afregnet hver lørdag. Med et hurtigt slik på blyantsstiften sammentalte han ugens indkøb med to streger under det skyldige beløb, rettede sig tilfreds op og overleverede højtideligt en karamel til mig og sedlen til min mor.

Eftermiddagen var helt min egen uden de voksne. Den blev delt med mine kammerater, og selvom dette drengeliv formentlig var banalt og identisk med alle andre drenges på den tid, så var disse lege det mest intense i mit liv. Legen var ren væren – i ét med verden og sine venner, tidløs og virkelig, lige indtil tiden ubarmhjertigt bankede på, og man, en time forsinket, skrækslagen løb tilbage til de voksnes verden fyldt af pligter, aftaler og dårlig samvittighed.

I lang tid var vi optaget af den frygtede DSM –' De Sorte Masker' – en klub med en drabelig kampuniform. Vi havde fået fat i gamle scooterhjelme, sorte masker og som brynje to finerplader som bryst – og rygskjold. Armeringen bestod af bue og pile, slangebøsse med tykke kobberledninger eller bøjede søm som ammunition. I hånden et langt bambusspyd, hvor vi i enden havde skruet en lang skrue fast op i marven og filet enden sylespids, og i bæltet et flot dekoreret træsværd. Optagelsesritualet bestod i, at man i fuld kampuniform skulle over åen hængende i armene i et træ. Alle bestod undtagen Karl Åge, der midtvejs måtte opgive og endte i åen. Han blev dog optaget, men var siden nederst i hierarkiet. Børn afklarer lynhurtigt deres indbyrdes placering. En slåskamp eller Karl Åges tur i åen, og hierarkiet er etableret uden ord eller demokratisk afstemning: Den stærke er vinder.

Vi lå konstant i krig med nabobyen Næsby. Der var regulære kampe, hvor min søster og hendes veninder var sygeplejersker bag frontlinjen og med remedier stjålet fra min fars klinik. Røde Erik – deres leder, var en stor kleppert, der uddelte hug, som vi frygtede. Ved en kamp blev det aftalt, at de to ledere skulle kæmpe alene på kanten af en grusgrav. Vores leder, Kjeld, fik flere slag, så han i bedste cowboystil fløj ned ad skrænten, men tappert blev han ved at kravle op, indtil Røde Erik meget kontant fik overbevist ham om, at Næsby var vinder.

En gang, hvor vi kedede os, ville Kjeld vise sine evner som bueskytte. Han havde rigtige købepile med metalspids og beordrede 3 menige til at lægge sig på jorden. Første pil placerede han flot tæt ved halsen, men anden pil ramte min bror og borede sig dybt ind i ballen. Han blev båret hjem som en anden såret kriger og blev syet af min far. Jeg husker endnu de hullede blodige underbukser på gulvet, min far bøjet over Åge og min mors bekymrede skældud.

Kampene med Næsby'erne var mest mine ældre søskendes krig og med mig som ubetydelig statist, men når min mor bad mig gå til skomageren for at få bagflækket skoene, føltes det som en dødsdom. Skomageren boede i Næsby og jeg vidste, at hvis jeg blev opdaget af Røde Erik, var jeg færdig – intet mindre!

Vi var heller ikke Guds bedste børn. Genboen, en gammel mand fangede ål i ruser og lod dem gå i et badekar i kælderen, til de var udrensede. Under hans middagssøvn sneg vi os ned i kælderen og stjal en hel sækfuld ål, som vi solgte til vores forældre, som roste os for vores fangst. Da de opdagede at den stammede fra Hansens kælder, fik jeg en syngende lussing og blev sendt over med en buket blomster for at sige undskyld.

I Søhus var der et lille brødudsalg, hvor Adda, en gammel kone, solgte slik. Hun var enke, savnede sin mand, og vi havde opdaget hendes svage punkt. Som ulve fordelte vi jagtens opgaver. Én spurgte til hendes mand og gik medfølende og interesseret ind i privaten for at se billeder af hendes kære mand, og imens fyldte vi andre lommerne med slik.

Der dukker hundredvis af billeder op fra denne drengetid. Kampen med Jens Peter, hvor jeg, sejrrigt siddende over skrævs på ham med hans arme holdt ud til siden, lader en slimet snotklat ramme lige midt mellem øjnene – 'Overgiver du dig?' – den ultimative sejr.

Angsten da jeg opdager, at vi er blevet forrådt af overløbere, der havde bildt os ind, at de holdt med os og pludselig før kampen fanger mig. Min flugt i fuldt firspring gennem en sumpet eng, hvor jeg faldt i til knæene og med fjenden lige i hælene. Eller bondemanden Rytterskov, der vil fange mig, fordi vi har sendt kanonslag ind i hønsegården. Rædslen, da jeg løbende vender mig og ser ind i hans svedige, arrige ansigt "Ja – nu har jeg dig!", og hvor kun hans langsomme træsko reddede mig fra katastrofen.

Selvom man som voksen kun ser legen, kan det ikke beskrives dramatisk nok, for dengang var det dødelig alvor. Det er en af barndommens uerkendte glæder: kontakten med livet, spændingen, glæden, som også kommer af at dramaet og rædslen er en del af livet, hvis man kaster sig ud i det og spiser af de dejlige frugter. Henrik Nordbrandt rammer plet, når han siger, at livet er en dans på gløder.

Som voksen lærer man at planlægge, behovsudskyde og indgå i kultiverede og venlige sociale konventioner – alt sammen til stor gavn for resultatet, men barndommens intensitet er mistet for altid.

Juletiden adskilte sig fra alle andre dage i året. De voksne var ikke truende og farlige. Der blev bagt klejner, og vi børn lavede kager med stjerner og hjerter med glasur. Julegaverne lå fristende aflåst i mine forældres soveværelse indtil juleaften, hvor eftermiddagen startede med, at vi gik i kirke, mens min mor kokkererede i køkkenet.

Når vi havde spist gåsesteg og risalamande, sad vi om bordet, og min far fortalte julehistorier i skæret fra stearinlysene, mens mine ældste søskende tændte juletræet i stuen. Og endelig oprandt det magiske øjeblik, hvor døren til stuen blev åbnet, og juletræet stod fuldt oplyst med kærter og stjernekastere. Øjeblikket var fyldt af uforbeholden lykke. Hverdagens kvaler med vrede lærere, øretæver og dårlig samvittighed var glemt og erstattet af en kildrende forventning om alle gaverne, der lå – ikke under juletræet, men under stuens nodeskab.

Men selv paradis har sine slanger. I lang tid havde jeg plaget for en modeljernbane, og op til jul havde Åge fortalt, at mit ønske ville blive opfyldt. Jeg vidste noget var i gærde, for flere dage forinden var konsultationen låst af. Åge fortalte levende om, hvad der var i vente. Tog, der kørte gennem bjergtunneler – huse med lys og togstationer med skiftespor – ja jeg forestillede mig en verden mere forunderlig end virkeligheden. Da døren til konsultationen endelig blev åbnet, kunne jeg næsten ikke skjule min skuffelse. Togbanen var sat op på en hvid spånplade, og bjergene var træklodser og tomme medicinæsker, der løftede skinnerne. Jeg iagttog mine forældres glade og spændte forventning til min reaktion og skjulte min skuffelse. Ofte overgår vores forestillinger virkeligheden, og i hvert fald lærte jeg, at forstillelse også er en del af den sociale tilpasning, som man skal lære.

Mine søskende:

Knud og Vitus husker jeg kun som de 'store', og jeg havde som barn ikke rigtig noget forhold til dem. Kun husker jeg utallige skænderier og diskussioner mellem Knud og min far, som kulminerede en aften, hvor jeg som 4 – årig vågner ved en råben og skrigen. I mine forældres soveværelse slås Knud og min far. Et regulært værtshusslagsmål, hvor min mor og Vitus forsøger at skille dem ad. Jeg husker svagt voldsomheden, vreden og hadet hos de to og min mors fortvivlelse.

Som ung havde han problemer med skolen og fik aldrig sin studentereksamen, men tog i stedet ud at sejle som skibsdreng, hvilket utvivlsomt har været hårdt, men som også har modnet ham som menneske. Senere blev han lærer og siden skoleinspektør, og som pensionist uddannede han sig til psykolog og havde kurser og klienter i sit dejlige hus ved Thorøhuse ved Assens.

Som voksne besøgte vi tit hinanden med vilde og engagerede diskussioner til langt ud på natten. Han var en altid spændende samtalepartner, der forholdt sig reelt og opmærksomt til den 'anden', så man kedede sig aldrig i hans selskab.

Som 80 – årig degenererede han fysisk og mentalt. Hans søn og jeg forsøgte at overtale ham til at starte en genoptræning af sin forfaldne krop. "Jeg hører, hvad I siger – men jeg gider ikke", var hans ærlige svar. Han kom til at betale prisen, for i 2020 fik han en voldsom apoplexi, der resulterede i en totalt invaliderende lammelse af hans venstre side, im- og ekspressiv afasi, og han døde året efter uværdigt og hjælpeløs, næsten uden kontakt til omverdenen.

Vitus havde valgt en anden strategi: I stedet for konfrontation valgte han at charme sig ud af konflikterne. Generelt havde han et mere lyst og musikalsk sind end Knud, men prisen var et lidt idylliserende og romantisk forhold til verden.

Han elskede musik og var en udmærket jazzpianist. I musikken fandt han livets skønhed og uskyld og levede som engageret og livsglad praktiserende læge, først i Nordjylland og siden som distriktsoverlæge i Sverige. Han var yderst vellidt af sine patienter på trods af sin utraditionelle facon, som lå langt fra 'den pæne lægerolle'. Han elskede store cubanske cigarer, som han med stor nydelse fyrede af i konsultationen. En dag, hvor han skulle lave en GU, stod han foroverbøjet over kvinden med sin cigar og tabte asken ned på hendes mave. " Nu må du fandme styre dig Vitus", var hendes eneste kommentar, hvorefter han undskyldende fejede asken væk. I dag ville nogle hovedrystende fordømme hans adfærd, og med rette, men historien er alligevel dejlig, dels fordi den viser, hvor meget verden har forandret sig, men siger også noget om Vitus' fanden i voldske væremåde og datidens tolerance, som måske blev forstærket af hans smittende livsglæde.

Og så lykkedes han med sin familie – hvor alle samledes om høvdingen, og hvor han opnåede det store at være elsket. Hans søn – Niels sagde meget rørt ved hans begravelse, at Vitus altid havde givet ham fornemmelse af at være OK. Det, at være elsket af sine nære, at være samlingspunktet for familien, og til det sidste være dybt forelsket i sin kone, og i musikken finde en storhed – er vel ikke så ringe endda.

Også Vitus's liv var i den sidste tid en kamp med sygdom: Trods en tapper insisterende kamp for at vedligeholde sin krop, blev han ramt af en række sygdomme. Flere spinalstenoser, hjertesygdom med pacemaker, men værst af alt, en invaliderende Parkinson, hvor han faldt, gik elendigt og desværre også blev kognitivt reduceret og døde en tidlig morgen i nytåret 2022.

På hver sin måde ligner Vitus og jeg hinanden. I vores ungdom fanget af vores egne overromantiske forestillinger om menneskelig storhed, fællesskab og lykke og med manglende tillid og mod til at lade livet leve og vise sig, som det er. Lykkeligvis har livet lært os, at det bestemmer langt mere end vores forestillinger, men også at man ikke behøver at gå i panik af den grund. Livet former os, og hvis vi ikke dør af det, lever vi videre ad nye veje, som også giver mening. Det lyder fatalistisk, og selvfølgelig har den fri vilje og vores menneskelige forestillinger også en betydning, men livet og verdens egen mening får altid det sidste ord, om ikke andet, når kistelåget smækker i.

Min søster Eva fungerede lidt som reservemor. Hun indtog, som eneste pige, en særposition i familien. Hun undgik øretæverne og var min fars øjesten, men skulle også leve op til min mors forestilling om en 'rigtig' pige. Hun gik til ballet og skulle passe sine brødre, og især nød jeg godt af hendes omsorg. Om aftenen lavede hun 'studenterhavre' til os – en blanding af nødder, chokolade og rosiner, og når jeg skulle i seng, sang hun for mig og bad fadervor. Hun har som voksen fortalt, at denne rolle som den pæne pige, der fandt sin identitet ved at ofre sig for andre, blev et åg, som hun har kæmpet for at frigøre sig fra i sit voksne liv.

Vi andre var umulige og ustyrlige drenge, der havde opgivet håbet om ros, men slap også for at skulle leve op til en umenneskelig og falsk forestilling om det perfekte. I familien var hun den milde og eneste uden problemer, men hendes mening havde ingen stor vægt, og det må have været hårdt at bære. Hun fik revanche og blev cand.theol. efter hun gik på pension.

I teenageårene, hvor hun blev inviteret ud, var jeg med for at sikre, at den håbefulde bejler ikke gik for langt. En af dem hed Jørgen og var søn af en millionær. Til et skolebal i Odense forsamlingshus blev vi afhentet i en flot Jaguar, og han gav mig den helt uhørte sum af 10 kroner til at købe slik for, hvorefter jeg glædestrålende løb ned til slikboden og glemte alt om min søsters dyd – ja, jeg anbefalede ham på det varmeste for min søster.   Alligevel blev det Esben, søn af en af mine forældres venner, der løb med sejren. Bundhæderlig, velbegavet, intellektuel med doktordisputats i de Sønderjyske hertuger, men som forsker var det mest betydningsfulde i hans liv videnskab og intellekt. Da børnene blev store, ville hun gøre op med sit pæne husmorliv og forlod Esben.

De fandt siden sammen igen, og lever nu et stille og roligt liv, men her i alderdommen også præget af Evas demenssygdom, så det er uendelig godt, at Esben med sin kærlighed og anstændighed hjælper hende igennem sygdommens udfordringer.

Min livsstrategi blev en blanding af Knud og Vitus. Jeg oplever, at jeg har Vitus's lyse og kunstneriske sind, men også hans romantiske lidt naive forhold til verden, men har også haft Knuds mere realistiske og analytiske tilgang til verden, og i forhold til dem begge, måske også haft et mere tillidsfuldt forhold til verden. Jeg bilder mig ind at jeg også kan se grånuancerne i verden. Fælles for alle os søskende har imidlertid været et nysgerrigt engagement, hvor vi frygtløst har kastet os ud i livet. Det har skabt gestalter, som nok var lidt vel kantede, men sjældent til at komme udenom. En sådan livsstrategi giver mange oplevelser og glæder, men også nederlag og øretæver.

Midt i min pubertet udviklede sig et drama i familien, som var ved at rive den i stykker. Min 5 år ældre bror, Åge, viste flere og flere tegn på skizofreni. Det startede allerede, da han i 9-årsalderen tog mig ud på en markvej og gennembankede mig og lovede at dræbe mig, hvis jeg sagde det til nogen. Jeg var omkring 4 år og havde lige lært at cykle, og jeg tror han var misundelig over den opmærksomhed, jeg fik i den anledning.

Ved aftenbadet blev det afsløret. Jeg blev lagt ind i mine forældres senge, og jeg observerede helt usentimentalt, at de voksne talte forfærdet og alvorligt om hvad de så, mens mine øvrige søskende nysgerrigt stod i døren og så på, men fortrængning har helt fjernet oplevelsens følelsesmæssige indhold fra min erindring. Som voksen har jeg senere fået at vide, at jeg havde blodudtrækninger over det meste af kroppen.

Åge blev dengang henvist til en børnepsykiater, men lige meget hjalp det, og fra 17-årsalderen blev han tiltagende forpint af tvangstanker. Som jeg husker det, gik han ud af skolen og arbejdede en tid som landbrugsmedhjælper, inden han prøvede at få en studentereksamen i Århus. Her gik det helt galt, og han blev indlagt på Risskov psykiatriske hospital.

Hver lørdag kørte vi i lang tid til Århus for at besøge ham. Altid tiggede og bad han om at blive udskrevet, og på hjemturen havde mine forældre heftige diskussioner, om de skulle følge hans ønsker. Min mor ville have ham hjem, og til sidst fik hun sin vilje. Her mærkede jeg Åges kaotiske verden. Han kunne være 10 minutter om at hænge et håndklæde op på knagen eller lukke døren 50 gange. Mine forældres ægteskab var tyndslidt af skænderier og ulykke over deres søns tilstand, og ofte blev jeg brugt som mægler, en rolle jeg nød, men slet ikke magtede. Overfor Åge lærte jeg at gebærde mig i hans snørklede verden. Stiv af bivirkninger fra sin antipsykotiske medicin nød han, at jeg vaskede hår på ham, og jeg tror også, det har lettet lidt på hans besvær med få følelsesmæssig kontakt med sin omverden.

Som alle pårørende til psykisk syge, var også jeg hunderæd for at have anlæg for samme sygdom. I min usikre pubertetsverden syntes jeg at kunne genkende en række ligheder, og da en af psykiaterne ville tale med mig om Åge, forestillede jeg mig, at han kunne se durk igennem mig og afsløre svære tegn på skizofreni. Tænk, hvis han ville indlægge mig!

I mange år vandrede Åge ind og ud af behandlersystemet. Tæt på de 40 år fandt han en pige, som også var psykisk syg. I flere år levede de sammen i et rækkehus og havde det godt, men Hanne fik leukæmi og døde et par år efter. Tilsyneladende upåvirket flyttede han til en lejlighed tæt på mine forældre i Søhus.

Nogle måneder efter hendes død besøgte han mine forældre, og min far har fortalt, at han den aften sagde farvel på en helt usædvanlig måde. Han havde været helt klar og sammenhængende men med angste øjne, og han havde omfavnet min mor og far til farvel.

Han gik herefter hjem til sig selv og sprang ud fra 5. sal. Svært kvæstet blev han bragt til Odense sygehus, hvor han kæmpede for sit liv i flere uger. Vi skiftedes til at sidde ved ham, men til sidst måtte lægerne give op. Hans brystvæg og lunger var knuste, og trods respirator og blodtryksstabiliserende medicin fik han til sidst nyresvigt og døde den 18. august 1985.

Alle var dybt berørte, men da vi var kommet over den umiddelbare sorg, kunne alle, og måske især mine forældre, se, at hans lidelser med en uhelbredelig og smertende sindssygdom nu var ovre, og at en stor byrde var taget af deres og vores skuldre.

Trods hans mishandling af mig tænker jeg vitterligt kun på ham med ømhed. Billeder dukker op, hvor han ligger i vores sofa og læser tegneserier for Kasper, hans markerede skrå og ulykkelige øjenbryn, den stive, lidt skrutnakkede gang uden medsving af armene. Hans tapre, men håbløse kamp for også at få et liv. Nogle gange er livet ikke til at forstå i dets urimelige uretfærdighed.

Familien:

Det ligger dybt i os at være med i en gruppe og et fællesskab. Det er noget førkulturelt og stammer sikkert helt tilbage fra vores tid som aber, hvor socialkontoret ikke lige lå om hjørnet. Som en del af en familie bliver man født ind i en historie, og som barn oplevede jeg min nære familie som hele grundlaget for min eksistens, men også Ingerslevklanen som et adelsmærke. Det har holdt ved, selvom jeg som yngste af os søskende nu sidder forældreløs og næsten alene tilbage på den synkende skude med kun en søster tilbage og med en erfaring, der ser lidt mere differentieret på vores fantastiske kvaliteter, men glædes også over at der er skabt masser af nyt liv, der fører familien videre.

Den årlige familiefest

Familiebåndet betyder meget. Selv hvis et familiemedlem skulle være usympatisk, så ligger det fjernt at slå hånden af ham. Det kan man gøre med bekendte men ikke med familien, som man er bundet til. Man kunne tro, at det var forklaret i biologien, men jeg tror i lige grad på en forankring i en social bevidsthed. Et usynligt bånd om at være en del af flokken, og i den kendsgerning ligger en tryghed og en værdi i sig selv, fordi den bliver en urokkelig klangbund for dit eget liv. Børn, der er adopteret, leder undertiden efter deres biologiske ophav, men omvendt er de for evigt bundet og præget af dem, der påtog sig opgaven som forældre. Vi er også vores gener, men i den erfarede forældre-kærlighed finder du meningen i dit liv. På en måde kan de to begreber sammenlignes med fødslen og dåben.

Min fars fætter, som var præst i Odense, kortlagde hele Ingerslevslægten, etablerede en Ingerslevs fond, og i min barndom husker jeg, at samtlige Ingerslev'ere mødtes ved et stort arrangement. Hans søn, Niels har fortsat traditionen og sender i dag en mail, hver gang en Ingerslev har fødselsdag, hvor fødselarens historie og placering i familien bliver fortalt.
I den nære familie har vi søskende, børn og børnebørn i mere end 30 år holdt en årlig familiefest, hvor vi mødes en weekend. Der er blevet festet til den lyse morgen, grædt og grinet, og som gammel glæder det at mærke, at de unge stadig fortsætter samværet uden os gamle og i mange forskellige sammen-hænge.

Skolen:

Min forældre havde besluttet at sætte mig i Odenses fine privatskole Hørlück. Den blev grundlagt helt tilbage i 1870. Her blev poderne til byens bedre borgerskab sendt hen for at lære om Ovid og Goethe. Skulle man 'i gården', var gulvafløbet altid tilstoppet og gulvet oversvømmet af tis. Når man så sjoskede tilbage til klassen og åndens verden med våde fodaftryk, der langsomt døde hen, men med lugten af pis og lort endnu hængende i næseborene – ja så lærte man i hver fald én ting: at skelne mellem ånd og materie.
For mig er Hans Scherfigs bog 'Det forsømte forår' ikke fiktion, men en nærmest journalistisk førstehåndsberetning af mit eget skoleliv. Koleriske lærere, gamle og ildelugtende frøkener, og over det hele svævede Frk. Thiele, skolens ejer.
    Skolen eksisterer den dag i dag. Det er fortsat ikke nogen institution, end ikke selvejende, nej skolen ejes simpelthen af én person og ovenikøbet arvet efter faderen, som var min plageånd.
    Alle mine søskende har også gået på skolen, og i Knuds dagbog genkender jeg alle lærernavnene på trods af vores 17 års aldersforskel. Selv husker jeg Frk. E. Hansen – tudsegammel og altid cerutrygende. Hendes hæse stemme, sure lugt af røg og rynkede ansigtsfurer, der yderligt blev forstærket af flere millimeter tykt gammelt pudder, som krakelerede, når hun ændrede ansigtsudtryk. Frk. M. altid med armen i gips, mild og smilende. Og Frk. Olesen med kronisk tilstoppet næse. I timerne brugte hun det meste af en toiletrulle. Når timen var slut, var det duksens opgave at fjerne det bjerg af tilsnot-

tet toiletpapir, der havde hobet sig op bag vinduesgardinet. Skolebænken med plads til griffel og pen og blækhus. Besværet med at kante sig ud fra bænken, når man hakkende skulle fremsige salmevers. Bordpladen, der kunne vippes op, og som hos mig afslørede flere ugers ildelugtende hengemte madpakker.

Hver lørdag kom Frk Thiele ind i klassen. Iført pariserhat, en rævestola over skulderen og sin pekingeser under den ene arm og under den anden karakterbøgerne. Bunken var opdelt i 2 med en skæbnesvanger elastik om de 3 – 4 nederste karakterbøger.

Karakterbøgerne blev uddelt af duksen, mens ejerne af karakterbøgerne med elastik, blev kaldt op til Frk Thiele og fik en syngende lussing. Hver lørdag sad jeg under uddelingen og håbede på, at lige netop i denne uge var min ikke i elastikbunken – et håndgribeligt bevis på mit lyse og lidt naive sind – for af uransagelige grunde lå jeg altid i elastikbunken. Jeg husker endnu Frk. Thieles ord." Kan man ikke lære, må man føle" efterfulgt af en velplaceret lussing.

I 4. klasse ændrede Hørlück sig. I stedet for sære frøkener fik skolen ansat mænd. I skolegården patruljerede Hr. Jørgensen. Høj, med mørkt tilbagestrøget hår. Mit første møde med ham var en syngende lussing i skolegården, der i sin hårdhed var helt forskellig fra de skrøbelige frøkeners.
Da han senere blev skoleinspektør, indførte han mærkelige moderne regler bl.a. om slikforbud på skolen. Uheldigvis lå der et mælkeudsalg på hjørnet tæt ved skolen med et mekka af slik. En morgen havde jeg snuppet 50 øre i min mors pung og købt 2 Dinostænger, som ved dagens morgensang lå i bukselommen og nærmest tiggede om at blive spist.

Mens Jørgensen med stor patos bad Fadervor, har jeg vel tænkt, at her var muligheden for at smage den fristende sukrede lakridsstang. Men jeg fandt meget kontant ud af, at voksne godt kan være grebet af Guds kærlighed, og "… tilgive vore syndere" – alt imens de med et ørneblik bemærker, at en dreng i 11. række tilfældigt fører hånden hen over munden.
I hvert fald blev jeg kaldt op efter morgensang til forhør. I et splitsekund skulle jeg finde en strategi. Havde han reelt set noget, eller var det blot en mistanke? Kunne han overhovedet afsløre min forbrydelse? Jeg valgte at spille uskyldigheden selv. Da han kommanderede " Åbn munden !!!" indså jeg min fejl. Verden forsvandt under mig. Jørgensen trak mig i øret hen over gulvet, gav mig en lussing så hård, at det sortnede for øjnene, skubbede mig ind i klasseværelset, hvor jeg uklar væltede rundt mellem bordene og mine bestyrtede kammerater.

På det tidspunkt var jeg 10 år og gik i 4 klasse. Det var i 1962 – fem år før Folketinget ophævede 'Spanskrørscirkulæret' og dermed ophævede revselsesretten i skoler, men ikke i hjemmet.

Det var også tiden, hvor der på universiteter og i samfundet ulmede et oprør, som siden skulle ændre verden radikalt.

Der er ikke meget godt at sige om den grænseoverskridende vold, der foregik i de tider, og som utvivlsomt har givet ar i vores sind. Når det trods alt er gået de fleste af os rimeligt, må det tillægges en robusthed og evne til at tilpasse sig. Mennesker kan tåle meget, hvis man tror det er et alment livsvilkår. Som børn lærte vi, at de voksne var farlige men også mægtige. Deri lå også en sikkerhed. I min barndom var de voksne et klippefast fundament, som det gjaldt om at styre udenom. Men man vidste også at de var der, hvis noget gik galt og som guder havde svar på alt og kunne løse alverdens problemer. Ingen betvivlede verdens indretning.

På en måde var min barndom præget af en middelalderlig opfattelse af verden med en himmel og et helvede, hvor begge dele var en ontologisk virkelig udenfor mig selv. Sætninger som " Hvad synes du selv" eller "det skal du selv afgøre" var dengang utænkelige. Det moderne menneskes trang til at 'mærke sig selv' var i stedet erstattet af 'mærk Hr. Jørgensens fem flade fingre!'

Hele tilværelsen var hierarkisk opbygget. Der var en fjern teoretisk Gud, hvis allestedsnærværende kærlighed de voksne tilsyneladende nød godt af, men langt fra selv efterlevede. Næh – de egentlige magthavere var min far og Hr. Jørgensen, lærerne og drengene fra de store klasser. Blandt mine jævnaldrende fortsatte hierarkiet, hvor jeg med tyrannisk glæde erobrede magten, hvor jeg kunne få den.

Det lyder usympatisk, men har været en urkraft, der i årtusinder har kendetegnet al biologi. Jeg har set det med Toves heste, når de bliver lukket på fold – et bid i nakken og magten er afklaret og der er ro til at græsse. Totalitære stater, hvor folket finder sammen i et fællesskab omkring en fjern og frygtet ledelse. Østtyskere, der efter murens fald taler hengivent om tiden før murens fald som fuld af fællesskab og solidaritet i et system med et hoved og en hale.

Til en vis grad har vi forladt denne forestilling, og en evolutionsteoretiker har forklaret det ved, at individet så overlevelsesmæssige fordele i at indgå i mere demokratiske og socialt bindende kontrakter, men det har også skabt en ensom individualitet og rodløs forvirring, hvor man selv må opfinde verden. Jeg er ikke tilhænger af de autokratiske systemer, men det demokratiske og respektfulde samfund har også sin omkostninger, hvis man ikke kender dets faldgruber.

En af forestillingerne var et uforståeligt samfund, der krævede at man gik i skole, læste lektier – alt sammen for at vi som voksne kunne blive dannede mennesker. På Hørlück lagde man meget vægt på det boglige. Allerede i 5. klasse blev fårene skilt fra bukkene. 'A' stod for almen og 'B' for boglig. I skolegården kunne vi kikke over på de heldige åndspersoner, der gik på Katedralskolen og endte med den forjættede studenterhue. I hele skoletiden var narrativet, at kom man i A, måtte man henslæbe resten af sit liv som fabriksarbejder – noget, der blev udtalt med hævede øjenbryn, som var det den mest indlysende ulykke, der kunne overgå en.

Med mine mange karakterbøger indbundet i elastik mente Hr. Jørgensen, at jeg bedst tjente samfundet resten af mit liv som ufaglært. Heldigvis kunne mine forældre langt ude i tågerne skimte nogle evner, og jeg blev taget ud af Hørlück og startede i august 1963, 11 år gammel på Nørregades Friskole.

En lærer har fulgt mig helt op i voksenlivet. Det var Hr. Olesen – en lille, altid svedende duknakket mand med underbid. På Hørlück var han ansat som lærervikar og uddelte her den værste øretæve, jeg nogensinde har fået. Ved regnetimens start måtte jeg brødebetynget bekende, at jeg ikke havde fået lavet min hjemmeopgaver, og han bekendtgjorde helt iskoldt, at jeg ville modtage en lussing efter timen. I 50 minutter sad jeg angst og ventede, mens undervisningen fortsatte som vanligt. Efter timens afslutning forsøgte jeg at snige mig ud, men Olsen glemte intet. Med sit svedige ansigt helt tæt på, beordrede han "Hænderne ned langs siden". Efter en evighed, hvor jeg forsvarsløs med armene nede langs siden ventede på slaget, blev det leveret med præcision som en eksplosion af smerte i ansigtet.

Sidenhen blev han ansat på Friskolen, men da var revselsesretten afskaffet, og vreden blev i stedet udlevet ved, at han ved hver ord hamrede sin kuglepen ned i det lakerede bord, der efterhånden lignede en hullet si.

Da jeg læste på universitetet, genså jeg pludselig min plageånd i kantinen. Lille og undseelig stod han i køen og ventede pænt på at det blev hans tur. Det var for mig en eksistentiel oplevelse, hvor jeg fik frigjort mig fra barndommens forestillinger.

På Friskolen regerede Kai Fauerby. En flot mørklødet herre med buskede, svungne øjenbryn og en myndig, lidt krum næse. Ligesom Jørgensen havde også han finkæmmet glat tilbagestrøget hår med sirlig skilning, men Fauerbys hår var indsmurt i glinsende brillantine.

Et eller andet må jeg have lært på Hørlück, for det første år var jeg klassens bedste elev uden at åbne en bog. Mit eneste problem var Frederik og Lars, som jeg havde detroniseret fra 1. pladsen. I flere uger blev jeg passet op efter skoletid, indtil jeg fik arrangeret, at 4 – 5 kammerater fra Søhus stod og ventede på mig. Siden generede de mig ikke.

Skolefoto af mig som 11-årig

Også på Friskolen var der i de første år korporlig afstraffelse. Især Kristiansen, en tidligere sergent, var slem. I matematik vidste vi, at timen startede med udvælgelse af et offer, der på tavlen skulle føre bevis for en eller anden matematisk sætning.

Her gjaldt det om at gøre sig usynlig. Ikke røre på sig eller skabe øjenkontakt, og blot sidde musestille med hovedet bøjet over bogen og vente. Selv en dyb indånding kunne afsløre en. Gik man fri, bredte en skadefro varme sig i hele kroppen over at være sluppet, men også over at en anden nu stod for. Ja, man var næsten på Kristiansen side i retfærdig harme over den tølper, der hakkede sig igennem oppe ved tavlen. Efter råben og skrigen overtog Kristiansen bevisførelsen, skrev så kridtet smuldrede på tavlen og sluttede triumferende af med at skrive QED med en fed streg under – "Quod erat demonstrandum!! – " mens han hamrede kridtet i tavlen, så det knækkede. Langede derefter en øretæve ud med et vredt "Sæt dig!! "

Men friskolen var trods alt en lettelse – måske også fordi tidens pædagogik havde ændret sig. Især Fru Kannegaard var en blændende dygtig lærer. For første gang i mit liv oplevede jeg læring som en glæde. I dag kan jeg takke hende for min viden om romanske og gotiske kirkebuer og meget andet, men mest af alt fordi hun behandlede os med respekt. Min sidekammerat Ib, der var vant til at modtage lussinger uden at kny, tudede en hel time over, at Fru Kannegaard havde givet ham en lille reprimande. Vi var på feltture til Sanderum kirke og blev sågar engang inviteret hjem til hende privat. Det sidste var besynderligt. Lærere var fremmede væsener uden kontakt med menneskeheden, men her gik vi rundt i hendes stue med sofa og en venlig ægtemand, der serverede saftevand for os. Det var uforståeligt.

Hormonernes Big Bang, usikkerhed og bumser

Uforståelige var også pigerne. Fra at være irriterende fremmedelementer i barnealderen, indtog de nu en altafgørende plads i universet. Forfinede, sarte væsener – underskønne, der med et hånligt fnis kunne få hele ens verden til at bryde sammen. Var drengene uenige, blev det afgjort med et slagsmål, men pigerne havde et helt ukendt og meget stærkere våben. To – tre piger i en flok, der i dyb forargelse vendte én ryggen med ordene "Det kan du altså bare ikke være bekendt", kunne knække ryggen på en. Der stod man, vraget, udskammet og forladt. Uhyret, udelukket fra det livgivende fællesskab med skønheden.

Min første rigtige kærlighed var Anette fra Bullerup. Lyshåret og dejlig, men desværre mere interesseret i Jens – i 7. klasse den eneste dreng med hår på tissemanden. I badet efter gymnastiktimen havde vi andre travlt med at komme i tøjet, mens Jens rendte rundt nøgen og tildelte os slask med sit våde håndklæde.

Inden den klassiske tur til Bornholm havde Anette sendt visse signaler, som gav forhåbninger, og jeg drømte om, at vi hånd i hånd skulle opleve Almindingens Tivoli, som var turens højdepunkt. På færgen brækkede jeg mig hele natten, og dagen efter så jeg hende holde Jens i hånden. Jeg var dybt ulykkelig, og selv ikke rutschebanen hen over søen i Tivoli kunne muntre mig op.

Det kunne derimod Åse fra Søhus. Hun var et par år ældre end mig og udstyret med en stor dejlig barm. På skrænten ved en markvej fik jeg mit første, men også mit livs ubetinget dejligste kys. Sammen med en anstandsveninde havde hun lokket mig til en gåtur. Selv i dag kan jeg nøjagtig udpege den lille solbeskinnede græsplet, hvor Åse en varm sommerdag omfavnede mig, sugede sine læber, bløde og våde, om min lidt bævrende mund, og jeg med en rislende fryd mærkede hendes tunge kildrende inde i mig. Min hånd oppe under blusen og hendes BH og brystets uendelige varme blødhed, som fik alt til at forsvinde omkring mig. Dejligt var det, og mere blev det ikke til, men fra den dag af var jeg for altid fanget af kvinder og deres skønhed.

Da vi blev konfirmeret, blev der holdt ungdomsgilder. Ingen syntes vist, det var særlig sjovt, men det var sejt, og en nødvendig del af forestillingen om, at vi nu var voksne. Drengene stod i den ene ende af salen ved båndoptageren ivrigt optaget af tekniske detaljer som firspors optagefunktion eller stereo, der var det sidste nye på markedet. Pigerne stod i den anden ende i deres stiveste mandagstøj, med små spidse bryster og øjnene overmalet af mascara. Alle stod generte og sendte sky blikke ned i den anden ende af salen.

Senere på aftenen blev lyset slukket og erstattet af roterende farvelamper, der skabte en hemmelig og intim stemning, og hvor genertheden kunne gemme sig i mørket. Der blev danset til Beatles – de helt store idoler og når sjæleren 'Yesterday' blev spillet, kunne man snige sig til – ganske langsomt at komme helt tæt på de mærkeligt forfinede og velduftende væsener.

Senere, i femtenårsalderen blev det et statussymbol at forsvinde afsides i et tilstødende lokale, men forinden havde man sikret sig, at alle havde set det. Alene med pigen famlede man forlegen efter BH – spændet og fik akavet listet en hånd ind under trussekanten. Pigen hev og sled i de ædlere dele, mens det hele foregik under påtaget orgastisk ophidset elskovsstønnen. Efter en tid kunne man høste frugterne af alle anstrengelserne og gå ud til de andre, mens bukser og kjole blev knappet.

I sjette klasse fik vi midt i skoleåret ny dreng i klassen. Han kom fra Ringkøbing, som han inderligt savnede. Da han hørte, at min far var født der, fik vi kontakt, fordi han gerne ville med hjem på besøg for at tale om Ringkøbing. Allerede i bussen røg vi i totterne på hinanden, og buschaufføren måtte skille os ad. Begge havde vi en søster der hed Eva, og stridspunktet handlede om, hvem af dem, der var den sødeste. Det startede skidt, men venskabet har siden holdt, og Stig og jeg har sågar haft diamantbryllup. I hele skoletiden var vi tætte venner og havde travlt med alt andet end lektier.

Stig – Min ven gennem snart 60 år

Vi var et umage par. Hans hjem præget af en intellektuel søgende mor, og Stigs far en cigarrygende lidt utilnærmelig ingeniør, der ikke fik megen beundring af konen for de borde, han selv lavede. Når jeg var på besøg, drak man te om et rundt, moderne egetræsbord, talte pænt og civiliseret til hinanden, og jeg følte mig både tiltrukket, men også fremmed overfor en ukendt, kultiveret og respektfuld, men også lidt livløs pædagogisk tone. Stig har som voksen fortalt, at han omvendt følte sig tiltrukket af min fars livlighed og evne til at fortælle og skabe stemning, og som fremmed oplevede han ikke min fars invaderende facon. En sommer blev Stig inviteret med til Sydfrankrig. I bilen fik vi lov til at stoppe og tænde min fars pibe. Han vidste udmærket, at vi med dukkede hoveder lå og pulsede, for røgen bølgede lystigt op fra bagsædet, men det at lære at ryge var en del af opdragelsen til voksenlivet.

Da vi ankom til Rivieraens campingplads levede Stig og jeg vores eget liv. En aften på en legeplads blev pigerne drillet af nogle franske drenge. Meget heroisk drev vi de formastelige drenge på flugt og i flugten fik jeg revet en stor flænge i en af drengenes skjorte. Uden at tænke nærmere over det slentrede vi op til et omvandrende cirkus. Optaget af løver og artister blev vi pludselig grebet af en overmenneskelig kraft, der hev os op i luften, og skrækslagne hang vi dinglende i luften i armene på en stor, behåret franskmand. Råbende og spyttende pegede han på sønnens ødelagte skjorte.

Helt fra min tidlige barndom havde jeg lært, at når voksne teede sig sådan, var der kun én løsning– bøje hovedet indtil man kunne slippe væk, men Stig's opdragelse var præget af dialog og ligeværd, så han indledte en saglig fremlæggelse af sagen for den fnysende gorilla, der kvitterede med en syngende lussing. Da vi slap fri og var i god afstand, råbte vi alle de franske skældsord, vi kunne. Hele optrinet var en eksistentiel oplevelse for Stig: Den rå dyriske magt overfor civilisationen.

Lærer Jørgensen, en gæv vestjyde, boede i nærheden af mit barndomshjem, og så ofte Stig og jeg stå og bøvle med en rød Diesellaknallert, som vi havde boret, hakket og gearet. På drevent vestjysk fik jeg dommen i matematiktimen "Altid den rø'e knallert – Din drønnert!"
Efter 1. real fik både Stigs og mine forældre besked om, at det var bedst at skille os, og formentlig på grund af mine elendige karakterer, skulle jeg gå 1. real om. Det var et hårdt slag at skulle forlade min gamle klasse, men faktisk tror jeg i dag, at det var mig, der trak det længste strå, for jeg kom ind i en god klasse og fik hurtigt mange nye venner, og fagligt begyndte jeg at indse nødvendigheden af lektielæsning.
En af de nye venner var Henrik, og sammen med Stig udgjorde vi et fast tri-umvirat, hvis samlingspunkt var intellektuelle diskussioner til langt ud på natten, hvor vi røg pibe og drak the, mens vi foragteligt talte om alle sports-idioterne. Jeg har som voksen lært, at det var os, der var idioterne, og at vi gik glip af sportens vigtigste egenskab – at være en del af et hold.

På skolen havde vi fået en ny lærer, der indvarslede en helt nye epoke i vores liv, og som var en del af ungdomsoprøret og 68 - generationen. Brahm var socialist, gik i islændertrøje og sorte træsko, benet og muskuløs og med halv-langt, krøllet hår og skæg. Han var konstant i opposition til Fauerby, og vi overværede frydefuldt skænderier mellem de to, hvor han scorede billige point ved at holde med os.

I dansktimerne analyserede vi Bob Dylan, og bare det at få et anerkendende nik fra Brahm var som en guddommelig velsignelse.

Jeg havde et ambivalent forhold til ham. Mest fordi jeg elskede ham og ikke kunne få hans fulde anerkendelse, og i forsmået selvforsvar syntes han var en farlig, rød hippie, men der var også en anden grund. Hele min opvækst var præget af pæne borgerlige værdier og da The Beatles – et navn, min mor udtalte 'Je Bitles', kom frem med vildt provokerende langt hår, der netop dækkede overkanten af øret, blev der et ramaskrig i samfundet, men især i mit hjem. Det var samfundsnedbrydende pigtrådsmusik – en døgnflue, og Brahm var indbegrebet af denne 'hippie' kultur.

I 2. real skulle vi på studietur til Harzen med ham som rejseleder. Rejsen kom til at symbolisere den pædagogiske og samfundsmæssige revolution, der afløste det autoritære skolesystem, øretæverne, Gud, Konge og Fædreland. Det er mærkeligt at have oplevet en barndom, hvor virkeligheden i bogstavelig forstand blev banket ind i hovederne på os, for efterfølgende at se denne virkelighed blive opløst i postmodernistisk værdiløshed.

I en uge drak og røg vi uden at Brahm greb ind. Om natten sang og råbte vi på hotellet – sengene brasede sammen, og jeg husker et vinduesbeslag knække af, og vinduet falde ned i gården under stort rabalder. På en udflugtstur op til en bjergtop kastede vi med snebolde efter de forbipasserende biler. En af dem stoppede op, og ejeren henvendte sig forarget til Brahm, der blot grinende afviste ham. Da vi kom hjem, troede min mor vitterlig, at jeg var alvorlig syg, ligbleg med sorte rande under øjnene, men det var rent druk og svir.

Frk. Olesen var med som andenlærer. Hun var en bitter, ugift kvinde med overtænder, der stod vandret frem, og hvor overbiddet forstærkedes af en manglende hage. Hun havde ikke en chance overfor Brahm og turde ikke sige ham imod. Han var til gengæld en stærk personlighed, og den manglende voksenstyring var ikke udtryk for manglende evner, men en del af det livssyn, der prægede ungdomsoprøret. Oprør mod autoriteterne – regler og traditioner skulle nedbrydes og erstattes af det frie menneskes selvbestemmelse og egen udvikling uden snærende bånd til borgerlige konventioner.

Det var velfærdsstatens åndelige ideologi. Efterkrigstiden havde kæmpet for den materielle velfærd, men i tresserne udfyldte ungdomsoprøret og de kulturradikale den åndelige forståelse af velfærden. Det var Fluxus-bevægelsen, neo -avantgarden og starten på postmodernismen. Senere blev de vippet af pinden af marxisterne, der opponerede mod det værdiløse og relative. Deres verdensopfattelse var i stedet dogmatisk – ja religiøs. At en sag kunne ses fra flere synsvinkler, var senkapitalistisk borgerlig pluralisme. I 90'erne bukkede de under for virkeligheden, og ved Østblokkens sammenbrud stod kun individualiteten, narcissismen, det subjektive og materialismen tilbage som eneste svar på åndløsheden og værdiløsheden. Senere tog Woke-generationen over og skabte identitetsdebatten og cancelkulturen i deres frustrerede forsøg på at skabe en identitet.

I tresserne forkastede man alle den tidligere generations ritualer i en omnipotent naiv tro på, at man kunne leve uden historie, at man kunne skabe sit eget liv uafhængigt af borgerlige normer og ritualer, men deres liv blev også til en norm af ligegyldighed, hvor man siden har kæmpet for at finde mening og identitet. Postmodernismens eneste svar var individuelle oplevelser og kampen om magten.

Man skulle opfinde sig selv og forenes i fælles kamp mod autoriteterne – ja man hører svagt i baggrunden sovjetrevolutionen eller den franske revolutions bannerfører råbe "kammerater og citoyens – foren jer mod tyranniet". Historien har lært os, at hverken borgere eller kammerater kom til at sige så meget fra bunden af guillotinens kurv eller Sibiriens fangelejre, og Tvinddynastiets solidariske gruppediktatur sluttede i Miami i en millionærlejlighed, hvor Amdi Petersen nød livet med udsigt til det private golfresort. Men 68 – generationen ændrede for altid vores forståelse af verden.

Måske det startede helt tilbage til renæssancen. I middelalderen var virkeligheden baseret på én Gud – én sandhed. Alt blev defineret i forhold til Gud. Mennesket befandt sig i en kaotisk, grundlæggende uforståelig og farlig verden, der kun kunne forklares gennem Gud. Gud holdt så at sige orden på det hele. Det skal forstås meget bogstaveligt. Gik det dig godt eller skidt, var det forårsaget af Gud. Vores dejlige kalkmalerier i kirkerne viser den tids opfattelse af virkeligheden. Samfundets egentlige magthavere var kirken.

I renæssancen sker der noget epokegørende. Mennesket opdager sig selv. Det bliver født på ny. Blandt andet gennem astronomien opdager man bevægelsens relativitet: Middelaldermenneskets opfattelse af sig selv som centrum i universet og jorden som noget absolut hvilende – gælder ikke mere. Jorden bevæger sig også. Vi befinder os i et flydende og foranderligt univers uden fixpunkter. Jorden og mennesket er ikke universets centrum. Renæssancemennesket fordøjer denne kendsgerning ved at sige: Hvis der ikke er noget fast holdepunkt, så har jeg i hvert fald mig selv. Med 'hilaritas' (munterhed) forlader vi for anden gang paradiset, men nu som frie og nyfødte mennesker.

Decartes formulerer det på fornemste vis ved at sige: Jeg tænker – altså er jeg til. Han er klar over, at han kan betvivle alt, undtagen at han erkender. Han skaber så at sige sig selv. I hvert fald definerer han sig i forhold til sin egen erkendelse. Mennesket definerer sig således ikke i forhold til sin omverden, eller i forhold til en udefra eksisterende sandhed, men i forhold til sig selv.

Siden har dette tab af erkendelsesmæssig universalitet udviklet sig gennem Nietzsche's – 'Gud er død' – og frem til moderne tid. Psykologien opstod som en naturlig nødvendighed af, at 'verden' flyttede ind i hovederne på folk. Vi måtte have nogen, der kunne holde orden i vores hoveder. Det moderne gennembrud, konstruktivister og dekonstruktivister – alle er de dybest set et resultat af sekulariseringen i renæssancen.

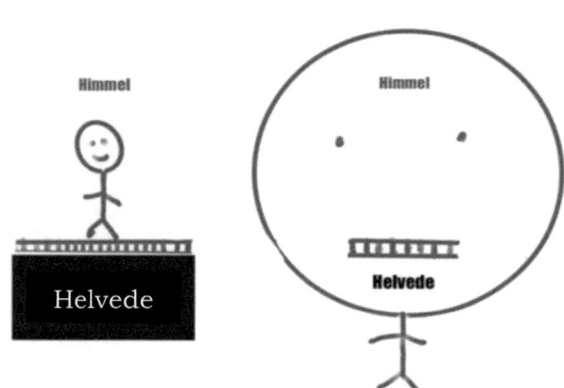

Middelalderens og modernismens selvopfattelse

Kulturminister Julius Bomholt indbød i 60'erne kunstnere og intellektuelle til at bidrage med at skabe et åndrigt samfund, som skulle afløse materialismens tomhed, men desværre endte svarene i kaos, fordi man hånende afskaffede begrebet dannelse som en del af det autoritære, som skulle bekæmpes. Marxisterne havde deres begrundelse, de kulturradikale deres.

Ungdomsår og gymnasietiden

Der var også fordele ved Åges sygdom. Hele mine forældres opmærksomhed var koncentreret om Åge, og det gav mig en frihed til at gøre hvad der passede mig.

Som 16-årig havde jeg skiftet Diesella'en ud med en flot sort Pugh knallert med twinsæde. Hver aften mødtes vi omkring bænken ved valnødde-træet – imponerede pigerne ved at stejle og køre på baghjul, og lykken var, når vi i flok kørte gennem skoven i fuld fart med en pige bag på, som klamrede sig fast til en.

Svend var kun femten og måtte ikke få en knallert. En punkteret knallert havde i nogle dage stået uberørt hen ved Stavisåen, og vi overbeviste os selv om, at den kunne vi godt tage. Den blev lappet, og vi kørte lange ture sammen. Men en dag gik det galt, da vi var på tur. Svend blev opdaget af politiet, taget med på stationen, og jeg kørte fortvivlet hjem til en ven, der boede over for Svends forældre. Fra vinduet kunne jeg se Svend og en granvoksen poli tibetjent, der ringede på døren – forældrene, der åbnede op. Hele min pæne borgerlige verden sank i grus. Lærerne og min far var én ting – men politiet! Med mig som medskyldig så jeg os anbragt i ungdomsfængsel, og mit liv lagt i ruiner.

Bedre blev det ikke, da jeg blev indkaldt til afhøring på Odense Politigård, hvor jeg havde lovet Svend at holde mig til forklaringen om, at det var en skrotknallert, der blot var forladt.

Vi overlevede. Svend blev flymekaniker og jeg læge, men i et eller andet hengemt arkivskab hos politiet står vores forbrydelse sikkert stadig registreret.

Kate var en ulykkelig skæbne i mine ungdomsår, som jeg føler en skyld overfor. Hun var en køn, sød og naturlig pige. Hendes ulykke var forældrene, der var Jehovas vidner. De tillod kun samvær med unge fra bevægelsen. Vi misbrugte på det groveste hendes naturlige behov for at være sammen med jævnaldrende, og sneg os om aftenen hen til hendes soveværelsesvindue for at snakke med hende, men betingelsen var, at hun skulle være i natkjole, og at vi måtte røre hendes bryster.

I Søhus havde vi omdannet et gammelt hønsehus til det fineste diskotek. En eftermiddag, hvor hun havde sneget sig hjemmefra, overbeviste vi hende om, at man ikke brændte sig, hvis man lagde en glødende cigaret oven på en tikroneseddel, der lå stramt hen over håndryggen. Som bevis måtte hun beholde tikronesedlen. Uden at kny holdt hun cigaretten på håndryggen i over et minut. Jeg fortæller historien, fordi det gjorde et dybt indtryk på mig, da hun senere viste et stort voldformet brandsår. Tænk sig hvilken smerte hun har udholdt, blot for at være med i et samvær – vores kyniske udnyttelse af hende og forældrenes blinde dogmatisme, der helt lukkede øjnene for deres datters behov. Mennesker er vitterligt nogle mærkelige størrelser. Den frie vilje er en realitet, der giver ansvar og skyld, men vi er også bundet af sociale og egoistiske drifter og mærkelige forestillinger, der styrer vores liv.

Den franske film 'Modstanderen' – er baseret på frygtelige virkelige hændelser. Det starter uskyldigt i ungdommen, hvor hovedpersonen udebliver fra en eksamen og foregiver, at han har bestået. Løgnens dynamik og hans – ja næsten anstændige småborgerlige moral om flovheden over at dumpe, vikler ham ind i et grotesk liv bygget på løgn. Han fortsætter svindlen og konstruerer en parallel verden, som går upåagtet hen i mange år.

Det interessante ved filmen er, at det længe ikke synes at være et problem at leve et dobbeltliv – at virkeligheden og løgnen lever parallelt og uproblematisk – begge som ligeværdige konstruktioner.

Men virkeligheden er ikke en konstruktion og indhenter ham. Da han bliver afsløret, bryder hele hans verden sammen. Loyal overfor sin forestilling om livet som konstruktion, dekonstruerer han som en anden ingeniør sin tilværelse. Tilsyneladende uden følelser slår han forældre, børn og kone ihjel og brænder sit hjem – formentlig for at slette sine spor og gøre det muligt at bygge bro mellem løgn og virkelighed.

Overlever selv, men afsløres og bliver i den franske presse udnævnt som monster. Det er filmens frygtelige og virkelige forlæg.

Filmen er ikke et forsvar for hans handlinger men en indsigt i og forståelse for dem. At vi alle har en rem af hans liv i os. At vi gør ting, som former vores liv, og som er baseret på forestillinger om livet. Nogle gange løgnagtige forestillinger, som væver os ind i et handlingsmønster, som bringer os mod afgrunden. På den ene side at livet grundlæggende er en menneskelig konstruktion, hvor moral er uden fundament, og på den anden side en næsten latterlig småborgerlig moral, der styrer hans liv.

Som lemminger ligger vi strandede, fanget af vores forestillinger om verden. Nazismen, Jehovas vidner, socialkonstruktivismen. Hvis forestillinger og virkelighed bliver ligeværdige partnere, ender det i ragnarok.

Vorherre og verden fejler ikke noget, men vores manglende ydmyghed overfor den virkelige verden uden for os selv er djævlen i vores liv.

I realskolen havde jeg endelig knækket koden med lektier og fik rimelige karakterer, også selvom Henrik og jeg pjækkede en del. Vi gik rundt i Odense, eller sad i kantinen i svømmehallen og diskuterede filosofi og politik, lavede drejebog over film eller strategier om, hvordan man erobrede Aasa – en pige, som han var dybt betaget af.

I 3. real kunne jeg stolt fremvise papiret til mine forældre, hvor der sort på hvidt stod, at jeg var –"erklæret egnet til gymnasiet". Hvilken sejr!

I skolegården på Hørlück havde vi andægtigt set over på Odense Katedralskole, men da det kom til stykket, måtte jeg nøjes med Mulernes Legatskole. Sommeren -69 trådte jeg spændt og forventningsfuld ind på det næsten ny og moderne gymnasium, som lå lidt uden for byen i det berygtede Vollsmose.

Min gymnasietid blev af mange grunde en lidt sløv affære, som bedst er beskrevet af vores oldævlslærer Mathiesen, der skrev i min karakterbog: "Tyge har et slasket forhold til tilværelsen."

I klassen var vi vidt forskellige. Nogle var meget småborgerlige uden spor af akademisk interesse. Lise strikkede sig 3 år igennem kilometervis af halstørklæder, og når hun i historietimen blev spurgt om, hvorfor Ludvig den 14. hed solkongen, udtalte hun på syngende fynsk " de' ve' je ik' – og je osse li' gla'! Så var der tre drenge, der terroriserede klassen med en velbegavet men bidende ironi, der ødelagde et spontant og ukompliceret klasseliv. Især Bolette og Lis blev sablet ned, når de entusiastisk og dukseagtigt overfortolkede et digt. Krasborg fortjente vitterligt sit navn, fordi hun svarede aggressivt og fornærmet på alt, hvad man sagde. Klassens sammenhæng var så uharmonisk, at alle opgav at investere i samværet. Mange år senere mødte jeg en fra triumviratet i en teaterfoyer. Han var pilskaldet, og med tanke på hans ironiske distance til livet i gymnasiet, spurgte jeg "Nå – er du gået hen og blevet punker?" hvortil hans svarede, at det var kemokuren, og at han havde metastaserende testiscancer. Det blev en lang teaterpause! Han døde nogle år senere.
Men der var én i klassen, som jeg syntes om, og som kunne være blevet min livsskæbne, hvis ikke tingene var gået anderledes.

Lene havde et sødt smil, som fyldte hele hovedet, lyst, lidt pjusket pagehår og mindede på en måde om en troldepige. Jeg husker ikke hvordan, men kærester blev vi. Hun var datter af en kaptajn i Mærsk, og han var i 4 år udstationeret i New York. Lene var derfor blevet installeret på et pigekollegie midt i Odense med en skrap concierge ved indgangsdøren. På grund af Åges sygdom havde jeg frit spil og kørte efter skoletid ofte hjem til hende.

Min far havde siden 10 – års alderen fortalt mig, at det at gå i seng med en pige var det fineste og smukkeste, man kunne opleve. Ja – jeg forestillede mig, at når det guddommelige øjeblik indtraf, ville det være omfavnet af et gyldent lys ledsaget af trompeterende engle. Men det hele forudsatte, at man ventede til den helt rigtige pige kom. Hvis ikke, ville det være en beskidt og lusket affære. Bortset fra den vidunderlige oplevelse med Åse, så havde min erfaring med sex ikke just været præget af trompeterende engle, men i stedet af kampe om at få lov og en uerfaren og hårdhændet behandling af mine ædlere dele.

Med Lene lykkedes det, og selvom det var usikkert og famlende, og himlens porte ikke åbnede sig, så var det en helt speciel oplevelse at 'blive begæret'. At mærke den andens nøgenhed – at være tæt sammen og fortabe sig i ren væren.

Vi var sammen hele tiden, og blev forlovet meget fornemt ved en fest i mit hjem og med rigtige forlovelsesringe. I de sidste 2 år af gymnasiet fik vi lov at flytte sammen i en 1,5 – værelses lejlighed tæt på min forældre, i øvrigt samme kompleks, hvor Åge senere sprang ud.

Her boede vi i gymnasietiden som ægtefolk, med vores kat, Xantippe, dobbeltseng og TV i stuen, imens vores kammerater sad hjemme hos far og mor, eller også var ude at feste med kammerater. Vi kunne selv have holdt fester og deltaget i de andres normale gymnasieliv, men klassens uharmoniske natur gjorde, at vi holdt os for os selv og levede et yderst småborgerligt liv. Især var besøgene hos hendes farmor dræbende. Hun havde en lille butik, som solgte billigt tingeltangel. I baglokalet sad jeg i timevis og hørte de to snakke om ligegyldigheder. Lene var ikke nogen stor ånd, men jeg var glad for tosomheden og trygheden.

Lene ville være børnehavepædagog og gik ud af gymnasiet. I slutningen af 3. g. var alt planlagt, og fremtiden lyste lokkende. Hun skulle i et halvt år på Højskole i Odder for at samle point sammen til at blive optaget på pædagogseminariet, og jeg skulle starte på suppleringskursus, hvor jeg som sproglig student skulle tage fysik, matematik og kemi, inden jeg startede på lægestudiet. Min forældre købte generøst et fint rækkehus, med lille have i Sanderum, hvor vi skulle bo, når Lene kom tilbage fra højskole.

Min bror Åge, der tog med hende på højskole, fortalte en dag, at jeg vist skulle holde øje med, hvad hun lavede. En aften spurgte jeg, om der var noget galt, og hun tilstod til min rædsel, at hun havde fundet en anden på højskolen. Hele min verden styrtede i grus, og jeg husker, at jeg ulykkelig gik ind til min mor og mormor, der dengang boede hos mine forældre, for at fortælle den frygtelige nyhed. Min mormors kriseterapi var nu ikke til stor hjælp. På fynsk konstaterede hun: "Det ska' du ette ta' dig a'. Piger – der er ette en spaaanfuld, men et helt laaandfuld ". Således trøstet gik jeg tilbage til min ensomhed.

Kapitel 2

Stud. Med. 1. del.

Ikke mange kan huske den dag, de blev voksne. Det kan jeg.

Det var en dejlig septemberdag, hvor jeg gik afslappet og nød en is i gågaden i Odense. En bekendt kom hen til mig og spurgte, hvorfor jeg ikke kom til forelæsningerne. Lettere pikeret kunne jeg oplyse, at jeg ikke havde fået nogen besked, men ikke desto mindre havde de været i gang i 14 dage.

Den erkendelse, at jeg selv havde ansvaret for mit liv, at universitetet var revnende ligeglad med om jeg kom eller ej, var et shock. Da jeg dagen efter mødte op i auditoriet med flere hundrede studerende, og hvor professoren helt passionsløst leverede sin forelæsning, pakkede sammen og blot forlod lokalet, gik det op for mig, at der ikke var nogen, der banede vejen eller skældte ud, og det at blive voksen handlede om at tage vare på sit eget liv. Med ét stoppede gymnasietidens slaskede holdning til livet.

Da jeg i 3. G skulle vælge, hvad jeg ville efter studentereksamen, var jeg meget i tvivl, og da valget faldt på lægestudiet, var der ikke megen passion eller kald i beslutningen. Snarere handlede det om, at det var noget, jeg kendte hjemmefra og samtidig et anerkendt og velbetalt job, som måske også var spændende. Alle forestillingerne kom til at passe, men i dag tror jeg, det vigtigste ved mit valg var, at jeg den septemberdag tog mit valg på mig og gjorde det til mit.

Faget og mit lægejob har vitterligt været rigt og spændende, og jeg ville gerne kunne sige det var årsagen til mit valg – at jeg havde truffet et velovervejet valg, men sandheden var i stedet den mindre romantiske, at når jeg nu havde besluttet mig, så måtte jeg også gå ind i det valg. Jeg har siden i mit liv oplevet, at det er det eneste reelle valg, man som menneske kan stilles overfor. Det nedtoner menneskets evne til analytisk at kunne planlægge og forudsige alt, eller at man skal føle sig til alt, men understreger i stedet at valget mere handler om at tage det på sig og erobre sit liv. Trods ar, ligtorne men også glæder, så kan man i hvert fald sige, at det blev så mit liv. Det er ikke så ringe endda! Når Kierkegaard taler om at sandheden ligger i gentagelsen, så er det netop det at tage imod livet som det er og så tygge og fordøje det – at gen – tage sit liv.

Det moderne menneske har en tro på, at det kan styre sit liv – at det at leve eller finde sin kone, eller få børn, er lidt ligesom at købe en ny Iphone: Behovsafklaring, undersøgelse af markedet og specifikationer og så træffe et kvalificeret valg. Når man så finder ud af, at konen, kællingen, madammen – ja, livet og verden – lever sit eget liv – så går det helt galt. Faktisk har alle mine vigtigste valg været truffet med en ureflekteret musikalitet og en efterfølgende engageret leven i det valg. Det gælder valg af job, kone, venner og det at få børn. Til gengæld har jeg aldrig købt en boremaskine uden at undersøge markedet minutiøst.

Efter at have slikket sårene med Lene, flyttede jeg ud på en pløjemark 6 km uden for Odense i et nydeligt rækkehus. Jeg kørte med kultivator, tromlede og rev og såede. Talte med naboer, der var familiefædre til teenagebørn, og prøvede i det hele taget at skabe en tilværelse, der gav mening. Det lykkedes ikke! I hvert fald ikke før jeg opgav parcelhusdrømmen og det pæne familieliv. Der er valg, der ikke lader sig gentage.

Hvad jeg ikke fik udlevet i gymnasietiden, fik jeg til gengæld i rækkehuset på Morelvej, som vennerne hurtig omdøbte til Moralvej. Der blev holdt vilde studenterfester, og damer kom og gik, så naboerne med forargelse kikkede på den tossede student. Ved en fest listede en pige og jeg ind i soveværelset og hyggede os i en sådan grad, at sengen brasede sammen. Problemet var ikke sengen, men at hun åbenbart havde en kæreste, der havde opdaget affæren, og stod udenfor og bankede vredt på døren.

Selvom der forhåbentlig også var mere vægtige grunde, så havde placeringen udenfor byen også den fordel, at når jeg på jazzværtshuset helt uskyldigt tilbød lidt natmad derhjemme, så var alle busser gået kl. 2 om natten, og damen takkede taknemmelig ja til mit generøse tilbud om at overnatte.

Jeg havde til gengæld sikret mig en adgang til bycentrum. Henrik havde sammen med en række studerende lavet et kollektiv i en stor gammel herskabslejlighed lige midt i gågaden, hvor der også blev festet igennem.

Senere i studiet lærte jeg Yelva at kende. Hun var en sød og givende pige, og af uransagelige grunde betaget af mig, men måske hun faldt for mit engagement og evne til at være i nuet. Når vi var sammen, snakkede vi på livet løs, og hun forkælede mig i urimelig grad – medbragte bæreposer med lækkerier, som vi tilberedte i køkkenet på Morelvej. Jeg har altid haft dårlig samvittighed over, at jeg lod det fortsætte – ikke over min andel i samværet, som var nærværende og jeg tror at vi begge havde glæde af forholdet. Nej, det uanstændige var forskellen i vores forelskelse. Hele forudsætningen for et kærlighedsforhold er, at man vælger det med fuld musik, og det gjorde hun men ikke jeg i fuldt mål, og det er jeg ikke stolt over. Hun var ikke et ubetydeligt bekendt-skab, men vi var sammen i flere år, og hun var et fint menneske, som jeg kom tæt på.

For nylig kontaktede hun mig, og vi mødtes over en frokost, hvor vi genopfriskede gamle minder. Det var en glæde for mig, fordi jeg så at hun uden bitterhed kunne glædes over vores ungdomsliv, men også selv havde fundet kærligheden i Østrig og fået både børn og børnebørn.

Selve studiet var intensivt og krævende. Det var opdelt i etaper, hvor hele formålet var at komme op på næste trin uden smålig skelen til, hvad målet i øvrigt var. Forestillingen om, at vores tillærte viden faktisk kunne bruges til noget, kom først senere.

Starten af semesteret var yderst afslappet, men efterhånden som ek-samen nærmede sig opstod en febrilsk eksamenslæsning, hvor man sad oppe til midt på natten og forbandede både studiet, og at man ikke tidligere på semesteret havde taget det mere seriøst.

Eksamen var gyselig. Stoffet var så omfattende, at ingen kunne føle sig sikker. Vi læste sammen og holdt nøje øje med, om de andre var længere i pensum end en selv. Selv i dag, 50 år efter, kan jeg vågne op med hjerteban-ken. For nylig skrev jeg en morgen min drøm om eksamen ned:

Jeg står ude foran auditoriet på første sal. Klokken er 9, og næste gang er det min tur. Tove og børnene er mærkelig nok med og vist også et par venner
. *Jeg er nervøs, helt klar over, at den er gal. Jeg kan intet huske af pen-sum, og alle andre har hvide kitler på, men jeg har glemt min derhjemme. Jeg spørger en, om jeg kan låne hans, men får ikke rigtig svar. Kikker ned af mig selv og opdager til min rædsel, at jeg har joggingbukser på.*

Heldigvis viser det sig, at der er cowboybukser inden under, og jeg un-dres over, at jeg ikke har svedt med to par bukser på. Til gengæld er mine sko fyldt med kalkstøv, som jeg tørrer af, men ligegyldigt hvor meget jeg pudser, kommer der mere – ja, der ligger næsten bunker af kalksmulder under mig. Febrilsk finder jeg en A4 – blok, der ligger på et bord og hugger 2 stykker papir til noter og glædes ved, at jeg i det mindste har en kuglepen i lommen. Jeg pisker panisk rundt for at gøre mig klar og ved, at det er en dårlig start, hvor jeg ikke får tid til at samle mig og få ro på nerverne. Beder Tove om ikke at følge med ind og lytte, men er også lidt i tvivl, om det er den rette beslutning. Kan høre, de taler inde fra auditoriet, som ligger badet i lys adskilt fra den mørke gang af glasruder mod loftet. Der bliver grinet lidt gemytligt, men også febrilsk og nervøst.

Stolene skraber mod gulvet, og det uundgåelige sker – det er min tur.

Jeg vågner med hjertebanken, men fyldes af glæde over at ligge i min varme trygge seng, pensioneret efter et vellykket lægeliv og med alle eksaminer overstået. Måske bunkerne af kalkstøv i drømmen mere handler om min nuværende alder end eksamen, men sådan har alle aldre nok alligevel deres mareridt.

Stoffet var virkeligt omfattende. Op til tusind sider per semester, som man både skulle forstå og kunne på fingrene, men der var en stor tilfredsstillelse i at komme i dybden med et stof – og lige inden eksamen at få en fornemmelse af en afrundet helhed. Især anatomi gav den fornemmelse. Med lukkede øjne kunne jeg tredimentionelt bevæge mig rundt i kroppen, møde sener og kravle over arterier og følge nerver helt ud til fingerspidsen.

Anatomi lå i starten af studiet, og bare det at træde ind på en studiesal med opskårne lig i store formalinfyldte badekar, var i begyndelsen noget af en kamel at sluge. Vi gjorde os hårde, og når vi i pauserne skulle i kantinen, blev hænderne skrubbede og rensede for at få det opløste menneskefedt og formalinlugten af fingrene, men også få skyllet døden og ubehaget væk. Men man vænner sig hurtigt til alt. Langt henne i semesteret sad jeg en dag i kantinen og spiste en dejlig Napoleonskage. Mine hænders lugt afslørede, at jeg havde glemt at vaske mig, hvorefter jeg blot tørrede mine hænder i bukserne og med stort velbehag fortsatte med min kage.

Mange har undret sig over, at nazisterne kunne vænne sig til rædslerne i KZ – lejrene. Ikke for at fritage dem for ansvar, men mennesker har evnen til at gøre alt til hverdag. Det er ved "den første gang", der skal tages stilling – måske endda før. Tanker er ikke toldfrie.

Fredag eftermiddag efter forelæsningerne var der fredagsbajer i kantinen. Der var en helt specielt afslappet og munter stemning om fredagen. Øllerne kom hurtig i flertal. Man rystede forelæsningerne og eksamensræs af sig, og kun weekendens skæg og ballade lå foran os. Mine faste læsekammerater, Henrik, Søren, Jens og jeg var faste deltagere.

Bagefter hjem til Henrik, hvor vi sad rundt om hans lave lille sofabord og udhulede osten, mens vi blev klogere og klogere. Så på Frank A, et hyggeligt gammelt værtshus, hvor vi lavede skæg med Holger, husets faste tjener. En excentrisk falleret mediciner havde lavet en forening til generobringen af de vestindiske øer og udnævnt en provisorisk regering, som havde faste ministermøder på Frank A. I en brandert blev jeg meget højtideligt udnævnt til ambassadør.

Ved 23-tiden tog vi på "Sofus Ferdinand" – et jazzværtshus med fed musik. Musikken var en vigtig sidegevinst, men hovedformålet var at score damer. Lykkedes det, var det hjem på Moralvej eller også gik vi på "Madhuset" drak rødvin og fik friturestegt Camembert med solbærsyltetøj.

Var der fortsat ikke bid, fortsatte turen på diskotek og ved fem – tiden om morgenen endte vi igen hos Henrik eller på "Fyrtøjet", hvor der var striptease som et ringe plaster på såret.

Ofte overnattede jeg hos Henrik, men jeg må med skam indrømme, at jeg også nogle gange kørte hjem ikke helt ædru i min lille gule og rustne folkevogn. Alkoholkørsel var selvfølgelig ulovligt, men dengang noget, man nærmest pralede med. Alle syntes, det var lidt sejt, og fornemmelsen af fællesskab og oprør overfor den fjerne statsmagt gjorde det utænkeligt at anmelde en spritbilist.

Jeg er ikke stolt af mine handlinger, og lykkeligvis overlevede vi vores tåbelige adfærd, men tiden var en anden. På samme måde med rygning. Ethvert hjem med respekt for sig selv havde fint dekorerede kasser fyldt med cigarer og cigaretter, som blev budt rundt efter middagen, og på universitetet blev der røget tæt ved forelæsningerne. En dag ved en forelæsning spurgte en pige, der sad i rækken over mig undskyldende, om jeg ikke kunne lægge min pibe hvortil jeg forarget svarede "Nej" og foreslog hende at flytte et andet sted hen.

Tove

En almindelig forårsaften i 1976 tog Henrik og jeg på jazzværtshuset Sofus Ferdinand. Det var sådan en aften, hvor man ikke forventede noget som helst. Jeg hang ud i baren og ved siden af mig stod en høj flot, lidt utilnærmelig pige, der tydeligvis heller ikke havde store forventninger til aftenen. Hendes hårlokker indrammede smukt hendes ansigt, og hendes Greta Garbo lignende øjenlåg gav hende et dragende og eksotisk udseende.

Jeg spurgte hende, om vi ikke havde set hinanden før. Det lyder som et billigt scoretrick, men faktisk havde hun gået på Mulernes i klassen under mig og havde lånt mig en dansk stil engang i gymnasiet. Inden længe dansede vi kinddans, og pludselig udviklede den sløve aften sig til en nat med potentiale.

Jeg brugte mit gamle trick og inviterede hende på natmad. Det eneste problem var køleskabet, der var gabende tomt bortset fra 5 skriver indtørret rugbrød og en 1/2 flaske Strohrom. Om det var rommen eller ren forelskelse, så tilgav hun mig og blev den nat og resten af vores liv.

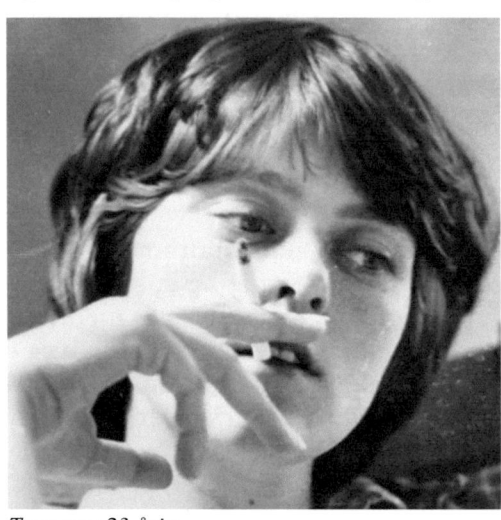

Tove som 23 årig

Skæbnen er tilfældig – ikke kaotisk meningsløs, men tilfældig og fyldt med mening. Tove gad egentlig ikke at tage på værtshus den aften, men lod sig overtale af sin veninde, der var vild med en fyr, som hun vidste ville være på Sofus Ferdinand. Hvis venindens overtalelsesevner havde været bare en smugle ringere, havde mit liv været et andet. Veninden fik ikke sin fyr, men Tove fik mig og jeg hende.

Starten på vores forhold var ikke særlig romantisk. Hun boede sammen med Sten, og deres forhold var ikke godt, men når jeg kørte hende hjem, måtte jeg alligevel sætte hende af i en gade tæt på deres lejlighed. Jeg havde Yelva, og Tove og jeg kunne ikke rigtig finde ud af om det skulle være os, måske mest fordi Tove hjemmefra havde lært at passe på sig selv med en lidt formel og utilnærmelig og tilbagelænet attitude. En aften tog Yelva og jeg i biffen. I foyeren opdagede jeg, at Tove og hendes fyr stod ved billetlugen. Jeg sørgede for at undgå dem, og vi listede i mørket ind i biografsalen, hvor vi selvfølgelig kom til at sidde ved siden af – Tove og hendes fyr. Skæbnen ville på en eller anden måde både drille os, men også minde os om hinandens eksistens, og tvinge os til at finde ud af, hvad vi ville med hinanden.

På mange måder var og er vi forskellige. Hun er introvert og jeg ekstrovert – jeg foroverlænet, hun tilbagelænet. Hendes baggrund var en far der ikke fyldte meget og en mor, der trods få ord dominerede hjemmet, min det modsatte. Hendes barndom var fyldt med handling og ingen ord, min det modsatte. Mit hjem kaotisk og dramatisk, Toves stille og forudsigeligt. Jeg lærte, at idealet var at træde frem i livet – yde ved at skabe og ændre, hun at gøre sin pligt i stilhed – at levere toppræstationer.

I Søhus var der fuldt af liv, kram og store armbevægelser, men et samvær, hvor man forsvandt i alt kaosset. I Bullerup krammede man ikke hinanden eller viste, at den anden var elskelig. I stedet gjorde man noget for den anden, og selvom det blev gjort i tavshed og uden fanfare eller krav om tak, så var man aldrig i tvivl om at de gode gerninger var en gave, man skulle være taknemmelig for. Kærlighed blev til gaver, men man mærkede den ikke.

Jeg tror det blev en af vores "ægteskabshandler". Tove nød det liv, kaos og varme, jeg bragte ind i vores liv med projekter og ideer, uden at hun på nogen måde mistede sig selv, fordi hun både på arbejde og i ægteskabet nok var charmerende og talende, men i sin grundvold ikke havde behov for eller lyst til at træde frem. Hun skabte rammer og orden i kaosset.

Og sådan fandt vi sammen i et liv som Klodshans og prinsessen, hvor vi har glædet os over hinandens styrker og for det meste båret over med hinandens svagheder. På mange måder har vi suppleret hinanden. Vores kærlighed opstod således ikke ud af en psykotisk forelskelse, men voksede langsomt frem, som man piller ringene af et løg.

Kærlighed er virkelig en mærkelig størrelse. Ligegyldig hvad vi laver, hvem vi er, så er kærligheden det største i vores liv. Det startede helt tilfældigt den aften på et jazz-værtshus i Odense og har fulgt os igennem et helt liv.

Det eneste bryllupsbillede, vi har fra dagen i Sct. Knuds kirke i Odense, er fotografens billede med 'Prøve' skrevet skråt over fotoet. I næsten 50 år har vi taget det som et symbol på, at vores ægteskab ikke er nogen selvfølgelighed. Vi må anstrenge os for, at det også i morgen er en glæde. Vi må gentage os selv.

Vores bryllupsbillede 1987

Det at leve sammen så længe og så tæt, som vi har gjort, har skabt en samhørighed, som gør den 'anden' til det vigtigste i ens liv. I parterapi er mantraet, at man lever hver sit liv med en fælles delmængde, der hedder ægteskabet. Det er en god forståelse, men som årene går bliver den fælles delmængde større og større.

Der er noget smukt i ægteskabets intime fortrolighed, solidaritet, og ikke mindst et livgivende sexliv og et kammeratskab, som er uden moraliserende pegefingre. Vi har haft dramatiske og højtråbende skænderier, hvor vi ikke har talt sammen i dagevis, men i hverdagen har vi begge glædet os over hinandens samvær og til at komme hjem og vende dagens begivenheder med den anden over et glas vin, og om søndagen har vi ligget til kl. 11 og talt om Gud og Djøffere og i det hele taget reddet verden fra at gå under.

I dag forliser halvdelen af alle ægteskaber, og man spørger sig selv, hvad der er sket. Forklaringerne er sikkert mange, – kvindernes økonomiske selvstændighed og indtræden på arbejdsmarkedet, p-pillen, men en anden forklaring kan også være vores moderne forestillinger om mening. Vi skal realisere os selv i en konstant udviklingsproces. Besøge hele verden og sætte så mange flag på et verdenskort som muligt. Livet bliver et hamsterhjul for oplevelser og selvrealisering under devisen at "du skal finde dig selv". Men du skal ikke finde dig selv i oplevelser, men derimod være i verden – lade dig mærke af den, men også præge den – ikke for at få likes eller blive set, men fordi du ER. Et unikt enestående fingeraftryk, der helt af sig selv sætter sine spor hvis du står ved dig selv. Du fødes med et forlæg, formes i din barndom, men denne formning fortsætter til du dør, og det smukke er, at du helt ukompliceret finder dig selv, hvis du blot kaster dig ud i livets forunderlige, farlige og dejlige tilbud. Du skal ikke "finde dig selv" men i stedet verden og "den anden". Det gælder også kærligheden og ægteskabet. Du formes af det og bliver til en gestalt, men giver i lige mål form til den anden. Det at mærkes og forandres af livet og kærligheden er ikke en voldtægt men en naturlov, som kræver mod at springe ud i, men også fordi kærligheden i sit helt tætte fællesskab er en trøst og giver hele livet mening. Uden den står man med sin narcissistiske selvstændighed inde på stranden, mens de andre boltrer sig sammen i bølgerne. Nutidens stort problem er, at normer ikke har noget almengyldigt fælles fundament og som professor Niels Gunder Hansen skriver, så kan følelser kun guide os, hvis de er forankret i en normativ struktur.

Det er frydefuldt at svømme sammen, men man kan også drukne og blive mast som gestalt, og skilsmisser er ikke altid ulykkelige, men når 50% skilles, må det være udtryk for mere end personlige individuelle forhold.

Et amerikansk vennepar har om deres bryllupsdag sagt: "We celebrate 53 years of compromise" og et andet par har fortalt at de " lever i frugtbar uenighed."

I ægteskabet lærer man hinanden at kende. Bliver i starten irriteret over den

andens fejl, og i mange år filer og tilpasser man sig hinanden, så man vitterlig bliver en anden, men der er en grundkerne af ens personlighed, som ikke lader sig ændre, og til sidst indser begge, at sådan er vi altså, og det må vi leve med på godt og ondt – ja, det kan næsten udvikle sig til et lille indforstået grin, når man står på randen af et skænderi, hvor begge kender hele drejebogen til bevidstløshed. Hvorfor ikke springe over og sige pyt?

To forbundne liv

Fredensgade 39

Henrik og jeg kom godt ud af det sammen, og i slutningen af 1. del besluttede vi at købe fælles hus. Midlerne var små, men vi fandt en 3 – etagers ejendom med kælder i et arbejderkvarter helt centralt i Odense bag Eventyrhaven, med udsigt til Domkirken og med en hyggelig lille baghave. Prisen var 193.000 kr. for 240 m2 og siger lidt om husets stand.

Subsistensløse alkoholikere havde tidligere boet i huset, som var i elendig stand. Brevsprækken var sat fast med klisterpapir, fordi de havde savet åbningen for stor, og badeværelset på 1. sal var uden gulv eller toilet og stank af pis, fordi de havde stået på spærene og forsøgt at ramme hullet i faldstammen.

Da vi stolte skulle fremvise vores nyerhvervelse til Henriks mor – en sart og fin dame, var hun chokeret, men bedre blev det ikke, da hun med et hvin

Fredensgade i Odense

satte sig på toiletbrættet med størknet cement. I købskontrakten var obligationslånet stavet med p, men trods hovedrysten fra både advokater og forældre, lykkedes det at få en vidunderlig studenterbolig ud af det. Med et lån og en masse knofedt fik vi styr på både badeværelsesgulv og brevsprække, og sad i resten af studietiden i hver vores 120 m2 lejlighed til samme pris som et kollegieværelse og solgte det i øvrigt til 1.2 million efter studiet, hvor kvarteret var blevet hipt.

I studietiden flyttede flere og flere studerende ind i kvarteret, og vores fælles studiekammerater, Jens og Søren, købte senere huse og boede lige rundt om hjørnet. Også Tove flyttede med, og resten af studietiden boede vi på 1. og 2. sal og Henrik i stue og kælder.

Vi spiste ofte sammen, og når vi hver for sig havde læst til ved 10 – tiden om aftenen, mødtes vi og de andre fra kvarteret og hyggede os til langt ud på natten. Til gengæld sov vi det meste af formiddagen. En vinter vækkede Tove mig og meddelte bekymret, at der var tyve nede i gården, men det var såmænd bare håndværkere, der mødte op på deres arbejde kl. 7.
Henrik levede som ungkarl – en opgave han tog yderst alvorligt. Når vi lå i vores senge, kunne vi høre ham komme hjem. Der var et helt fast ritual. Først skramlen med tallerkener, grinen og snak, der efterhånden blev mere og mere kælen.

Der var en vidunderlig stemning i kvarteret. Der var en lille lokal købmand på hjørnet, hvor vi solgte tomme flasker, så vi kunne klare os et par dage ekstra, slagter 'Overdrev' som havde lækker skinkesalat eller 'fuglekvidder', som det kaldes på fynsk. Et lille torv med træer og legeplads og beboerhus.

Udsigt fra vores soveværelse

Lige uden for vores vinduer havde en prostitueret åbenbart fundet det passende at ordne sine forretninger i kundens bil, og ind i mellem kunne vi så stå i vinduet og nyde showet.

I forsommeren sad vi i baghaven under pæretræet og læste til eksamen, grillede og spiste sammen. Jeg har et dejligt billede i mit hoved fra den tid: Tove og jeg, der om morgenen ligger arm i arm og kikker ud på Domkirken, der er indrammet i bladene fra vores pæretræ, og vores tro følgesvende – to turtelduer der sidder på en gren og nusser hinanden. Det var virkelig ren studenteridyl.

Børnene:

Kasper:

Sommeren 1977 tog Tove og jeg på studietur til Dijon i Frankrig. En måneds ophold, hvor vi boede på universitetets kollegie og havde kurser i fransk sprog og kultur, men vigtigst lærte vi fransk madlavning på byens kokkeskole. Her levede vi med franskmænd og studerende fra hele verden. En nat var det et frygteligt tordenvejr. Lyn, torden, regn og storm rasede uden for vores lille hyggelige kollegieværelse, og midt i Guds voldsomhed fandt to kærester sammen i kærligheden, og uden at vide det kom det til at ændre vores liv for altid.

Da vi kom tilbage til Danmark, havde Tove i flere uger kvalme og lovede at lave en graviditetstest. I pausen mellem to forelæsninger ringede jeg hjem til hende og fik at vide den var positiv. Der gik et sug igennem mig både af uro, men også af en helt udefinerlig glæde: jeg skulle være far! Bare ordet var højtideligt og uforståeligt, men fik det til at krible i maven. Jeg måtte fortælle det til nogen, og min sidekammerat Søren reagerede prompte. " Den forelæsning skal udskiftes med en flaske champagne", og så blev der festet i Fredensgade.

Mens Toves mave voksede, forberedte vi os på den lille nye. Der blev lavet børneværelse, købt tremmeseng og barnevogn, og som alle forældre var vi spændte på, hvordan det hele skulle gå. Når vi tændte for fjernsynet, var der altid en udsendelse om deforme og dødfødte børn, men så var det dejligt beroligende at ligge med øret mod Toves store mave og mærke den lille sparke.

Da veerne så småt begyndte, kom Søren og hans kæreste Hanne over, og sammen sad vi og talte minutterne mellem veerne og fyldte os med pate og gode sager, som de havde medbragt. Som lægestuderende ville jeg nødig virke uerfaren og jeg ringede med påtaget ro til Falck, da det var tid. Da de endelig holdt ude på gaden, var jeg hunderæd og drønede ned ad trappen lige i armene på en bredskuldret Falckmand. "Bare rolig unge mand – vi skal nok nå det", og henvendt til sin kollega: "Jeg tror s'gu, det er her."

Fødslen gik helt som den skulle, men da fødslen var på sit højeste, meddelte Tove med fast stemme, at nu kunne det være nok, og nu ville hun hjem. Men det var ikke nok, og den 30. april blev Kasper født lige før midnat!

Stor var han ikke – 2790 g, men velskabt, lille, lyserød og rynket lå han på Toves mave og gispede efter vejret, som jeg havde gjort 26 år tidligere.

Det, at stå foran sin søn for første gang, er så fremmed og fyldt med så mange følelser, at det ikke kan rummes. Jeg var helt tom og stod blot hjælpeløs foran 9 måneders drømme, der med ét var blevet virkelighed. Hvordan skulle vi passe ham, hvad med mad, hvad gør man, når de skriger. Han var så sart, lille og fin. Ansvaret gjorde mig bange. Hvad havde vi dog rodet os ud i?

Det var hårdt! Der var vrøvl med amningen og Kasper skreg ustandselig af sult. Vi var usikre og fik ikke sovet. En dag, hvor jeg skiftede Kasper, blev han ved og ved at skrige, og træt og i fortvivlelse slog jeg hånden så hårdt ind i skabet ved siden af puslebordet, at den røg igennem skabet. Når man sådan står med armen halvt inde i et IKEA-skab, så opdager man, at det at blive far er lidt af en udfordring.

Lige før eksamen sad jeg ved skrivebordet, og havde læst samme side om Krebs citronsyrecyklus [1] fem gange. Jeg kikkede ind på Tove, der lå med brystbetændelse og græd med en sulten og udmarvet Kasper på maven. Den følelse af fortvivlelse og afmagt har jeg aldrig glemt. Det at være helt nede på bunden. Nu mange år efter, kan jeg ikke lade være at glæde mig over at have været der, men dengang var det skræmmende. Dagen efter meldte jeg fra eksamen. Jeg var klar over, at det betød farvel til mit faste studiehold, men der var ikke andre muligheder – troede jeg. Da jeg slukøret fortalte vennerne det, meddelte de, at de også havde tanker om at melde fra. Henrik ville afprøve sin lyst til at blive forfatter, og Søren tog vikariater i Sverige, så selvom hver havde sine grunde, så siger det alligevel noget om vores venskab.

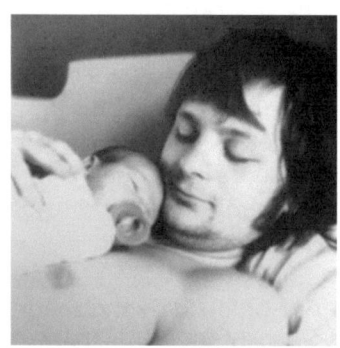

Kasper og en stolt far

Langsomt fik vi knækket koden som forældre. Kasper tog på i vægt og stortrivedes, og nu lå vi om morgenen og kikkede ud på pæretræet med Kasper pludrende imellem os. Og langsomt dukkede alle følelserne op igen. Ømheden og en kildrende fornemmelse i maven, når man tog ham ind til sig, mærkede hans bløde sarte hud og hans lille hånd, der krammede om ens finger – vi var blevet en rigtig familie!

Henrik tog det pænt. Planen med Fredensgade havde været to venners ungkarle-paradis, og

---

[1] Del af biokemisk stofskifte

først flytter Tove ind, og året efter er der barneskrål på 1. sal. For mig var ungekarletilværelsen ikke det store tab. I huset var der altid liv og venner, og jeg savnede ikke synderligt værtshuslivets lidt overfladiske liv, selvom det ind imellem trak, når jeg om aftenen sang godnat sang for Kasper og nedenunder kunne høre vennerne forberede sig på en tur på Frank A.

Vores vennekreds dannede også mere faste par. Britt, en studiekammerat og hendes mand Lars, havde 2 børn, og den yngste, Sara, blev bedste ven med Kasper og vi med forældrene. Hvert år var vi på skiferie. Et foto som desværre er blevet væk, viste vores hyggelige samvær: 4 voksne og 3 børn der gufler slik og ser tv i vores seng.

Kasper og jeg havde en fast leg. Vi var mekanikere og sengen i soveværelset vores bilværksted. En træstol fik under megen stønnen og besvær skiftet cylinder og topstykke, og karburatoren blev justeret. Når vi drejede nøglen, var det ikke altid den startede, og vi måtte ind under stolebenene igen, men efter megen nørklen lykkedes det altid at få bilen køreklar.

Indtil puberteten var Kasper lidt genert. Han var meget knyttet til Tove, men i gymnasiet ændrede han sig. Siden Sønderborg havde han gået til klaverspil og var efterhånden blevet rigtig god til at spille både jazz og klassisk. Det gav ham rum og prestige blandt hans kammerater, og efterhånden fik han en masse venner, trænede og blev flot muskuløs med hestehale i nakken.

En af pigerne på gymnasiet var påfaldende interesseret i Toves hest og kom flere gange hjem til os, ligesom hun fik arrangeret, at Kasper skulle akkompagnere hende ved et musikarrangement. En morgen bemærkede jeg, at Kasper kom hjem efter en fest med et saligt og forelsket smil. Ikke længe efter fortalte han, at Emilie og han var kærester, og det blev til et langt ægteskab med 3 børn, men også en skilsmisse, som har været svær for os at sluge.

De begge har heldigvis opført sig eksemplarisk efter skilsmissen, og børnene har ikke bemærket den store forskel, for Kasper arbejdede i flere år meget rundt om i landet, og Emile var dengang den, der primært fyldte i børnenes bevidsthed – en rolle, som hun løste på den flotteste maner. Kasper sikrede til gengæld en god økonomi til hende og børn, så hun kunne arbejde på nedsat tid og tage orlov fra gymnasiet i en periode. Siden er Kasper tilbage på banen, og de deler nu børnene 7/7.

Når et ægteskab lider skibbrud, er der altid gode grunde og skjulte fejl hos begge, men selvom vi er kede af deres skilsmisse, så har vi lært lektien: at stole på vores kompetente og voksne børn.

Efter gymnasietiden startede han på lægestudiet, og da han postgraduat skulle have et halvt år i praksis, spurgte jeg om han ikke også skulle være praktiserende læge, men det blev afvist, fordi der ikke rigtig skete noget i almen praksis.

Fjorten dage efter var hans tutorlæge på kursus, og kun en gammel vikar og Kasper passede praksis. To pædagoger kom fortvivlet løbende med et barn, der havde fået et æblestykke galt i halsen. Barnet var blåt og fik kort efter hjertestop. Kasper handlede iskoldt og resolut – lavede trakeostomi[2] og fik barnet genoplivet. Barnets forældre var dybt taknemmelige, og på Ålborg Sygehus spredte rygterne sig om den flotte redning ude i almen praksis. Jeg var pavestolt, men kunne ikke lade være at drille ham med, hvor lidt der skete i almen praksis.

I en periode flirtede han siden med neurokirurgi og fik faktisk tilbudt kursusstilling, men endte som onkogynækolog, hvor han stod i daglange operationer i et kompetitivt og stressende arbejde langt fra familien.

Efter skilsmissen har han helt sadlet om og i stedet valgt en karriere med mere balance mellem arbejds-og familieliv.

Ea:

Efter flere vikariater blev jeg fastansat som rigtig reservelæge i Sønderborg, og Toves stilling på Handelsskolen gav tryghed, og pludselig var graviditetstesten igen positiv. Vi var nu vant til forældrerollen og glædede os til den lille nyes ankomst. Der blev igen indrettet børneværelse med puslebord og børneseng. I avisen havde vi læst en artikel om, at børn havde godt af at høre forældrene synge for dem, og næsten hver aften lå vi og sang godnatsang til Toves hurtigt voksende mave.

Til terminen var vi helt klar, men biologien havde ikke taget vagtplanen i ed, så da Tove fik veer, havde jeg vagt, men Anker, der havde bagvagten, passede hele kirurgisk afdeling, så jeg kunne være med til fødslen. Vi kendte alle de ansatte, og Tove blev behandlet som dronningen af Saba, og efter en helt ukompliceret og harmonisk fødsel stod jeg den 21. januar om aftenen 1982 for anden gang med en dejlig lille og velskabt baby i armene. Vores erfaring som forældre gav ro, og ømheden var der med det samme. Hendes bløde sarte hud og dejlige duft af baby – og så var hun køn og ikke mindst pige. Jeg ved ikke hvorfor, men fædre får vist en særlig beskyttertrang, når

---

[2] Snit i halsen ind til luftrøret

det bliver en pige. Vi var nu blevet 4, og da vi kort efter fik hund og Volvo, kunne vi med rette kalde os en rigtig familie.

Ea voksede hurtigt til og var et uendeligt nemt og tilfreds barn. Sov om natten, smilede, og da det blev mos tid, guflede hun maden i sig med en iver, så halvdelen hang på væggene.

I barndommen var hun fuld af spilopper og var i gang med at lege fem minutter efter, vi havde afleveret hende i børnehaven. En aften, da hun var fem år, havde vi som godnathistorie fortalt om syndfloden og Noahs ark. Næste morgen fandt vi hende sovende med helt tilduggede dykkerbriller, badehætte, redningsvest og sin bamse i favnen. Historiens religiøse aspekt passede farfar godt, og han sendte historien ind til Politiken, hvor den også blev trykt. Men den karakteriserede også Ea som barn som et finurligt og opfindsomt menneske med stor selvstændighed. Sådan noget småtteri som syndfloden – den kringler jeg selv – kom bare an!

Toves forældre havde inviteret os på kroophold, og om aftenen var der dans og underholdning med orkester. Ea ville gerne optræde og sprang op på scenen og sang for alle gæsterne.

Ea på besøg i Sommerlyst

Op til teenagealderen var hun på alle måder en sund, umiddelbar, opfindsom, glad og tillidsfuld pige. Vi har en vidunderlig video, hvor Ea har ungdomsfest, og hvor hun med stor humor og grin laver kirkebryllup, hvor hun vier potentielle kærester, formentlig efter hemmelige aftaler med veninderne og med drengene helt udvidende om, hvad der foregik.

Senere i puberteten ændrede det sig. Rasmus blev født i 1993, da Ea var 11 år. Vi havde travlt med vores arbejde og fokus på den lille nye. Imens skulle hun forsøge at finde sig selv, og det må have været svært.

Emilies forældre boede på Samsø, så Emilie fik lov at flytte ind i Sommerlyst hos Kasper. I deres ungdommelige og uskyldige forelskelse fyldte de hele huset. Dagen lang kyssede de, grinte og fortalte begejstret om deres liv. Man kan på ingen måde bebrejde Kasper og Emilie deres ungdommelige glæde og forelskelse, men vi skulle som forældre have taget ansvar og i stedet tilbudt, at de flyttede sammen i en lejlighed, for der blev ikke megen plads til Ea i hendes teenagetid.

Ea har siden fundet sig selv – som den umiddelbare pige før puberteten. Hun har som voksen gentaget sit liv. Har to drenge, kæreste, og til vores glæde bor hun i Grenaa, hvor hun arbejder på Terma dels i laboratoriet og som controller, hvor hun overvåger, at de producerede flydele overholder specifikationerne helt ned til et my af en mm. Hun er glad for sit arbejde, men typisk for hende skal der ske noget, så nu har hun uddannet sig til akupunktør med egen klinik. Hun har en virkelyst og skabertrang, som præger hendes voksne liv. Kaster sig helt uimponeret ud i billedmaleriet og indretter sit byhus på smukkeste vis. Strikker og cykler ubesværet 50 km når hun og kæresten tager på cykeltur til Harzen.

Det vigtigste for os er imidlertid at hendes intense blik, der viser hendes rige følelsesliv, er vendt tilbage. Et finurlige blik præget af humor og varme.

Rasmus:

I 1993 bankede storken igen på døren. Både Kasper og Ea blev skabt i kærlighed, men uden egentlig planlægning. Rasmus var derimod et planlagt ønskebarn. Måske vi begge fornemmede, at hvis vi skulle have en til, så skulle det være nu: Tove 39 og jeg 41 år. Vi fortalte de to store nyheden lidt nervøse og gravalvorlige, for vi var noget usikre på, hvordan de ville tage det. Kasper proklamerede uden blusel: "Det må I selv tage ansvar for" – og så var linjen ligesom lagt, men da det kom til stykket, var de nu søde til at give en hånd med.

En kold februarnat startede veerne, og vi kørte i snestorm ud til Århus KH. Døren til fødegangen var låst, og med sneen fygende om ørene følte vi os som midt i et Dickens eventyr. Den aflåste dør blev åbnet af en jordemoder, der førte os ind i et koldt skyllerum. I mellemtiden var veerne tiltaget og Tove havde ondt. Efter nogen tid kom vagthavende – hilste indforstået og venligt på mig som kollega, men ænsede ikke Tove. Da hun ømmede sig under en ve, kikkede han kort på cardiotocografen, der målte veernes styrke, og sagde henvendt til mig "Nåh – jeg kan se, de først lige er gået i gang, så der kommer nok til at gå en tid". Tove bandede og svovlede, da han var gået, men jeg syntes, at han da både var imødekommende og interesseret.

Tæt på midnat den 2. februar 1993 blev Rasmus født. En flot stor kleppert på 3820 g. velskabt og med fuldt apgar.[3]

Det at se sit barn blive født, er så voldsom en begivenhed, at man næsten kobler hele følelseslivet fra – men både som læge og far var jeg blevet mere erfaren og kunne slippe kontrollen og angsten for fremtiden og bare være i nuet og glæde mig. Da jeg fik ham i armene, løb tårerne ned ad kinderne, og det røg ud af mig – " Åh din lille skid hvor er du dejlig". Jordemoderen grinede: "Det var da noget af en velkomsthilsen".

I dagligdagen blev han hele familiens kæledække. Ea nød at pusle om ham, og vi voksne var klar over, at det var sidste chance for at nyde sådan en størrelse, så serviceniveauet var rimeligt højt.

Rasmus havde en helt speciel lyst til at undersøge alting. Han så på verden med et intensivt blik, som sugede han hele verden til sig. Biller og frøer blev nærstuderet. Da Kasper var lille, fik han et LEGO – togsæt, som jeg møjsommeligt limede sammen, hvorefter han fornuftigt helt mistede interessen for det. Denne gang havde jeg lært lektien, så i radioforretninger hentede vi skrottede radio'er og TV – apparater, som han skilte og brugte til at bygge de mærkeligste maskiner. Engang, hvor strømmen i huset var gået, konstruerede han et batteridrevet TV og i stearinlysets skær sad hele familien bænket omkring mærkelige kredsløb, et knallertbatteri og en masse ledninger og så TV.

De store og den lille ny

I de tidlige skoleår var han stadig et legebarn og havde svært ved at knække skolens strukturerede indlæringsmetoder. Når han lærte noget, var det ved at eksperimentere og opleve det. Derfor var hans bedste lærer også en tjekke, der ligesom Rasmus elskede at lege. I læsning var han langt bagud, og vi var noget bekymrede, især da han kom hjem og fortalte, at han havde lært at

---

[3] Mål for fosterets tilstand umiddelbart efter fødslen

"lutte" i fysik. Havde han også sprogproblemer? Forklaringen var en hel anden. Den tjekkiske lærers dansk var ikke det bedste og "lodde" var blevet til "lutte".

Udendørs var han periodevis livsfarlig at være i nærheden af. Der blev indkøbt plastikkloakrør, der blev omdannet til en bazooka med indbygget tændmekanisme taget fra en engangslighter. Ammunitionen var kartofler og drivmiddel Toves hårlak. Colaflasker blev omdannet til raketter, som i nedfaldet røg igennem drivhusets glastag. Farligst var hans "blide". I byggemarkedet blev der indkøbt 2,5 m. stolper, og inden længe stod en drabelig middelalderblide klar til affyring. Noget forskrækkede så vi en 2 - liters vandfyldt colaflaske flyve langt ind i skoven. Når naboerne skulle gå tur, havde de for vane at spørge, om Rasmus havde affyringsplaner.

Pludselig kunne han læse. Jeg har siden spurgt ham, hvad der skete, og forklaringen var den enkle, at han ikke længere gad at være den dumme.

I puberteten lukkede han sig inde i sin egen verden men alligevel med en voksens selvstændighed. Uden vi vidste det, søgte han job på McDonalds og blev hurtigt manager. Det var et job, der betød rigtig meget for ham. Mc. D. havde den politik, at der skulle arbejdes og være orden. Faste regler og procedurer og ikke mindst en let forståelig, hierarkisk personalepolitik. Gennem de faste regler fik han selvtillid, for han kunne med lethed opfylde kravene. Samtidig var der en holdånd på arbejdet, som rakte langt ud over arbejdstiden. Han holdt fester og havde venner på værelset, men vi hørte ham aldrig tale om kærester, og vi begyndte at undre os, men ville ikke blande os. Da han var omkring 16, tog jeg mig sammen og spurgte, om han var mest til drenge. Rasmus svarede ja.

Jeg tror sjældent, at jeg har oplevet et så intenst øjeblik og af så stor betydning. Det var et øjeblik mellem to mennesker af helt eksistentiel karakter. Et ægte spørgsmål – et ægte svar og for begge en sitrende afventen på en reaktion.

Løgstrup siger et sted, at et førkulturelt grundvilkår for menneskers samvær er, at jeg'et træder usikkert og bævende frem og bliver til en gestalt – en skulptur – et jeg. Det er livsfarligt, for man er sig selv og blottet. Rigtig mange mennesker vælger i stedet at barrikadere sig bag uangribelige og intetsigende floskler. I det ægte samvær har den modtagende et valg – det er et valg, som man ikke har bedt om, for den anden står der pludselig med sin fremtræden. Valget ligger derimod i, at man enten kan tage imod eller vende ryggen til. At tage imod betyder ikke, at man skal rose eller være enig, men man skal se og forholde sig til den anden. Det er det, der ligger i det engelske ord "Respons – ability".

Rasmus modtog mig i ærlighed og åbnede op for en usynlig dør, der havde været imellem os i flere år. Det er jeg ham dybt taknemmelig for, fordi han på den måde tog imod mig og lukkede mig ind i sit liv.

På samme måde tror jeg også, at Rasmus' "ja" var en vovelig fremtræden for ham, og at han på samme måde oplevede at blive mødt i accept af mig. På den måde oplevede vi en ægte gensidighed, som i hvert fald for mig var en stor oplevelse og altid vil binde os sammen.

Efter gymnasietiden flyttede han til København og blev cand.merc. på CBS i  København. Studerede i et ½ år på London Business School og var et ½ år trainee hos Novo Nordisk i New York. Nu gør han karriere i Danske Bank, har i en periode boet i Berlin og trives i sit liv. Han har min ekstroverte og engagerede væremåde og Toves konsensussøgende og behagelige væsen, som gør ham vellidt i hans omgivelser – ikke den værste cocktail.

Rasmus som voksen

Vores biler:

Når Hamlet siger at "Something is rotten in Denmark", må han have tænkt på vores studenterbil. Udadtil var den rigtig pæn. Karrygul og fin i lakken men med permanente startproblemer, og så var undervognen totalt gennemtæret. Bunden under førersædet var væk, og jeg havde blot lagt et tværjern over hullet, som sædet stod på. Tove og jeg skubbede den i gang, og kunsten var at hoppe ind, få fat i rattet så sædet ikke vippede bagover, og sætte den i gear.

En dag holdt jeg på Bilkas parkeringsplads med Kasper i barnevogn på bagsædet og ventede på Tove, der handlede ind. Ved siden af holdt en blankpoleret og skinnende Opel Kadet, hvor manden også sad sløvt og ventede, men det ændrede sig, da Tove kom: Galant hoppede jeg ud, stillede forsædet på asfalten, fik uden besvær indkøbsposer ind på bagsædet og satte forsædet på plads. Så skubbede vi bilen i gang, og jeg hoppede med et fast greb i rattet ind i bilen og bakkede tilbage til Tove, der forpustet steg ind. At se udtrykket i mandens ansigt da vi kørte afsted var ubetaleligt.

Batteriet i de gamle "boble" folkevogne var placeret under bagsædet, og en dag på vej hjem fra Toves forældre, faldt batteriet ud af bunden af bilen. Det blev dødsstødet, og bilen blev udskiftet med en postkasserød flot Citroen Diane. Gearet i vores nyerhvervelse var en lang pind i instrumentbrættet, som man trak ud og ind. Taget var stof, der kunne rulles tilbage og affjedringen var vidunderlig. Det var lidt som at sidde i en gyngehest, men når man drejede, hældte den faretruende. Også den fik startproblemer, men vi havde altid tændrør liggende i bilen. Karosseriet var det tyndeste blik og en dag i blæsevejr, hvor vi stod med åben motorhjelm, bøjede motorhjelmen bagover hen over førerhuset og vendte vrangen udad.

Studenterbiler kan godt lære en lidt om livet. Hvis udgangspunktet er, at det hele ikke skal være perfekt, så løses problemer ret ukompliceret. Vi trak motorhjelmen tilbage i den stride modvind, gav den et gok, og med et højlydt klonk fandt den formen igen, og så kørte vi.

Anden del af studiet

De første 5 semestre på medicinerstudiet er ren teori, hvor man lærer, hvordan kroppen er indrettet, men mangler helt det, vi alle sukkede efter – sygdomme og rigtige patienter.

Henrik og jeg havde hørt, at man på Skælskør Sygehus ansatte studentervikarer, og mellem 1. og 2. del søgte vi og fik også et sommervikariat. For første gang skulle vi være rigtige læger. Gå stuegang i kittel og med stetoskop i lommen. Vi var stolte som paver, men noget bekymrede over, at der også var fødestue og operationer. Vi forberedte os – læste Memo Medica med fremmede ord som anamnese og ventrikelflimmer.
Jeg var noget betænkelig ved det med fødsler og ringede til Professor Kristoffersen og fik lov til komme et par dage på fødegangen i Odense, men han udtalte, at det var ganske uforsvarligt at vikariere så tidligt i studiet. Det første, jeg så på fødegangen, var et anencefalt barn, der lå dekapiteret i skyllerummet, og der gik det op for mig, hvad vi havde vovet os ud i, og at Kristoffersen nok havde ret. Heldigvis viste det sig, at vi ikke fik de store selvstændige opgaver og at det erfarne personale stod bag os når det rigtigt gjalt.

En af de frygtindgydende udfordringer var at lægge drop på abortpatienterne. I vores fine sygehuslejlighed sad vi og øvede os på støvsugerslangen, men alligevel fik vi ind i mellem lavet et flot hæmatom[4]og måtte gå tilbage til overlæge Pedersen og bede om hjælp.

Han var i øvrigt en udmærket kirurg, som vi assisterede til brokoperationer. En dag fumlede jeg med at åbne en peang og tog begge hænder i brug, hvortil Pedersen tørt kommenterede: " Golfkøllen er det eneste instrument, hvor kirurger bruger begge hænder."

Om eftermiddagen skulle vi diktere epikriser[5]på reservelægekontoret, der lå lige klos op ad Buch-Olsens kontor, og med en lille luge ind til ham. Vi forstod ikke meget af, hvad der stod i journalen. Da jeg 15 gange havde dikteret "I stesoli – drus gøres abortus provokatus" åbnede Buch Olsen lugen og råbte "Det hedder da for helvede stesolid – rus" og knaldede lugen i. Se – det er læring på et højt plan!

Fødslerne var ikke det store problem. Jordemødrene var erfarne og søde ved os, og vi fik under vejledning lov til at sy lette episiotomier[6], men i dag tør jeg slet ikke tænke på, hvad der var sket, hvis fødslen havde udviklet sig kompliceret, men begge overlæger havde trods alt bagvagt som vi kunne tilkalde. Ved stuegang foregik det meget fornemt med sekretær og sygeplejerske, og med den ene hånd i kittellommen ordinerede jeg med stor autoritet og værdighed – 1 Panodil 3 x dagligt.

Især én patient husker jeg. En nat blev jeg tilkaldt, og patienten sad op i sengen og hev efter vejret. Han var ligbleg, og det kogte i brystet på ham. I dag ved jeg, at han formentlig havde svært lungeødem[7], men dengang stod jeg usikker og så på ham, og jeg kunne mærke sygeplejerskens behov for handling og tog taknemmeligt imod hendes råd og fik startet behandlingen. Patienten overlevede, men det var første gang jeg opdagede, hvor udfordrende det er at være læge og behovet for at kunne noget. At lægejobbet ikke bare er studentikos snak eller fine titler, men helt konkret pålægger en et kæmpe ansvar der kræver viden, omtanke og mod til at handle.

Vi lærte meget i Skælskør. At vores studie havde et formål, og at det, der stod i vores tørre bøger, faktisk handlede om rigtige mennesker. Vi lærte også at gebærde os som læger. At patienterne eftersøgte en tryghed og forventede en

---

[4] Blodansamling
[5] Udskrivningsbrev
[6] Klip i mellemkødet for at åbne fødselskanal
[7] Vand i lunger

tillidsskabende autoritet med indhold. Vi havde ikke meget at have den i, men vi lærte at skabe et rum, der indgød tryghed.

De medicinske patienter var tussegamle, og det at gå til kapellet og skrive dødsattest var ingen sjældenhed. Ved siden af hospitalet lå kirken. Fra vinduet i vores lejlighed kunne vi se, hvordan kirken tog afsked med den døde, som vi et par dage forinden havde erklæret død med dødsstivhed og en seddel bundet til storetåen. Kirkeklokkerne, der bimlede og flaget på halv. Kisten med blomster og præsten for enden af graven omkranset af sortklædte sørgende mennesker. Kontrasten i de to billeder var måske den største visdom, jeg tog med mig fra Skælskør.

På anden del af studiet blev 'Uni' skiftet ud med kliniktid og undervisning på Odense sygehus. Vi var ikke længere hovedpersonerne på et universitet, men blot forstyrrende elementer i en travl hospitalshverdag. Lægerne var dengang små guder. Professor Smidt fra hudafdelingen havde en hale af personer efter sig ved stuegang. Først sygeplejersken, der tiltalte patienten og refererede videre til den lyttende Smidt. I hans kittels rygstrop hang et håndklæde. Når han havde rørt ved en patient, vaskede han hænder i et fad med sprit, der var placeret på et rullebord, som fulgte med stuegangen, og mens han holdt foredrag for os, fik sygehjælperen lirket håndklædet ud af kittelstroppen, så han kunne tørre sine hænder. Herefter gik han videre til næste patient, mens hun febrilsk fulgte efter og forsøgte at få sat håndklædet tilbage i stroppen. Efter hende fulgte en sekretær med rullebord til diktat, og til slut alle vi studerende, der skulle se og mærke. På kirurgisk afdeling måtte en patient lægge bagdel til 12 rektaleksplorationer. Det må have været en belastning for patienten, men ingen af os glemmer, hvordan en rectumcancer[8] føles.

Da Tove skulle udskrives efter Kaspers fødsel, blev overlægens stuegang forberedt som var det et royalt besøg. Damerne fik at vide at "man bedes ved udskrivelsen ligge i sin seng med kun det ene ben i underbenklæderne, således at "Overlægen ikke skal vente unødigt, når han skal undersøge fruen". Når han endelig ankom, var afdelingen på den anden ende. Senere på studiet hørte vi, at 'overlægen', derhjemme var en ren tøffelhelt og havde øgenavnet 'Thomsen Pus'

På gynækologisk afdeling herskede Kern Hansen, en kolerisk herre. Jeg kom på kant med ham i kliniktiden en morgen, hvor jeg for anden gang blev sat til

---

[8] Kræft i endetarm

at assistere ved en vaginal hysterektomi[9] – en operation hvor man som assistent intet kan se og derfor heller ikke lære noget. Dumt og ungdommeligt spurgte jeg, om jeg ikke kunne hjælpe ved en anden operation, fordi jeg ikke gad sidde inde under et ben og et lagen. Kern Hansen stoppede op, løftede begge hænder og råbte ud over den travle operationsgang: "Stop – Stop! Har I hørt det? Studenten Ingerslev kan det hele. Han gider ikke mere." Og så kravlede jeg ellers flov ind under den grønne opdækning og assisterede tavst Kern Hansen.

Engang var der en vidunderlig tegneseriefigur, der hed Brunhilde – en skrap lille tyk grim heks, altid afbilledet med en cigarstump i kæften. Tegneren må have kendt overlægen på thoraxkirurgisk afdeling. Hun lignede fuldstændig Brunhilde, og når hun kom i knibe ved en operation, fløj eder og forbandelser rundt i luften. En dag var jeg 2. assistent til en bukseproteseoperation. Første assistenten var en nervøs og usikker kirurg. Da det kritiske øjeblik indtraf, hvor den forkalkede aorta skulle fjernes, gled tangen, og en søjle af blod stod op i luften. Assistenten blev helt febrilsk, og i sin forvirring tabte hun sine briller ned i operationsfeltet. Brunhilde var stiktosset, slog hende over fingrene, bandede og svovlende mens hun hoppede op og ned på den skammel hun altid stod på under operationen. Uden briller kunne hun intet se og rodede fortvivlet rundt i en sø af blod inde i maven på patienten for at finde dem. Der kom styr på operationen og patienten overlevede, men hele scenariet var, trods dets drama, alligevel urkomisk. Assistenten med blod i hele hovedet, og Brunhilde råbende og skrigende.

Jeg har hele mit liv været i et uløseligt dilemma mellem to livsformer. Jeg er ikke alene om det, og problemet kan genfindes i litteraturen til alle tider: kampen mellem pligten og tilbøjeligheden, mellem det umiddelbare, instinktive og det velovervejede, intellektuelle, moralske. Det er smukt skildret i H.C. Branners "Rytteren" og er fysiologisk forklaret i kampen mellem vores gamle krokodillehjerne i hypotalamus og det limbiske system [10] og så den moderne, analytiske storhjerne.

Når jeg tænker tilbage på min far, de koleriske lærere i skolen og højtråbende overlæger, så er det så nemt at fordømme dem, og helt generelt ønsker jeg ikke de tider tilbage, fordi de på mange måder var respektløse og

---

[9] Fjernelse sf livmoder gennem skeden
[10] Områder i hjernen som især forvalter vores mere spontane følelsesliv

skadelige for dem, der var ofrene, men på den anden side er vores samvær i dag blevet åh så pænt, blodløst og uendeligt kedeligt – ja, umenneskeligt.

For nogle år siden var jeg på lederkursus, hvor man talte om forskellen på det private og professionelle samvær. I det private er man intim, personlig, følelses-og affektpræget – i det professionelle, saglig, empatisk, men med afstand, og det personlige erstattet af sagen. Det er en klog, rigtig og givende strategi som leder, men netop blodløs. Jeg savner originalerne, det skæve og aparte og det ægte samvær – samtalen, livet med tekstur. Brunhilde, der står og stamper i gulvet på operationsstuen eller oldævlslærer Mathiesen, der spiller Zeus stående på katetret med armene rakt op mod himlen, det ene bukseben trukket op, blottende et hvidt, akademisk stikkelsbærben, mens han med høj teatralsk stemme råber:"Åh, du underskønne, kvieøjede Helene".

Jeg fordømmer, men varmes af originalerne og deres frækhed. Nu er samværet i stedet blevet den pæne snak om vejret, rejsen og 'ha' en god dag' og 'nej – det siger du ikke', mens man i sit stille sind tænker på indkøbet til aftensmaden. Alt har et formål og er gennemtænkt, mens man i gamle dage bare 'var'. Man var glad, ked af det, vred, urimelig, misundelig, råbende og grinende, men man 'var'.

I vores dagligdag opererer vi konstant med formål. Ser du på et landskab –en skov, er vi bundet af kulturlandskabets hele idé, nemlig at det har et formål. Træet vokser uvidende som en slave for os med det ene formål at blive fældet og omdannet til tømmer. Ja, vi undres over vilde træers meningsløse vækst. Det værende har tilsyneladende intet formål, eller rettere – er sit eget formål – og sandheden er jo, at vi alle har en Brunhilde i os og både glædes ved hendes menneskelighed og lidt væmmes ved det perfekte, som også har sine ofre.

Retten til det værende er desværre ofte forbeholdt magten, og derfor er Anders And også vidunderlig. Han er fattig, uden magt og fuld af menneskelighed, og ville formentlig klare sig elendigt på et moderne lederkursus.

Vores nordiske, effektive og respektfulde organisationsstruktur har et stort ansvar for vores velfærd, men prisen er, at vi på arbejde, og i stor udstrækning også i fritiden, undertrykker store dele af vores natur. For sandheden er jo, at også i privatsfæren og i hjemmet må man som voksen vare sig, for børnene er projektbørn, der skal serviceres og curles igennem tilværelsen, og kæresten er et selvstændigt, autonomt væsen med et fortravlet eget liv. Der er ikke megen plads til Brunhilde, og familien bliver let til en farlig trykkoger, der udløser skilsmisser i hobetal, når den springer.

I 1800 – tallet havde man et forkvaklet forhold til seksualiteten, som man ikke kunne inkorporere i den kollektive bevidsthed. Sex blev dyrket for at få børn og var i øvrigt beskidt. Jazz var dyrisk negermusik. Vi er heldigvis kommet videre. Modernismens neurose er ikke seksualiteten, men aggressionen og forkastelsen af vores øvrige, ikke – seksuelle krokodillefølelser. Kasper havde i børnehaven engang fundet en pind, som for alle blot var en pind. Da han fortalte pædagogerne, at det var hans flitsbue, blev den konfiskeret som krigslegetøj, der var forbudt i børnehaven. I det moderne samfund er det drengene med deres testosteronstyrede, udadreagerende, aggressive og fysiske adfærd, der er taberne. Nu er der bud efter de pæne piger med spidsede blyanter, perfekt håndskrift, der kan behovsudskyde og empatisk smilende sige farvel til alle med 'ha' en go' dag'. Verden og samvær er blevet pædagogisk hensigt.

Under hele studietiden var der objektivt set ikke mange penge at rutte med, men alligevel følte vi os rige. I begyndelsen af måneden spiste og opførte vi os som millionærer, og når pengene var brugt omkring den 10. i måneden, havde vi ligesom egernet forskellige depoter, vi kunne tære på. Først solgte vi vores tomme flasker, og med den mængde, der havde hobet sig op i baggården, kunne det godt blive til noget. Så besøgte vi vores forældre på skift, fik dejlig aftensmad og en studenterpakke med hjem. Gik det helt galt, tog jeg en fastvagt på sygehuset. Inden Tove mødte mig, havde hun en strålende økonomi med en velvoksen bankbog, som vi også formøblede i en periode med særligt lavvande i kassen.

Det var en hverdag præget af et ukompliceret simpelt liv, hvor man brugte det, man havde og håbede på, at det nok skulle gå, og mærkelig nok følte vi aldrig, vi manglede noget. Helt typisk for vores levemåde købte vi en dyr luksusseng til 25.000 kr. Dengang var det et svimlende højt beløb, og pengene havde vi fået af Toves forældre, som gennem et helt liv havde sparet op på en børnekonto. De var vildt forargede, men vi glædede os over sengen.

Det sidste år af studiet var hårdt. De to store eksaminer, kirurgi og medicin, skulle bestås sammen med retsmedicin, øjensygdomme og pædiatri. Dumpede man i ét fag, dumpede man i alt. Det var et kæmpe stof, og der blev gået til stålet. Op til eksamen læste vi dag og nat, og Tove og jeg gik ture i byen om natten, hvor hun hørte mig i Rechlinghausens café au lait pletter[11], glomerulonefritter[12], autostrangulering[13] og alskens dårligdomme, og endelig i januar – 81 gik det løs.

Eksaminerne var både skriftlige og mundtlige. Ved den mundtlige startede man med at optage journal på en patient, hvorefter man ved eksamensbordet skulle diagnosticere, lægge en behandlingsplan og teoretisk gennemgå sygdommen og dens baggrund.

I medicin hed min patient Martin og var 10 år. Jeg startede med at sige goddag, og da han svarede i et næsten uforståeligt sprog, var jeg klar over, den var helt gal. Det viste sig, at han var svært handicappet efter en mæslingemeningitis. Trods det dårlige udgangspunkt gik selve overhøringen rigtig fint, indtil professoren til sidst spurgte, hvorfor vi ikke vaccinerede mod mæslinger. Spørgsmålet var jo egentlig ikke eksamensstof, men jeg forsøgte efter bedste evne at finde et fornuftigt svar, men hver gang var det forkert. Til sidst opgav jeg og sagde, at jeg desværre ikke vidste det, hvortil eksaminator tørt udtalte, at det vidste han heller ikke. Jeg fik mit 10 – tal, og året efter blev MFR vaccinen et obligatorisk tilbud til alle børn, og jeg har siden mange gange tænkt på Martin, som kunne være reddet, hvis han havde fået sin vaccine.

Øjensygdomme var et lille fag, som ingen rigtig tog alvorligt, men de forlangte en ordentlig journaloptagelse med anamnese og undersøgelsesteknik, og at vi gik i dybden med de vigtigste sygdomme. Jeg kom op i en patient med pludselig opstået ensidig blindhed, og heldigvis var min journalføring i orden, men det var en relativt sjælden sygdom. Da vi ved fælles hjælp endelig fandt frem til diagnosen, bredte der sig en almindelig latter i hele auditoriet, fordi det stod klart, at diagnosen var helt ukendt land, men jeg bestod.

Sidste eksamen var retsmedicin, hvor jeg trak emnet selvmord. Jeg synes selv, det gik godt, selvom jeg ikke kunne forklare, hvorfor selvmordsraten var lavere i katolske lande end i Norden. Svaret var det simple, at selvmord i katolske lande er så moralsk forkasteligt, at der simpelthen fifles med dødsårsagen. Efter eksamen stod jeg forventningsfuld ude på gangen på retsmedicinsk institut og ventede sammen med Tove. Døren åbnedes, og eksaminator kom ud og meddelte, at jeg havde bestået og ønskede tillykke med embedseksamen. Jeg var blevet læge!

---

[11] Hudmanifestation ved arvelig sygdom
[12] Nyresygdom
[13] Utilsigtet hængning som led i seksuel praksis

Næsten 7 års studie var overstået, og jeg stod med en vidunderlig følelse af en afsluttet helhed. Selvfølgelig fordi det var lykkedes, men også fordi vi virkelig havde fået proppet noget ind i hovedet. Jeg havde en fornemmelse af, at jeg forstod helheden i hele den menneskelige fysiologi og dens sygdomme, og at alle fagene hang sammen i en smuk højere enhed. Det var en dybt tilfredsstillende følelse.

Trods opgøret med autoriteter, og den forestilling at man var noget, når man blev student eller læge, så følte vi efter eksamen, at vi blev optaget i et fornemt laug – en loge, hvor man passede på hinanden, optrådte med en vis værdighed og forventede passende respekt begrundet i vores faglighed.
I min ungdom var lægerne eneherskere på hospitalerne. Embedsværket var bogholdere med mellemlange uddannelser. Fra -90'erne og frem blev embedsværket udskiftet med velbegavede akademikere fra CBS og økonomiuddannelser, og som var oplært i den toneangivende ledelsesstrategi – New Public Management – en teori, hvis udgangspunkt var, at ansatte alene tænker på egennyttemaksimering – altså at lave så lidt som muligt for så høj en løn som muligt. Opgaven for ledelsen er derfor at lave kontrakter og kontrollere, at de bliver efterlevet. Det ændrede hele magtstrukturen i sundhedsvæsenet. Læger blev nu ansatte under ridefogeden, der kontrollerede i et væk, og man kan ikke lade være at tænke, at det egentlige formål med New Public Management var at flytte magten fra fagligheden til embedsværket. Men efter embedseksamen var alt stadig ved det gamle.

Af lægeforeningen blev vi inviteret til gallamiddag på Restaurant Skoven – en af byens fine spisesteder. Professorer, overlæger og nyudklækkede kandidater mødtes, ikke som ligemænd, men dog som medlemmer af samme klub. Tove havde købt sig fattig i en flot gallakjole og fik i øvrigt Thomsen Pus som bordherre. Ved bordet sad han sultent og kikkede intenst ned i Toves kavalergang. Der blev holdt fine skåltaler om kollegialitet og sammenhold, men den barske virkelighed var, at der i – 81 var et kæmpe overskud af læger, at nyudklækkede læger gik arbejdsløse og de 'heldige', der fik vikariater, blev behandlet yderst dårligt og gik under betegnelsen 'bundsvin'.

Efter den fornemme middag kørte vi lidt tomme og skuffede hjem, indtil Søren stoppede bilen. "Vi skal faneme ha' en hotdog" og så stod vi 4 gamle studiekammerater med damer i gallakjoler ved en pølsevogn og grinede over det lidt falske i hele arrangementet.

Besøger man i dag et gymnasium, er det sjovt at studere de mange årsfotos, der hænger i lange rækker. Alle studenter med fint tøj og studenterhue, opstillet i snorlige rækker, undtagen perioden fra ca.1965 til 1975. Her står de i cowboybukser, med hinanden om halsen, islændertrøje og de fleste uden studenterhue. De billeder fortæller om den brydningstid, som blev en del af mit liv, og som siden har været med til at forme samfundet og lægerollen.

Nogle af de oprørske hippier var velbegavede mennesker med et fast ideologisk ståsted, men der var ikke mange af dem. Når 60- ernes studenterportrætter var uden hue, skyldes det en bredere forståelse af oprøret. Det var Jantelovens "Du skal ikke tro, du er noget" – men sandheden er, at vi ALLE er noget. Det fine flytter blot adresse.

Indtil renæssancen var det adelen, kirken og kongemagten, siden blev det den rige handelsstand. Indtil slutningen af det 20. århundrede medførte naturvidenskabens store landvindinger en øget prestige for folk indenfor dette felt, indtil nu, hvor magten ligger hos dem, der fortolker og forvalter virkeligheden: Journalister, politikere, influencere, skuespillere og djøf'ere.

Bruddet med autoriteterne var i 60'erne primært en tro på, at magten kunne fordeles ligeligt i et samfund med åndsfrihed. Magtstrukturen, og især magtsymbolerne, blev også mere 'flade', men sandheden er, at magten altid er der og blot ligger og venter på at blive taget og brugt. Overlægernes magt er siden erstattet af djøf'erne, og Brunhildes stampen og råben er erstattet af kontrol og New Public Management pakket ind i spiselige ord som kvalitetssikring og Moderniseringstyrelse. Autoritære ledere er yt, og de nye ledere går på dyrt betalte kurser og lærer, hvordan de skal styre, uden at de ansatte opdager det. Er det bedre end Brunhilde? – ja, men magten er der stadig, og det hele er blevet umenneskeligt, glat og kedeligt. Livet er blevet professionaliseret og præget af pædagogik og ren hensigt.

Kapitel 3

Sønderborg

Efter embedseksamen søgte jeg hele 87 stillinger – ikke faste – for det var spild af frimærker, men blot vikariater, og hver morgen gik jeg spændt ned i postkassen for at åbne standardbrevene med et altid nedslående grønt stempel påtrykt "Stillingen besat til anden side". I stedet tog jeg til Sverige for at tjene penge, og imens var Tove alenemor i Fredensgade.

En dag, hvor hun holdt beboerfest for naboerne, ringede telefonen. Kasper på 3 år tog den og talte længe med manden, indtil en af naboerne tog over og råbte op på 2 sal: "Bor der en Ingerslev her?" Igennem larmen og musikken kunne Tove svagt høre noget med en overlæge og styrtede ned af trapperne.

Det var overlæge Marckmann fra Sønderborg, der irriteret startede samtalen med "Hvad er det her for noget rod? " men alligevel spurgte, om jeg stadig var interesseret i et 3-måneders vikariat. "Han er i Sverige – men han er skam meget interesseret" fik Tove forpustet fremstammet.

Jeg fik vikariatet, og helt typisk for vores ukomplicerede – ja tillidsfulde måde at tage livet på, sagde Tove sin faste stilling op på Tietgenskolen, Kasper blev taget ud af børnehaven, vi solgte Fredensgade, og så flyttede vi i øvrigt glade og forhåbningsfulde til Sønderborg for 3 måneders arbejde. Lige fra starten af medicinstudiet ville jeg være praktiserende læge, og Sønderborg sygehus passede perfekt ind i disse planer. Et stort centralsygehus med mange specialer, men uden universitetshospitalets albuer og karriereræs.

Det er en af de mange ting, jeg er taknemmelig for ved Tove – at hun har fulgt mig i tykt og tyndt, og at hun altid i sit eget liv er landet på benene. I Sønderborg fik hun hurtigt fast job og blev en afholdt og vellidt underviser. Hun kan gøre det, fordi hun har en ekstrem evne til at tilpasse sig, men også en fjernhed til verden, der beskytter hende. Hun har ikke behov for at gestalte sig selv, men det komiske er, at hun helt uden bråvallaslag med tiden alligevel ender med at blive en person, der har stor betydning – og ovenikøbet vellidt.

En sommermorgen i 81 gik jeg så forventningsfuld og lidt nervøs ind i aulaen på Sønderborg Sygehus og spurgte i receptionen efter parenkym-kirurgisk afdeling.

Det at møde nye omgivelser, som sidenhen bliver til hverdag, er to helt forskellige verdener. Jeg har mange gange moret mig med at prøve at fastholde og genkalde den jomfruelige ukendte forestilling, man har i det nye, når man mange år senere trasker rundt i hverdagens kendte trummerum.

Vi alle kender usikkerheden som turist i storbyen. Den angste 'ukendthed'. Det at gøre verden til sin består i at kategorisere den – skabe kendte mønstre.

Når du første dag sidder på en fortovscafe, oplever du din hjælpeløshed. Du kender ikke busruter eller metroen – ja, du kan lige så godt gå til højre som til venstre, for retning giver ingen mening i en verden, du ikke forstår. Samtidig er verden jomfruelig, historieløs og spændende i sin fremtræden.

I løbet af bare få dage lærer du metroen, og det nærmeste kvarter at kende. Velkendte ruter og mønstre giver tryghed og referencer. Du har skabt en verden inde i dit hoved!

På den måde er det at komme til en ny, ukendt by, et fint billede på det at blive født ind i en ukendt verden. Du lærer et sprog, og en verden bliver til kategorier og mønstre og det giver mening både gennem dets historie, dvs. ved det du har oplevet, men også gennem en forståelse for dets opbygning.

Postmodernister vil sikkert enigt klappe i deres små hænder. Ja – verden opstår som eksistens alene gennem en erobring – verden giver kun mening gennem en individuel kategorisering. Verden er en uforståelig, substansløs og meningsløs fremmed by, hvor du lammet af forvirring blot kan se det meningsløse liv flimre forbi dig.

Min simple pointe, som gør hele livet værd at leve, er den, at storbyen og verden er der som et reelt fænomen udenfor mig selv og mine kategoriseringer. At der er en ukendt og uforståelig reelt eksisterende verden udenfor os selv, som vi angstfuldt men også nysgerrigt må kæmpe for at forstå, men også at det er et alment menneskeligt vilkår, som vi er fælles om. Derfor er det også vidunderligt og tryghedsskabende at sidde på fortovscaféen i sin ukendte verden og betragte folk gå forbi og føle sig som en del af et fællesskab. Jeg er en del af en verden – ubegribelig og kun glimtvis meningsfuld – men det hele ligger lige for vores fødder – både verden og fællesskabet, klar til at blive brugt! Meningen, byens og verdens ånd, kan være svær at fange, men det betyder jo ikke, at den ikke er der! Busruterne og alle de uforståelige signaler, verden sender dig, er en ægte virkelighed, der giver mening i sig selv, og som i sin helhed er sit eget formål. Det tror jeg på.

En af de store glæder ved lægejobbet har været, at virkeligheden hele tiden har holdt ens snude i sporet, mens humanisternes hermeneutiske virkelighedsopfattelse ofte udvikler sig til intellektuelt sofisteri hvor verden forsvinder i konstruktioner. På nogle psykiatriske afdelinger tilbyder man undertiden depressive patienter en chili, for at de kan mærke forskel på depressionens vrangforestillinger og den virkelige verdens smerte.

Nutiden er fanget i en postmodernistisk opfattelse af tilværelsens grundlæggende meningsløshed, som illustreres af kunstneren Peter Land, der siger: "Det er en udbredt filosofisk tanke, i hvert fald gælder den for mig, at der ikke længere eksisterer nogen etisk mening bag tilværelsen. Videnskaben formår at besvare spørgsmålet hvordan, men aldrig hvorfor. Den allestedsnærværende kristendom er for længst fortrængt til fordel for en mening, jeg selv må skabe. En mening, der forskyder sig, fordi virkeligheden forandrer sig konstant. For mig fungerer mine værker både som en metode til at skabe mening og som en beskyttelse mod at gå mentalt i opløsning og falde hen i apatisk dvælen. Mit maleri udspringer af en bearbejdning af tilværelsens grundlæggende absurditet – at stå med en substansløs virkelighed, som man ikke ved, hvad man skal stille op med, og som man hænger og svæver frit i luften i forhold til. Hverdagen, der bliver til en daglig kamp om at fylde tomrummet ud og arbejdet med at give sin egen gøren og laden mening."
Hans store fejlslutning er hans grundidé om tilværelsens absurditet og virkeligheden som substansløs og tom. Jeg har aldrig forstået Ionesco og det absurde teaters eksistensberettigelse, fordi deres virke i sig selv bliver en absurditet.

Vi har det privilegie at kende kunstmaleren Arne Haugen Sørensen og hans kone, keramiker Dorte Steenbuch Krabbe, og hver gang vi er i Spanien, mødes vi over en middag, hvor snakken går livligt om alt fra snorken til kunsten at leve. En af de mange bemærkninger jeg husker er: "Jeg skal ikke frelse andre, jeg har nok i at frelse mig selv".

Typisk Arne – humoristisk, selvironisk og med bid. At frelse sig selv skal ikke forstås selvisk, men som en erkendelse af det svære i at være et ordentligt menneske og uden behov for eller ønske om at missionere. Ligesom alle mennesker har han rigeligt at gøre med at undgå at drukne i en verden, der i sin uforståelige, dramatiske storhed, efterlader ham tvivlende og usikker, og formentlig også med en stedvis meningsløs tomhed, men jeg oplever også i hans kunst et håb, som grundlæggende kommer af troen på en mening udenfor ham selv. Det er den verden, han undersøger og forsøger at fange. Vandringsmanden med sin stav. Kunstneren og videnskabsmanden har samme umulige mål – at fange verden.

I næsten 9 år var jeg ansat på Sønderborg Sygehus, hvor jeg utallige gange midt om natten, træt og nærmest i søvne, har vadet igennem sygehusets labyrintiske underjordiske gange.

Nu stod jeg der i 1981, i helt ukendt terræn uden retning eller rumlige forestillinger og blev vist ind i kirurgisk konferencerum. Det skulle vise sig, at de efterfølgende år blev fulde af mening, tryghed, humor, lærdom og gode venner.

I et kristent livssyn behøver du ikke bekymre dig spor om, hvem du er. Det kommer af sig selv. Ligesom en kunstner ikke skal 'finde sig selv', men i stedet alene koncentrere sig om arbejdet med sin kunst, så skal mennesket i stedet for navlepillende selvindsigt og bekymringer om, hvordan det opleves af andre, i stedet rette blikket mod verden, kaste sig ud i storbyen og verden. Så kommer værdierne helt gratis til dig. Du former og formes af en virkelig eksisterende værdifuld verden, der er sit eget formål. "Mærk verden", som Tor Nørretranders siger. Den revolutionære kunstkritiker Bolt kan sin Foucault, ser i stedet verden politisk og vil erobre magten, skabe virkeligheden og 'frelse' andre. Det er voldtægt!

Vikariatet på 3 måneder gik hurtigt, og tiden nærmede sig, hvor det var slut. Marckmann var i sin fritid faldet ned af en stige og blev indlagt på sin egen afdeling med et brækket ben. Alle reservelæger med vikariater sværmede omkring hans seng for at indynde sig, da der blev slået et vikariat op på svimlende 12 måneder. Min studiekammerat Lars Holm og jeg var spidskandidater, og ved sygesengen meddelte Marckmann lakonisk, at vi var lige kvalificerede, men – "da Ingerslev har været så tosset og uansvarlig at bringe hele sin familie herned, og Lars fornuftigt lod familien blive i Odense, så må vi jo give stillingen til Ingerslev". Sig ikke, at det ikke lønner sig at springe ud på de 70.000 favne!

Året efter brød overenskomstforhandlingerne sammen, og landet over strejkede Yngre Læger. Problemet var, at vi på grund af vagter permanent havde overarbejde, hvilket Arbejdstilsynet havde dømt ulovligt. Amtsrådsformand Kålund ændrede hele arbejdsfordelingen på sygehusene, og med afskaffelsen af det ulovlige overarbejde væltede vi os pludselig i stillinger og ovenikøbet til en bedre løn. Folk købte nye biler. Især Volvo var populær og blev omdøbt til en "Kål – ånd".

Sønderborg ligger smukt ned til Alssund, og byen er delt af Chr. d X's vippebro mellem Sundeved og Dybbøl på den ene side og havnebyen Sønderborg med sine små gader på den anden. Bagved lå Als med vige, bøgeskove og smukke strande.

For en fynbo, der ikke havde forståelse for historiens betydning, var det lidt af en oplevelse at cykle rundt og se de mange steder med gravstene. "Her faldt 25 danske soldater for Danmarks sag".

Det tyske mindretal var ildeset blandt mange, og det var utænkeligt, at man satte sine børn i den tyske skole. Den 4. maj kunne man tydeligt se, hvem der var tysk – og dansksindet, for i næsten alle vinduer stod tændte stearinlys. Lysene var vigtige – for tænk hvis folk troede man var tysksindet.

Hverdagen i Sønderborg:

Sønderborg burde med sin perifere placering aldrig have været centralsyge-hus for hele Sønderjylland, men gamle traditioner tilbage til tiden fra 1864 og frem til genforeningen i 1920 havde som garnisonsby, gjort byen til områdets største by. For reservelægerne var det imidlertid lidt af en geografisk blind-gyde, men det betød også, at vi som kollegaer kun havde hinanden og derfor var sammen både på arbejde og i fritiden.

I kantinen mødtes vi omkring 'reservelægebordet', hvor der blev grinet og diskuteret. Overlæger og sygeplejersker betragtede misundeligt den gode stemning og gik efter arbejde hjem til deres pæne isolerede parcelhusliv.

Arbejdstiden var overkommelig, fra kl. 8 – 14, men til gengæld var vagtarbejde inkluderet i arbejdstiden. Ved frokostbordet planlagde vi grillaftener i haven, eller fælles sejlture på Alssund. De fleste havde sejlbåd, og så snart vi var færdige med arbejdet, mødtes vi med fyldte frokostkurve ved 'Verdens ende' – en lille bådebro ved Alssund og sejlede op til Arnkilsøre, hvor vi ankrede op og roede ind på stranden. Der blev grillet og hygget, mens børnene legede sammen i strandkanten. Ren lykke!

Alle boede vi i sygehusets forskellige reservelægeboliger, hvor vi i star-ten blev tildelt en udmærket 3 – værelses lejlighed, men på en lidt forblæst bakketop på Ringbakken. Siden kunne man søge de mere eftertragtede ræk-kehuse i Solvang på 140 m2, som lå lige overfor sygehuset. Der boede vi det meste af tiden sammen med 11 andre familier. Vores børn løb ud og ind hos hinanden og vi voksne mødtes på legepladsen over en øl. Hele beboelsen var omgivet af smukke udendørsarealer med græsplæner, der blev holdt af gart-neren og som blev omkranset af en jordvold og tæt buskads, så børnene kunne lege frit.

Arbejdet bestod i journalskrivning, stuegang og at assistere overlæger og 1. reservelæger ved operationer, men ikke mindst at passe skadestuen og vagterne.

Der var en gemytlighed på afdelingen, som Marckmann havde en stor del af æren for. Han var en lille, myndig, men altid rolig og ironisk herre. Han havde en tolerance overfor for os, som måske stammede fra en længsel efter dengang, han selv var ung reservelæge og del af et fællesskab uden det store ansvar. Hvis arbejdet var gjort, var han tilfreds. En dag, hvor den nye James Bond film var kommet på video, fik vi fremskaffet både video og fremviser og sad på det helt tilrøgede reservelægekontor og så filmen, da han åbnede døren. " Nå – jeg skal ikke forstyrre arbejdet" sagde han og lukkede døren. Hos patienterne var han også vellidt, men havde den lidt gammeldags overbevisning, at man ikke skulle belaste dem med noget så besværligt som sandheden. I byen var man hunderæd for diagnosen betændelse, for når Marckmann med autoritet havde beroliget, at det blot var kronisk betændelse, var man sædvanligvis død 3 uger efter af invasiv cancer.

På vagterne kom Tove, Ea og Kasper på besøg på skadestuen med kage til vagtholdet. En dag klædte vi Kasper ud med mundbind, operationshue og en kittel, der slæbte hen ad gulvet, og efter nøje instruktion gik han uden at kny ud i venteværelset og sagde "Næste!" til stor morskab for alle de ventende. En nytårsaften, hvor jeg opererede en appendicit, kom sygeplejerskerne ind kl. 24 med champagne som vi drak med sugerør. Portøren havde klædt sig ud som gorilla og stod og vinkede i vinduet ind til operationsstuen.

Der var på vagterne en afslappet afventende holdning, når der var ro, hvor alle personalegrupper sad i kaffestuen og småsludrede, men når der så blev meldt et trafikuheld, ændrede stemningen sig fuldstændig til en velsmurt maskine, hvor alle arbejdede sammen og vidste, hvad de skulle gøre.

Det gjaldt også hjertestop, selvom koordineringen godt kunne glippe. En dag jeg havde journalvagten i modtagelsen, blev jeg kaldt til hjertestop på medicinsk afdeling, som lå et godt stykke fra modtagelsen. I fuldt firspring løb jeg op på afdelingen, rev døren op, fik dynen hevet af den ligblege livløse patient og gav ham et ordentligt slag i brystkassen, og først der gik det op for mig, at der var noget helt galt. Min kollega Thomas, en meget akademisk overlægesøn, havde lige erklæret patienten død og familien stod nu sørgende omkring den døde. Samme Thomas må have troet jeg var lettere sindssyg, for en anden gang, hvor jeg var på vej til kantinen, kom en bil kørende med fuld fart og føreren fortalte, at der var sket et stort trafikuheld oppe i krydset ved sygehuset. Jeg hoppede ind, og på uheldsstedet sad en mand i en smadret bil med blodet løbende fra en stor flænge i benet. I stedet for at vente på ambulancen fik vi anlagt tourniquit og slæbt ham over i den anden bil, og med hvinende dæk kørte chaufføren tilbage til skadestuen, hvor vi var lige ved at køre Thomas ned.

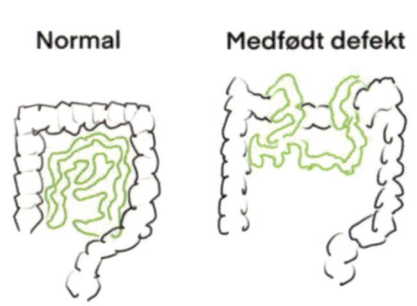

Normal **Medfødt defekt**

Tyktam og tyndtarm (grøn)

Tilfældigheden er mærkelig nok en del af lægefaget og har betydning i hverdagen, fordi den prikker til vores klippefaste tro på vores evne til at styre det hele: En ung grønlænder kom ind på skadestuen, fordi hun beruset var hoppet ud ad vinduet, men kun fra stueetagen. Ikke desto mindre havde hun meget ondt i maven. Ved operationen viste det sig, at hun var født med et lille hul i tyktarmens oment[14], og at tyndtarmen var kravlet igennem det lille hul og i hele hendes liv havde redet hen over kantet af colon transversum[15]. Da hun hopper ned, beskadiges blodforsyningen til hele tyndtarmen, der var blåsort da vi åbnede op. I hele sit liv har hun uvidende gået med en tikkende bombe, der udløses ved det lille hop.

Overlæge Genster, der opererede, kunne konstatere, at indsiden af blodkarret var krøllet op og blokerede for sin egen blodforsyning. Natten igennem kæmpede vi for at få flappen på plads, men lige meget hjalp det, og tidligt om morgenen måtte vi fjerne hele tyndtarmen.

De efterfølgende uger blev hun dårligere og havde konstant sort, blodig afføring. Marckmann besluttede sig til at overføre hende til Rigshospitalet, og jeg blev udnævnt til at stå for flytransporten. Alt var klart, da jeg kom i tanke om hendes vedvarende ildelugtende diarre og nævnte problemet for Marckman, der råbte ud over hele intensivafdelingen: "Cellstof til Ingerslev – en hel sæk". Således velforberedt, og med toiletpapir under begge arme, drog jeg ud til det ventende ambulancefly til København og landets ypperste hospital. Forestillingen om den heltemodige doktor var lidt svær at fastholde, og bedre

---

[14] Tarmkrøset
[15] Tyktarmens tværgående del

blev det ikke, da jeg med toiletpapir under begge arme, trådte ind på Rigs-
hospitalets afdeling med et kækt "Møjn"

Efterhånden som tiden gik, opdagede vi at den teoretiske viden, vi havde fra
'Uni' var omfattende, men slet ikke rakte i en klinisk situation med en rigtig
patient. Tilfældigheden og mange andre faktorer spiller ind og forplumrer bil-
ledet, hvor kun erfaringen og den fordomsfri indbildning skaber klarhed.

Den manglende erfaring genkender jeg i dag med vores reservelæger,
der minutiøst fortæller op og ned ad stolper, men uden at få fat i essensen af
hvad det drejer sig om. Erfaring er ikke en billet til et tog, der er kørt, men
det pokkers er, at erfaringen samtidig har en uheldig sidepassager i den slø-
vende selvfølgelighed. Den banale, indlysende maveforkølelse, der viste sig at
være invagination[16]. Den helt fordomsfri nysgerrighed, er modsætning til er-
faringens fordomme, og det er i det spændingsfelt, god lægegerning praktise-
res.

Jeg oplevede skismaet, da jeg blev rykket op som mellemvagt på me-
dicinsk afdeling. Den eneste, man kunne rådføre sig med, var overlægen, der
lå trygt og sov i Hørup Hav 20 km fra afdelingen og nødigt ville forstyrres.

En patient blev indlagt svedende, med åndenød og en puls på 180.
Teoretisk vidste jeg hvad han fejlede, og hvilken behandling han skulle have,
men da jeg stod med sprøjten med B – blokker[17], følte jeg det tyngende ansvar.
Hvis diagnosen var forkert, ville han dø, når jeg sprøjtede det ind i åren, og
omvendt kunne han heller ikke blive ved med den hurtige puls. Med rystende
hænder sprøjtede jeg medicinen ind. 30 sekunder efter kom patientens farve
tilbage i ansigtet, og hjertet slog igen normalt, og selvom jeg over for både
sygeplejerske og patient virkede, som om det var en banalitet, så betød det
øjeblik rigtig meget for mig. Djøf'ere tror, at man kan systematisere lægekunst
– at en læge dybest set er en vidensbank, der med de rette spørgsmål og flow-
diagrammer altid vil spytte den rette behandling ud. Men der er altid ét – ja
mange elementer, der griber forstyrrende ind, og hvor improvisationen og vo-
res indbildningskraft er en Guds gave til vores viden og dømmekraft. Det
smukke ved lægefaget er, at der ikke er nogen smutveje. Du SKAL træffe et
valg og et valg, der har stor betydning. Når man så ser hjerteslaget køre roligt
på scopet, så bliver man berusende glad og stolt både af sig selv og sit fag.
Jeg har siden været i mange dramatiske situationer, men efter oplevelsen
med min hjertepatient, har jeg altid taget det med en knusende ro, fordi du
faktisk godt kan stole på dig selv og din faglighed.

---

[16] Internt brok
[17] Hjertestabiliserende medicin mod hurtig hjerterytme

Det med at stole på sig selv gjaldt dog ikke, da vi købte sejlbåd. For at blive fuldgyldigt medlem af reservelægekorpset, måtte vi have os en båd og fandt en flot blå H – båd, som vi overmodigt døbte Galatea.

En bidende kold martsdag overtog vi den i Greve, fejede sneen af kistebænkene og sejlede ud i en frisk vind mod Bøgestrømmen, men besluttede os til at overnatte i Rødvig. Næste morgen viste havet tænder, og i 14 sekundmeters østenvind satte vi nervøse sejlene. I den lille havn blev vi på grund af vindretningen nødt til at lave en havnevending, og der gjorde vi én fejl. Vi bakkede fint med fokken, men glemte at slække på storsejlet, der med fuld fart førte os op i en bås hvor vi bankede ind i bolværket og knæk-

Vores smukke H – bad Galathea

kede en armtyk planke. Allerede der burde vi være stoppet, men presset af tanken om at skulle tage toget tilbage til Sønderborg, fik os til at prøve endnu en gang, og vi kom også fint ud af havnen.

Da vi kom ud af havnehullet, blev vi mødt af 3 meter høje bølger og en vind, der lagde båden ned, så vi sejlede vand ind i cockpittet. Vi vidste, at hvis vi bare nåede Bøgestrømmens beskyttede vande, ville vi være reddet, men problemet var at finde indgangsbøjen. Jeg var så tør i munden af angst, at jeg næsten ikke kunne tale og bad Tove om en øl. Da jeg havde taget en slurk og smed øllen overbord, var Tove klar over, at den var gal. Vi bankede afsted i modvind med de høje iskolde bølger skyllende hen over båden og spejdede efter kosten og troede glade, at vi havde fundet den, indtil det viste sig at være toppen af en stor coaster, der dukkede op af bølgerne. Så ændrede vi plan og lagde kurs mod Fakse Ladeplads. På en lænser, og nærmest planende, fløj vi afsted over bølgerne. Fiskerne stod og iagttog os, da vi drønede ind i havnen og fik lagt til. Siden har jeg haft en angst for vind, og selvom vi efterfølgende har haft mange vidunderlige oplevelser i vores både, så har jeg altid haft en ubestemmelig uro, hvis vinden begyndte at synge i stagene.

Bedre blev det ikke, da jeg senere tog Toves søster Bente med på en sejltur til Flensborg. Turen gik fint, indtil vi nåede tilbage til Sønderborg. Ved Slottet havde vi 'A – Spritter' – færgen lige i hælene, og jeg besluttede at smide storsejlet og i ro og mag at sejle til kaj for fok.

H-bådens storfald var en mærkelig indretning, hvor man skulle udløse faldet ved et lille træk, men i stedet gik rebet over, og jeg satte mig med et brag på rorpinden der knækkede. Vi kunne nu ikke styre, storsejlet kunne ikke sænkes. Foran os Chr. den X.'s bro, og færgen bag os brølede advarende med sit horn, men netop fordi vinden ikke var slem, kunne jeg styre med sejlene og fik lagt til kaj.

På gynækologisk afdeling blev jeg rykket op som bagvagt, og på vagten stod jeg for de akutte operationer som ekstrauterine graviditeter, torkverede ovariecyster[18] og ikke mindst kejsersnit.

En sen aften fik vi en gravid i 39. uge ind med placenta prævia[19]. Hun blødte ganske lidt, og da blødningen stoppede, besluttede jeg at udsætte kejsersnittet til dagsprogrammet den næste dag. Permin, som var en dygtig og erfaren gynækolog, blev næste dag sat til at operere. Det viste sig, at det ikke alene var en forliggende placenta men også en såkaldt acret placenta, der havde vokset sig ind i livmoderen som en kræftsvulst. Det er en sjælden sygdom, og mange kvinder dør ved en sådan operation. Hos Permin havde der også været kæmpe drama, hvor livmoderen måtte fjernes i stumper og nærmest i blinde på grund af ekstrem blødning. Imens lå jeg hjemme og sov ud efter vagten, men jeg kan ikke lade være at tænke over, hvad der var sket, hvis jeg havde besluttet mig for at foretage kejsersnittet om natten. Tilfældigheden midt i alle de fine videnskabelige overvejelser.

En anden gang blev jeg tilkaldt til en fødsel, hvor barnet var ved at dø. Vi løb over på operationsstuen for at lave akut sectio, mens vores narkoselæge Hans hældte jodofor ud over maven på den skrækslagne mor. Under ti minutter efter var barnet ude og velbefindende. Dagen efter fortalte sygeplejersken på afdelingen, at moderen havde spurgt efter operatørens navn, fordi hendes nyfødte søn skulle opkaldes efter ham, men da hun hørte, at navnet var Tyge, kunne det være det samme.

Men det er ikke alting, der går godt. Ved et andet akut kejsersnit, havde narkosen ikke givet nok muskelafslappende og barnet sad fast som i en skuestik i livmoderen, da jeg skulle trække det ud. Jeg prøvede at få fat i barnets mund, men slim og blod gjorde det umuligt. Selv ikke, da jeg forlængede snittet i livmoderen, hjalp det. Et øjeblik var jeg helt tom og anede ikke, hvad jeg skulle gøre og kunne mærke, at panikken begyndte at røre på sig. Lige indtil jeg kom i tanke om, at hvis man kunne tage et barn med en tang

---

[18] Graviditet udenfor livmoder og afklemt æggestok
[19] Moderkage der er placeret så den blokerer for fødslen

vaginalt, måtte det også kunne lade sig gøre i denne situation. Det lykkedes, og resten gik godt lige indtil børnelægen tørt konstaterede: "Du har lavet et hul i kinden".

Når man i starten af operationen åbner livmoderen, gør man det ved forsigtigt at stikke en peang ind og sprede den, så man kan få sin finger ind og forlænge snittet. Jeg ved stadig ikke, hvordan det er sket, og det plager mig den dag i dag – men peangen har ramt barnets kind, der i den stramme livmoder må have ligget trykket helt tæt op ad livmodervæggen. Det, der plager mig, er at jeg blot skulle have ventet indtil det muskelafslappende havde virket, men omvendt kunne jeg først vide, at der manglede muskelafslappende, da jeg havde åbnet uterus, og skaden dermed var sket.

Et sygehus som Sønderborg placeret lidt i udkantsdanmark betyder, at man som uddannelseslæge får et tæt og kammeratligt forhold til hinanden, fordi man ved, at det kun er en station på vej til ens slutstilling. Vi lærte hinanden at kende rigtig godt, og samværet var let og fuldt af skæg og ballade.

En af mine kollegaer elskede drama. Når hverdagen var for kedelig, tog han til alskens krigszoner. Da hans kone var i 30. uge, fik han igen udlængsel, men blev overtalt til at blive hjemme af sin kones tårer og beroligende ord om at " der kommer nok også en krig når jeg HAR født". En uge før fødslen var han på værtshus, og plakatfuld gik han ind i et vejskilt og fik en stor flænge i panden. Uden behandling lagde han sig til at sove, og såret udviklede sig til gasgangræn[20], hvor han var lige ved at dø og var indlagt i flere uger.

En anden god reservelægekollega var et kapitel for sig. Han havde et humør og en smittende umiddelbarhed, som var befriende, men som også kostede ham dyrt. Ved en galdeoperation havde overlæge Marckman, der ikke var særlig høj, overladt det til ham at lukke patienten. "Nu hvor pygmæen er gået, kan vi godt hæve bordet" bralrede han, uden at have bemærket at Marckman stadig var i lokalet. "Tænk før du taler" var Marckman's eneste kommentar. Ved en nytårsfest, hvor vi alle var pænt beduggede, dansede han vildt med Tove, der i en piruette fløj ud gennem en lukket havedør af glas.

Han blev senere praktiserende læge, og da jeg mange år senere mødte ham til et lægemøde, havde han tabt sig og sad ædruelig og pæn og fortalte om sin råkost og joggingture. Hvad der var sket med ham, ved jeg ikke, men jeg tror, at det havde noget at gøre med hans kompagnon, der også var tidli-

---

[20] Infektion med dødt væv hvor der udvikles gas – hulrum under huden

gere kollega i Sønderborg. En dag, hvor han havde haft nattevagt i deres praksis, fandt han sin kompagnon liggende død hen over skrivebordet. Hans kone var højgravid i 30. uge, da de fandt ham.

Mærkeligt, som vi i Danmark krydser hinandens spor, for 20 år efter bliver en god ven i Grenaa kæreste med enken, og vi hilser senere på hendes voksne datter, som var den lille pige, der lå inde i maven uvidende om, at hendes far var fundet død en tidlig morgen efter en vagt.

En anden kollega var gast på vores båd. Han blev flere gange indlagt med sammenklappet lunge, og da Ea skulle fødes, og jeg havde vagt, kom han piberygende ned i modtagelsen med et røntgenbillede under armen og spurgte, om jeg ikke kunne "knalde en dræn i lungen på ham". Han var en dygtig læge, men som patient var han umulig, for personalet kunne aldrig finde ham, fordi han var gået hjem i privaten med dræn og drænstativ og sad og nød en pibe tobak.

Hans søn, Anders, var også lidt af en vildbasse, og når de var på besøg, var der altid et eller andet, han fik ødelagt. En dag vi sad i en båd og nød en pils, fortalte bådejeren at øloplukkeren var det eneste minde han havde om sin far, hvorefter Anders fluks smed den overbord. Altid blev der råbt ad Anders, og da en gammel dame sødt spurgte, hvad han hed, svarede han sanddruelig i samme tonefald, som han altid blev tiltalt – ANDERS!! – Men der er potentiale i alle, og Anders er i dag en dygtig og velrenommeret overlæge.

I løbet af de 8 år jeg var ansat i Sønderborg, begyndte en ny epoke i sundhedsvæsenet. I begyndelsen umærkelig og snigende. Det begyndte uskyldigt med, at patienterne kun kunne få en øl til deres aftensmad, hvis den var lægeordineret. Sidenhen hørte jeg overlægen på gigthospitalet tale om kvalitetssikring og målbare resultater. Børneafdelingens overlæge havde forstået den nye tid og dokumenterede alt så dygtigt, at afdelingen væltede sig i ressourcer. På gynækologisk afdeling knoklede vi døgnet rundt, og der var ikke tid til papirarbejde, men da jeg senere fik job på børneafdelingen, kunne vi ved konferencerne sidde længe og diskutere, hvordan vi skulle håndtere lille Peders modvilje mod at få lagt et drop. Administrationen og djøf'erne var ved at æde sig ind og overtage magten på sygehuset. Det var kun begyndelsen, og det skulle vise sig at blive meget værre.

I de sidste år i Sønderborg ændrede stemningen sig. Vi alle havde travlt med fremtiden og vores slutstillinger. Nye læger kom til, og vi gamle orkede ikke rigtig at engagere os endnu en gang. Fra at være et sted hvor man bare var, blev det nu til et slutspil. Vi kurtiserede de praktiserende læger – tog gladeligt alle nattevagterne for praksis, og ved lægemøderne var der kø ved især de ældre PLO'ers bord.

Tove og jeg talte spændt om, hvor vi ville ende, for selvom vi allerhelst ville blive i Sønderborg, var der mange om buddet. Jeg drømte om fremtiden og planlagde i mindste detalje, hvordan min praksis skulle indrettes og drives. Tænk sig at finde et blivende sted. I ramme alvor havde jeg besluttet, at det første jeg ville gøre, når jeg fandt min praksis, ville være at besøge den kirkegård, jeg skulle begraves på. På den måde levede vi helt i fremtiden og glemte nuet.

Lidt i frustration over ventetiden og med et behov for at have "sit eget", begyndte vi at lede efter et sommerhus, som skulle være et gammelt husmandssted, gerne med udsigt til havet, og hvor vi kunne få udløsning for al den indeklemte energi. Det sidste fik vi i rigeligt mål, for vi købte en ruin til 108.000 kr. af en bondemand. Da vi havde underskrevet kontrakten, oplyste han tørt, at hvis handlen ikke var gået igennem, havde han raget hele skidtet ned. Min sanddruelige svigerfar, der gerne ville sige noget pænt om ejendommen, lykønskede os med, at markvejen da var rigtig fin.

Men huset lå vidunderligt i et bakket terræn med marker adskilt af levende hegn og med den smukkeste udsigt til vandet, og Tove og jeg fortalte begejstret om indretningen og vores drømme til vores forundrede og småfnisende venner.

Huset havde været udlejet som husvildebolig til kommunen. Der var lergulv, og fugtproblemerne havde man løst ved at lægge spånplader på gulvet, som med tiden var blevet til adskillige rådne lag.

Det var en kæmpe opgave, og hele fritiden gik med at istandsætte huset. Ea og Kasper legede rundt om huset og havde travlt med at skille gamle bilvrag, der stod ude i haven, men i forhold til nutidens opmærksomhed på børn, var der ikke megen curling i vores forældrerolle, og Kasper har som voksen også påpeget det. Jeg forstår hans pointe – at vi havde travlt med vores eget og ikke tænkte på deres behov. Jeg ved ikke, om jeg er enig. De voksede op i trygge rammer uden mangler. Vi kørte dem til skak, svømning og spil og Tove var tidligt hjemme, når de kom fra skole. På mange måder var vi allerede blevet en del af den moderne forældrerolle, hvor man næsten kan føle sig som ansat, men vi havde også en gammeldags opfattelse af, at børnene 'bare fulgte med'. Når jeg som barn klagede over, at jeg kedede mig, blev jeg sendt ud med ordene – " Så gå ud og find på noget". Børn og voksne havde slet ikke det tætte forhold, som vi ser i dag, og i hvert fald var det ikke forældrenes rolle at give børnenes dagligdag indhold.

Sommerhuset i Tandselle på Als

Vi startede helt fra bunden. Gulvet i hele huset blev gravet ½ m ned, og vi fjernede på den måde omkring 70m2 god alsisk juleler. Derefter blev 140 m2 gulv isoleret, støbt og belagt med strøer og brædder. Ydervæggene fik samme tur med opbygning af en isolerende indre mur. Til slut nye vinduer og stråtag, og endelig stod vi med et virkelig flot bondehus godt hjulpet af Toves far og hans ven. Vi nød huset de efterfølgende år, men mærkelig nok var opbygningsfasen det sjoveste. Da drømmen var realiseret, begyndte vi lidt at kede os.

I mellemtiden havde jeg fået reservelægestilling i praksis hos Eskelund og Niels Pihlkjær. Niels kendte jeg fra medicinsk afdeling som en faglig dygtig læge, men også en lidt sky person med et undertiden lidt indeklemt kolerisk væsen. Han havde netop købt sig ind i praksis hos Eskelund, som gennem et helt liv havde været sololæge og boet i et flot byhus med tennisbane lige midt i det smukke Broager. Niels havde overtaget både hus og praksis, der lå under samme tag.

I begyndelsen sad jeg i konsultationen sammen med Eskelund og hans datter Lone, der skrev efter diktat fra faderen. Når gamle Pedersen, halvdøv og lettere dement, skulle have fornyet sit kørekort advarede Eskelund: "Kørekortet gælder kun på Broagerland, og så kører du ordentligt!".

Var det efter reglerne? Nej, og Sundhedsstyrelsen ville formentlig have skældt ud, men han kendte sine patienter og kunne også sige stop, når der virkelig var grund til det, og Petersen har garanteret kun kørt på de stille biveje og mærket sig Eskelunds ord.

Niels var gift med Vibeke, der var fysioterapeut på sygehuset og sammen havde de 5 børn. Deres liv var yderst stormfuldt med en råben og skrigen, som selv overgik mit barndomshjems, og man kunne nemt finde fejl i deres liv, men det var først og fremmest præget af stor varme, originalitet og store armbevægelser. Til gengæld var hans adfærd i klinikken professionel og på et fagligt højt niveau, og overfor mig var han altid yderst venlig.

Da de skulle have hund, købte de meget typisk en Sct. Bernhardshund på størrelse med en ko. Når jeg sad i køkkenet med min madpakke, beholdt jeg altid kitlen på. Hunden syntes gevaldig om selskabet og slublerede først mælk i sig, hvorefter den gik i gang med skålen med hundepiller. Til slut løftede den veltilfreds hovedet, nu helt dækket med klistrede hundepiller, og rystede de store slaskede kæber så mælk, snot og hundepiller fløj rundt i lokalet.

Om eftermiddagen fik vi kaffe i stuen, og en dag hvor hunden lå roligt og sov under stuebordet, ringer det på døren. Jeg ser stadig scenen helt klart: Hunden farer gøende op, løfter et granvoksent tungt sofabord, og kaffekopper og lagkage flyver til alle sider – springer derefter op over sofaen, der vælter. Niels råber og sparker hunden, som vender sig snerrende mod ham, og der udvikler sig en kamp, hvor Niels griber en af børnenes trehjuler for at forsvare sig. Børnene græder og hunden gør. Der er totalt kaos.

Jeg kunne håndtere situationen, fordi jeg kendte det fra mit barn-domshjem og egentlig syntes, at det midt i dramaet også var lidt komisk og udtryk for et ægte levet liv, som jeg var glad for at være en del af, og i hvert fald foretrak fremfor det "pæne og forudsigelige". Jeg blev gudfar for deres yngste, og tilbudt kompagniskab, hvilket jeg dog sagde pænt nej tak til.

Derimod var jeg stærkt interesseret i nabopraksis. Der sad en tussegammel sær læge. Praksis var lille, og alle patienter blev stort set henvist til special-læge eller sygehus, men klinikken lå i et smukt hus midt i Broager.

Jeg bejlede heftigt til ham og fik også Niels til at lægge et godt ord ind for mig, men af princip ville han ikke binde sig. Det bedste, jeg kunne få ud af ham, var "ja, der står nok mest Ingerslev på det hele", men hvad "det hele" betød eller hvornår, var uklart og pinte en utålmodig Ingerslev'er, der ville have afklaring her og nu. Og på et tidspunkt blev hans fedtspil for meget, og vi besluttede at søge efter praksis i hele landet.

I slutningen af 80'erne var det næsten umuligt at finde en praksis. I Slagelse forlangte sælger en hel ublu pris for inventar og privathus, som skulle indgå i handelen, men en dag i oktober – 89 så jeg i Ugeskrift for læger en annonce:
"Veldrevet samarbejdspraksis i østjysk købstad til salg"

Kapitel 4

Grenaa:

Tove og jeg blev inviteret til Grenaa af Knud Andreasen for at se på hans klinik. Han ville sælge, fordi hans kone ikke rigtig trivedes i byen og ville tilbage til Århus. Spændte mødte vi op og blev venligt modtaget i en flot praksis, der lå helt centralt ved Torvet overfor museet og kirken. Klinikken var en samarbejdspraksis, som Knud delte med Bjarne Friis Christensen og på næsten 250 m2.

Jeg talte for min syge moster, og efter mødet kørte vi tilbage til Sønderborg og diskuterede euforisk fremtidsmulighederne. Vi så os selv bo i en patriciervilla ved strandkanten – Tove med job på Handelsskolen, og jeg som ombejlet praktiserende læge.

Kort tid efter ringede Knud, at jeg kunne overtage praksis 1. januar 1990. Papirer og alt det praktiske blev ordnet, og Knud og hans kone afsluttede handlen meget flot ved at invitere os til middag på en af Århus bedste restauranter. Vi var lykkelige.

Jeg fik hilst på min nye samarbejdspartner og personale, og indtil januar lavede jeg minutiøse driftsplaner for klinikken. Der var også bekymringer om den svimlende købssum på 840.000 kr. Ville der være økonomi til at afdrage? Jeg fandt ud af, at Andreassen blev regnet for den mondæne læge for byens finere borgerskab. Sekretæren, Kirsten Løvenskjold, og Knud's kone var vant til at sidde i sekretariatet og tale indforstået om direktør Frölichs nye hus, og jeg var noget i tvivl, om jeg kunne leve op til det, eller om patienterne ville flygte fra den nye fremmede læge, men tvivlen blev gemt væk i en lyserød drøm om fremtiden.

Det første varsel om hvad der ventede os kom, da vi skulle finde vores strandvilla. En grå og våd november blev vi vist rundt af ejendomsmæglere i en masse parcelhuse, som lå langt fra vores drømme, og i stedet for strandvillaer var kysten overplastret med fabrikker. Trætte og nedtrykte skulle vi efter fremvisningen finde et sted at sove, men alle hoteller var optaget, og vi endte i en køjeseng på Sømandshjemmet på Havnevej. Tove græd, og jeg trøstede så godt jeg kunne, men var selv fortvivlet.
Vi besluttede at udskyde at købe og i stedet at leje et hus. Tove blev i Sønderborg den første måned, og jeg overnattede på klinikken.

Den 2. januar 1990 gik jeg op af bagtrappen til klinikken og satte mig for første gang i chefstolen, som jeg havde drømt om så længe.

Jeg følte mig godt rustet med næsten 8 års postgraduat uddannelse på vidt forskellige afdelinger, men det var ikke nok. I en lille by som Grenaa rygtedes det hurtigt, at Andreassen havde fået en afløser, og alle skulle op for at se, hvem den nye læge var. De fleste skeptiske over at skulle slippe det vante og overlade deres liv til en ny, og så én helt nede fra Sønderjylland. Andre kom i håbet om, at jeg kunne helbrede, hvad andre læger ikke havde kunnet finde ud af de sidste 50 år.

Folk kom strømmende til med lange sedler fyldt med symptomer og alskens klager.

Det første ½ år led tidsbestillingen af kronisk forstoppelse, og jeg prøvede fortvivlet at følge med og finde tid til de akutte, der jo også skulle ses. Samtidig skulle jeg også opbygge en psykologisk behandlingsalliance og tillid, og det hele skulle gøres på 10 – 15 minutter.

Arbejdsrutinerne var helt ukendte – og jeg improviserede mig igennem en kaotisk hverdag. Jeg havde en helt tåbelig forestilling om at chefrollen betød, at jeg skulle have svar på alt og styre, hvad der foregik, og det at spørge var et nederlag.

Når dagen endelig var forbi, følte jeg mig som en knock out'et bokser, der var blevet tæsket rundt 8 timer i ringen. Da jeg endelig fik lukket, fejrede jeg dagen med et besøg på den lokale grillbar, sad mutters alene i den fremmede by og spiste min sandwich, gik derefter tilbage, redte op på GU – lejet og faldt i en dyb og urolig søvn. En af de første dage oplyste min sekretær Kirsten, at kassebogen ikke stemte og der var 11,50 kr. i kassedifference. Jeg forstod ikke et ord af, hvad hun sagde. Jeg anede intet om debet og kredit, og kassebog var et ukendt fremmedord.

Én efter én krakelerede alle drømmene, og jeg var inderst inde i chok og tiltagende deprimeret, især fordi udfordringerne og travlheden ikke syntes at tage nogen ende.

Selvom ensomheden forsvandt da børnene og Tove kom 1 måned senere, så tyngede det, at jeg havde slæbt dem med herop og Tove nu var arbejdsløs. Økonomien var tilsyneladende også helt elendig. De første måneder sad vi om aftenen og lavede regnskab, og alle tal viste, at vi ville gå fallit ved årets udgang. Vi tastede flere tusind bilag ind på et helt uprofessionelt regnskabsprogram hvor data forsvandt, så vi igen og igen måtte begynde forfra.

Huset, vi havde lejet, havde rotter i kælderen, og en aften vi lå i vores seng, dryppede regnen ned i hovedet fra det utætte tag.

Venner kom på besøg for at hilse på vores nye liv, men trods vores febrilske anprisning af den vidunderlige strand og natur, så kunne vi godt fornemme, at de mente, Grenaa var et hul og det værste var, at vi dengang dybest set var helt enige. Siden er Grenaa blevet et elsket hjem og holdepunkt i vores liv, som vi ikke kunne drømme om at forlade, så også her ligger det meningsfulde valg i gentagelsen.

I Sønderborg var vi omgivet af en institution af tryghed. Vi var en del af en helhed, kollegaer, arbejde og naboer i Solvang. Pludselig blev vi revet ud af trygheden og sat ud i en ukendt verden og i et isoleret parcelhusliv.

Jeg var i dyb krise og kunne ikke se nogen udvej. Vi havde gældsat os, Tove arbejdsløs, økonomien elendig. Jeg var låst fast og var næsten ved at miste grebet om mit liv. Det er ikke nogen ualmindelig historie for en ny-etableret læge, og nogen knækker faktisk halsen. En af min kollegaer gik i hundene, sad i en møgbeskidt klinik og endte med bunker af klagesager.

For mig blev ulykken hverdag. Da jeg grundlæggende ikke kunne ændre travlheden, måtte jeg leve med den og langsomt forsøge at bygge et nyt liv op. For at komme igennem fortvivlelsen, skal man først acceptere dens eksistens.

Det lykkedes. Ikke sådan at det blev et helt andet liv. Travlheden vedblev, men jeg lærte at håndtere den. Patienterne blev mine og ikke Knuds. Vi fik venner, og Tove fik ansættelse på Handelsskolen. Vi fik købt vores hus i Sommerlyst.Som chef lærte jeg at spørge og høre personalets forslag og lave aftaler. Jeg fik revisorhjælp og sat klinikkens rutiner i et system, der var mit, og som jeg forstod. Den økonomiske katastrofe blev aflyst, og revisoren kunne beroligende oplyse, at det gik endda rigtig godt.

Vigtigst af alt lærte jeg patienterne at kende, og de mig. Der, hvor tilliden ikke lykkedes, flyttede patienterne, men nye kom til, og de sidste 20 år måtte jeg lukke for tilgangen af nye patienter.

Langsomt – meget langsomt – fik vi med Guds hjælp og en masse knokleri gentaget vores liv.

Hverdagen i praksis:

Efter et par år havde jeg fået næsen oven vande, og jeg overtalte Bjarne til, at vi skulle få indført edb i praksis.

Nu, efter mange år med edb, er det næsten komisk at tænke tilbage på, hvordan hverdagen foregik uden. Om morgenen fandt sekretæren papirjournalerne frem på dagens patienter. Som noget meget avanceret havde vi for hver patient en metalplade med patientens personlige data, og med en 'fluesmækker' kunne sekretæren nu fortrykke en recept og en regning, som blev lagt ved hver papirjournal.

I konsultationen håndskrev jeg ulæselige recepter, ajourførte medicinkort med datostempel og dikterede journalnotater. Sekretæren indskrev herefter notaterne og arkiverede journalen i arkivskabet.

Om morgenen var der gennemlæsning af en gigantisk papirpost med epikriser fra hospitalet, som også skulle arkiveres i papirjournalerne, og hvor vi i dag får alt sendt elektronisk, og som automatisk arkiveres i patientjournalerne.

Ved ugens afslutning sad Tove og jeg og sorterede alle regninger i 8 – 10 bunker og sendte samleregning til Sygesikringen – et arbejde, der tog 2 – 3 timer, og som nu gøres på under 10 sekunder og automatisk sendes til Sygesikringen.

Edb var en revolutionerende lettelse af det daglige arbejde. Jeg og min kollega Per Birkelund, som også kunne se fordelene, fik overtalt hele lægelauget i Grenaa og omegn til at indføre edb og lave et fælles indkøb af udstyr; og i 1992 kunne Grenaas læger, som nogle af spydspidserne tænde for deres skærme. Jeg blev inviteret af Kommunedata til at holde foredrag og anmelde Mediboks, et arkivsystem for behandlingsvejledninger, i tidsskriftet Practicus. At vi var tidligt ude, kunne man aflæse hos IT – programmets ejer. Da vi i 1992 købte hans program, kom han kørende i en rusten Peugeot 207. Siden blev den udskiftet med største model, og efter 10 år kom han flyvende i sin egen flyvemaskine.

Min sekretær – 55 år gammel, var stor modstander af ændrede rutiner og fremviste triumferende en artikel om edb's fosterskadelige effekt. Jeg forsikrede, at hun ville blive fritaget, hvis graviditetstesten var positiv.

Sidenhen, da samfundet fik øjnene op for Edb's potentiale, kammede det helt over, og alskens systemer blev presset ned over os af jubelglade centralister fjernt fra hverdagens virkelighed.

Naivt troede vi i -92, at IT -investeringen var en engangsudgift, men det viste sig at blive en af de største poster i driftsregnskabet.

Også forholdet til patienten blev et andet. I edb's barndom talte man forskrækket om, at robotter ville overtage magten, og på sin vis fik man ret. Ikke sådan at maskinerne blev selvstændige og smed mennesket på porten, men ved at dets muligheder gjorde os afhængige og ændrede vores måde at tænke på. Computeren blev ikke menneskelig, men den gjorde os umenneskelige og til systemslaver.

Først alt det tekniske: Mærsk blev for nogle år siden kortvarigt hacket, og det kostede firmaet 1 milliard. Bare tanken om et universelt edb-nedbrud er skræmmende, for det ville totalt lamme samfundet. At komme ind til lægesystemet om morgenen kræver 5-6 forskellige passwords. Samtidig bruger den enkelte, både på arbejde og privat, bunker af tid på systemfejl, opdateringer af programmer, dårlige wi-fi forbindelser, glemte passwords, der skal fornyes, og ventetid i diverse supports.

Men i klinikken oplevede vi også en tiltagende centraliseret kvælning fra statslige aktører, der nu pludselig så muligheder i systematisk indsamling af data og kontrol. Tidligere var konsultationsprocessens aktører alene patienten, mig og sundhedsstyrelsens generelle regler for ordentlig lægeadfærd, men sidenhen blev konsultationen fyldt med talrige usynlige spøgelser, der krævede tid. Der skulle udfyldes sentinel og sættes flueben i alenlange skemaer. FMK, eller det fælles medicinkort, skulle valideres, og selv helt ligegyldige ordinationer på afføringsmidler eller vitaminpiller kunne afstedkomme lange kommunikationsbreve mellem læge og plejehjem. Standardiserede kvalitetssikringsprocedurer skulle dokumentere, at vi ikke forvekslede patienter, som vi havde kendt i 25 år. Forestillingen om den hyggelige og velkendte familielæge blev noget forstyrret, når jeg skulle bede gamle Betty om at identificere sig med CPR-nr.: " Jamen – det er Betty fra Voldby!" I det udbrud ligger en forbavset undren. Er dow'teren blevet tosset?

Helt galt blev det med overvågning og kontrolbesøg af surveyors, der skulle sikre, at standarder fastsat af IKAS (Institut for kvalitet og akkreditering i sundhedsvæsenet) blev overholdt.

Det krævede et svar, for hele samfundet blev i tiltagende grad præget af en ødelæggende 'djøfisering'. Det blev til en artikel i Dagens Medicin i 2015, som jeg medtager, fordi den fint forklarer, hvorfor sundhedsvæsenet også i dag kæmper med store problemer:

IKAS ELLER IKAROS

Den såkaldte Danske Kvalitetsmodel (DDKM) blev ved sidste overenskomst påtvunget almen praksis og rykkede derved betydeligt ved forestillingen om, hvor selvstændige vi egentlig er.

Hos IKAS (Institut for Kvalitet og Akkreditering) kan man læse, at det handler om at fremme kvaliteten af patientforløb og patientoplevet kvalitet. Metodemæssigt opnås dette ved centralt fastsatte standarder og efterfølgende surveybesøg, hvor man bliver overhørt i lektien.

Sygehusene har tilsyneladende nu opgivet DDKM, som bliver beskrevet som en tidsrøvende registreringspsykose, der tager tiden fra patienten og det kliniske arbejde —at arbejdet lidt har karakter af russiske femårsplaner: Systemtænkning indført fra oven, som ikke flytter andet end tiden.

Men hvad med almen praksis?

I vores praksis er vi to læger og 2,5 fuldtidsansatte. Akkreditering af de 16 emner vil hos os stjæle minimum en tredjedel årsværk. Dertil kommer møder med Region, surveyor samt daglige opslag i manualer. Hvordan dette tidsrøveri forbedrer den 'patientoplevede kvalitet' er uklart.

IKAS oplyser, at de 16 standarder blot er en begyndelse, og akkreditering er en løbende proces. Man bliver helt svedt, når det går op for en, hvilket uendeligt hav af nødvendige akkrediteringsprocedurer, vi mangler at få indført i almen praksis, og hvor det nu helt er overladt til troen på lægernes og de ansattes lyst til at udføre arbejdet ordentligt.

Men pyt, kvalitet koster, og hvis DDKM til gengæld betyder bedre kvalitet, er det vel indsatsen værd?

Gennemgår man imidlertid den videnskabelige dokumentation for effekten af akkreditering, er det nedslående læsning. Ingen undersøgelser kan påvise en effekt på outcome. I en oversigtsartikel konkluderes det: »At akkreditering alligevel stadig vinder udbredelse, synes bedst at kunne forstås i en institutionel organisationsteoretisk forståelsesramme, hvor legitimitet er blevet det dominerende mål.

Hvordan forholder så lederen af IKAS sig til de manglende resultater af akkreditering? Jo, svarer Jesper Kristensen: »Masser af de behandlingstilbud, der leveres i det danske sundhedsvæsen, kan ikke leve op til evidenskravene – men derfor stopper vi dem jo ikke, når blot der er almindelig enighed om, at de virker. Og begrundelsen for at anvende akkreditering er en tro på, at det kan ændre adfærden i sundhedsvæsenet.«

For det første er der absolut ikke almindelig enighed om, at akkreditering virker, og for det andet er IKAS' helt urimelige ræsonnement, at mens alle akkrediteringsofrene skal stå skoleret og med tidsrøvende skriftlig dokumentation og mundtlig overhøring skal dokumentere, hvad og hvorfor de gør dit og dat, så er det åbenbart nok med udokumenteret 'tro', når systemet skal begrunde sin berettigelse.

Men hvad er så den »organisationsteoretiske forståelsesramme«?

Jo, det er den kræftsvulst, der har sneget sig ind overalt i de offentlige institutioner under betegnelsen 'New public management', en teori med over 30 år på bagen, og derfor rettelig burde kaldes 'Old public management'. Teoriens hele fundament baserer sig på mistillid til ens medarbejdere. Det forudsættes således, at den ansattes mål med sit arbejde er 'egennytte-maksimering', hvilket på dansk betyder, at de ansattes mål er at dovne sig igennem arbejdet. Systemet må som modsvar indføre dokumentation og kontrol af processer for at legitimere, at man får den vare, der er aftalt i kontrakten.

Teoriens fortalere har aldrig forklaret, hvori deres egen 'egennytte-maksimering' kommer til udtryk, men fra 2001 til 2010 steg antallet af offentligt ansatte med 45.000. Samtidig oplever såvel patienter som ansatte en tiltagende travlhed og manglende fokus på ordentlig patientbehandling. En væsentlig forklaring på disse tilsyneladende uforenelige forhold kunne være, at de offentligt ansattes tid bliver ædt af dokumentation og akkreditering.

Med akkrediteringens 'kikkertsyn' fra Vorherre i det høje træner ledelsen medarbejdere i at glemme helheden og meningen med det egentlige arbejde. Medarbejderes ansvarsfølelse og fornemmelse af kvalitet tilfredsstilles i stedet ved at følge detaljerede og centralistiske beskrivelser, der ikke har dokumenteret betydning for en ordentlig patientbehandling.

Projektet minder om Holbergs "Den stundesløses" travlhed med ingenting at lave for at få sin datter gift med en bogholder.

Ideen er svær at sælge til medarbejderne, og IKAS bedyrer da også, at akkreditering blot er en bevidstgørelse af processer, men forklarer på ingen måde det eksterne kontrolelement.

I sundhedsvæsenets meget foranderlige og komplicerede arbejdsprocesser fordres faglig viden, fleksibilitet og intuitiv adfærd styret af en grundlæggende følelse af motivation, der kommer af, at målet afspejles i den virkelighed, man befinder sig i. Det er ikke tilfældet med DDKM.

Fortsætter denne åndløse administrative ledelse med ikke -evidensbaseret centralisme, slavemoral og kikkertsyn, som er akkrediteringens filosofiske grundsyn, kan man frygte, at det helt konkret vil få alvorlige konsekvenser for den faglige kvalitet i sundhedsvæsenet.

Artiklen blev modtaget positivt af mange kollegaer, og heldigvis indså Regionerne efter nogle år det håbløse i projektet, selvom samfundet som helhed forsatte med en tro på, at alt kan standardiseres.

Det er lidt som at cykle. Tidligere gjorde man det bare – i starten med lidt skrammer på knæene, men i systemernes tidsalder har man en naiv tro på, at mennesket kun kan cykle ved en systematisk konstruktion af cykelprocessen: hvis du hælder mod venstre, korrigeres med 1,342 grad drejning af styret mod venstre osv. Det interessante er, at moderne kampfly netop benytter sig af denne teknik og med stor succes. Uden computer ville flyet øjeblikkeligt falde ned. Problemet er bare, at vi som mennesker ikke er konstrueret til at behandle så mange data. Til gengæld har vi fået den Guds gave, at vi kan indbilde os noget, fornemme og danne helheder. Det gør os i stand til at cykle syngende gennem skoven, mens vi beundrer den blå himmel, der titter frem bag trækronerne. Med indbildningskraften forstår vi verden på en helt anden kompleks måde, der giver livet mening. Edb's store fare er at erstatte denne smukke luftige verden med tal og databaser, der helt bogstaveligt matematisk integrerer vores verden ned til regneark, flueben og talrækker, som følelsesmæssigt er meningsløse.

Helt konkret oplevede jeg denne proces i klinikken: I mange år var kontinuationen det vigtigste sted i journalen – der hvor man i ord og tekst beskrev, hvad der var foregået i samværet med patienten, men den systemiske tankegang flyttede samværet over i laboratoriekortets kolonner og tal, der splintrede det menneskelige samvær. Ord og samvær blev erstattet af tal og fragmenteret systematik, hvor følelser og ord udtrykkes med hjerteemoijs.

Før IT- revolutionen var eneste vej til samvær, at vi med ord, følelser og krop var sammen, og at vi alle måtte springe ud i noget, der potentielt kunne udvikle sig til konflikter. Nu tilbyder SoMe og SMS en kunstig og konstrueret kommunikation, du kan styre. Det er let og ukompliceret for begge parter, men berøver dig helt essensen i menneskeligt samvær, nemlig at man mærker hinanden i et reelt virkeligt samvær, hvor man gensidigt aflæser kropssprog og hinandens ord, der i sin nutid ikke altid lader sig kontrollere. I dette dynamiske miljø udvikler ting sig udenfor vores kontrol. Det skaber smukt, besværligt, konfliktfyldt, kærligt, angstfremkaldende – ja, revolutionerende meningsfyldt ægte samvær. Smid det digitale lort væk og tal sammen – løft hovedet fra mobiltelefonen og mærk verden!!! Brug SMS til korte praktiske beskeder: "Hvornår kommer dit tog?".

Som sociale væsner har vi i stedet valgt den lette løsning og er blevet narkomaner, der flygter ind i en pseudoverden. Det frygtelige er, at processen er selvforstærkende, for jo længere du bliver i denne pseudoverden, des mere fremmed og angstfuldt bliver det at bevæge sig ud i det virkelige liv.

Som ældre har vi lykkeligvis oplevet det ægte liv før digitaliseringen, men vi må forstå, at unge er opvokset i en IT-kultur, som tilbyder den nemme flugt fra virkeligheden. Samfund, forældre og skole må vise vej, – afgrænse skærmtid, kræve at eleverne afleverer deres mobil i skolen, tilbyde holdsport og fælles fysiske aktiviteter, men først og fremmest vise vejen ved ikke selv at hoppe på limpinden og i stedet insistere på at svare en SMS med "Jeg ringer lige til dig – eller kan vi ikke ses?"

I hele mit lægeliv har jeg taget imod alle patienter med et håndtryk, og har glædet mig ved at mærke fiskerens barkede hånd – næsten som sandpapir. Der ligger et liv i de hænder med ar og mærker efter fjæsingstik, kroge på afveje og amputerede fingre i trawlet.

Jeg har ikke kunnet lade være med at overføre traditionen til børnene – at give et håndtryk i døren. I begyndelsen er de kejtede og rækker hånden usikkert frem, og man mødes i et vegt og upersonligt håndtryk, men det giver så megen mening, når man 25 år efter møder den lille pige som voksen med et fast håndtryk efterfulgt af hendes lille datters usikre hånd.

Hvor mange mennesker har jeg ikke mødt på denne måde? Et håndtryk – starten på et samvær mellem to mennesker. Det er en af grundpillerne i begrebet lægekunst – en mærkelige størrelse, og som omtales i pæne skåltaler, men som helt er fortrængt af den moderne 'systemlæge'.
I lægekunst er der også et system – en faglighed, som er hele udgangspunktet for samværet og uden den, giver begrebet lægekunst slet ingen mening.

Med denne matrix på plads, modelleres resten af samværet op mellem læge og patient i et musikalsk møde mellem 2 mennesker. Det gøres ved at lytte og fornemme, samtale – blive korrigeret, og ud af denne samtale skabes en fælles unik virkelighed. Unik ikke alene fordi den er smuk, men fordi den vitterlig er enestående og aldrig kan reproduceres. Vi to har sammen skabt et enestående samvær. Systemlægen og djøf'erne forstår simpelthen ikke denne proces. Noget der er enestående fremkalder sveddryppende mareridt: Det enestående kan ikke reproduceres, måles eller dokumenteres og kan derfor ikke kontrolleres. Det går ikke. I stedet vil de have evidens og centralistisk styrede standardløsninger.

Den danske filosof Dorte Jørgensen beskriver et begreb, hun kalder "indbildningskraften", som er det skabende element i vores erkendelse.

Ordet "indbildningskraft" er rigtig godt, fordi der i ordet dels ligger noget imaginært – du bilder dig noget ind, men også fordi der i ordet ligger, at du trækker billeder ind fra den umiddelbare verden.

Imaginære billeder, der i samarbejdet med den konsekvente tænkning ender op i et matrikuleret billede – f.eks. i et enestående samvær med et andet menneske.

En af Dorte Jørgensens kloge pointer er, at vi i vores naturvidenskabelige positivistiske tænkemåde lader den konsekvente tænkemåde være eneherskende. Hun mener, at vores tænkning derved berøves en vigtig del af sin evne til erfaring.

IT er således både en fantastisk hjælper men også en farlig medspiller, der umærkeligt overtager vores måde at tænke på. Kunsten bliver at leve med IT på en måde, som sætter mennesket og dets intuitive erkendelse i centrum.

En konsultation startede en dag med, at jeg med blikket fast rettet mod skærmen sagde til patienten:" Jeg skal lige finde dig frem", hvortil hun beskedent sagde: "Nåh – men jeg sidder såmænd lige her."

Som læge bør man have den dybeste respekt for den konsekvente tænkning, men den kan ikke stå alene. Hvis ikke der er en fornuftig balance mellem "Indbildning" og "Ausbildung ", bliver vores sundhedsvæsen omdannet til centralistisk styrede pølsefabrikker med lægen klinet til skærmen i jagten på at integrere virkeligheden i et Kafkask skematyranni. De unge må selv ensomt finde deres vej ud af det digitale fix og famle sig vej frem til en identitet og et meningsfuldt liv, som er besværligt nok i forvejen, fordi det postmoderne samfunds aksiom er en tro på, at der ikke er fælles værdier, og du derfor grundlæggende er alene.

Patienterne:

Det at være patient er grundlæggende noget skrammel, og patientrollen så svag at den største opgave er at forsøge det umulige – at skabe lighed og værdighed.

Da jeg selv blev patient med min AFLA[21] oplevede jeg, hvad det vil sige. En venlig sygeplejerske bad mig hænge alt mit tøj ind i skabet og gav mig et plastikarmbånd med en stregkode om håndleddet. Når man bagefter ligger i en nærmest teltagtig skjorte med et termometer i bagdelen og de alt for store underbukser nede om hælene, så ved man, hvad det vil sige at være patient.

---

[21] Atrieflagren (uregelmæssig rytme i hjertets forkammer)

Og har man stadig en rest af personlig værdighed tilbage, fordufter den, når laboranter kommer ind, løfter min hånd og scanner armbåndet, tager et EKG og går. Derfor har man et ubændigt behov for at fortælle, at man er et menneske med en historie og en betydning.

Historien – dialogen og fagligheden er de 3 grundsten i ordentlig lægebehandling. I forhold til sygehusvæsenet har almen praksis a priori store fordele i at kende historien og skabe den ligeværdige dialog. Patienten har valgt mig og kan derfor også fravælge mig. Vi kender hinanden fra mange konsultationer, ja klinikkens lokaler er kendte og personligt indrettet.

En dag bankede min sekretær på døren, og min patient vendte sig om og sagde med høj klar stemme – "Kom ind". Han følte sig helt øjensynlig hjemme – dejligt! Når man så også har kendt hinanden længe og hørt om bekymringer og glæder, kan man ikke undgå at være nysgerrig om, hvordan det siden er gået med sønnen, der blev skilt, eller havde startet ny virksomhed. Det har ikke meget med lægevidenskab at gøre, men det giver som patient en reel følelse af at være andet end en stregkode, også fordi interessen er reel, og det klassiske professionelle læge-patientforhold bliver udvisket. Det må ikke tage overhånd, for mister du den objektive distance, kan du ikke være læge.

Et par år efter jeg var startet i -90 kom en gæv ung bondekone op til mig. Hun havde en stor kræftknude med metastaser til armhulen. I over et år fulgte jeg hendes håbløse kamp imod kræften. Hendes datter gik i klasse med Kasper. I februar skulle klassen på skiferie, og vi forældre stod ved bussen og sagde farvel til glade og opstemte elever. Men blandt os forældre stod datteren, der måtte blive hjemme og passe sin dødssyge mor. Det blik, hvor bussen kører og hun vinker farvel til sine kammerater, er ikke til at glemme – fyldt af fortvivlelse og svigt og helt uden håb.

Da moren en sen nat døde, stod hele familien samlet omkring sengen, og som menneske var jeg selv følelsesmæssigt påvirket. Alle kikkede helt lammet af sorg over på mig, og jeg kunne mærke et stærkt behov for at italesætte deres sorg og hendes død.

I 90-erne var kommunikationskurser og konsultationsprocessen et næsten eneherskende emne i vores efteruddannelse. Her lærte vi Bendixens papegøjemetode, hvor vi blot skulle gentage patientens sidste sætning. På mange måder virkede det, men skabte et mærkeligt kunstigt samvær. Ved dødslejet kunne du ikke klare dig med Bendixens papegøjesnak. Det var præstens, men også lægens rolle der var brug for. Mens jeg selv kæmpede med tårerne, fik jeg alle til at tage hinanden i hånden og sagde, at nu var kampen slut – og så stod vi der med hinanden i hånden i et stykke tid.

Jeg ved ikke hvor meget det hjalp, men det var, hvad jeg med min manglende erfaring kunne overkomme. I sådan en situation savner man præstens budskab: at der trods fortvivlelsen og mørket alligevel er en mening med tilværelsen også i dens sværeste øjeblikke.

Jeg er mange gange vendt tilbage til den begivenhed, fordi den udfordrer det at være professionel.

Valgmenighedskirken i Odense var mine forældres kirke. Præsten Krab Johansen var et varmt og medfølende menneske. Til Åges begravelse stod han med tårerne løbene ned ad kinderne. "Jeg ser jeres sorg – og jeg kan ikke tage den fra jer – men vi er sammen i et fællesskab i Guds hus, og han er med os". Det virkede meget stærkt og samlende, men jeg blev også lidt forskrækket over, at præsten stod der og hylede.
Jeg ved, at han på samme måde sørgede ved andre begravelser, og det er ikke til at forstå, hvordan han havde styrken til at rumme al den sorg.

Da min patient skulle begraves, valgte jeg ikke at deltage. Det var for mig et vigtigt valg, der adskilte mig fra Krab Johansen. Jeg ville gerne være med helt til det sidste, men ikke der, hvor lægerollen er udspillet og erstattet af præstens og det private. Jeg ville gerne mærke patienternes sorg og føle med dem, men jeg skulle også kunne handle og fornemme med et overblik, der forsvinder, hvis du er midt i gråden og sorgen. Ofte er den beslutning siden blevet udfordret, og hvor følelserne og det private har skubbet til det professionelle overblik.

Anita var til sidste rutineundersøgelse i 36. uge i praksis. Alt så godt ud, og jeg sluttede af med at minde hende om efterundersøgelsen og ønske hende held og lykke.

Under fødslen gik alt galt. Barnet var blåt og trak ikke rigtig vejret, og al opmærksomhed blev rettet mod den lille. Imens blødte Anita kraftigt, og først sent opdagede man, hvor dårlig hun var. Man kunne ikke finde blødningskilden, men hun blev kørt akut på operationsstuen hvor hun fik hjertestop og døde. Det lille barn blev overført til Skejby, men kunne heller ikke reddes. Årsagen til hele miseren viste sig siden at være en stor rift i livmoderhalsen.

Nogle dage efter kom Anitas mand – Svend Åge, op til mig sammen med sønnen Christian på 6 år. Han var opløst i sorg. Fra at være en lykkelig far, der glædede sig til endnu et barn, stod han nu uden kone og barn og helt alene med ansvaret for sin tilbageværende søn.

Vi talte sammen i lang tid, og Svend Aage græd. Christian sad længe forstenet og kikkede op på sin far, indtil han lagde sin lille barnehånd på hans arm og med grådfuld stemme sagde " Far – vi skal nok klare det ".

Der kunne jeg ikke længere. Jeg forsøgte at kæmpe imod –så hårdt at det næsten gjorde ondt i øjnene, men lige meget hjalp det. Tårerne løb ned ad kinderne på mig og jeg kunne se farens forlegenhed over, at jeg, der hidtil havde givet ro og sammenhæng, nu selv blev opløst. Væk var lægerollen – ja væk var kontrollen over mig selv som menneske. Det var på alle måder en mærkelig, men stærk oplevelse, som stadig påvirker mig følelsesmæssigt, når jeg tænker på den.

Læge-patientforholdet er i sin grundsubstans fundamentalt ulige. Du er syg – jeg er rask. Du er problemet – jeg er løsningen. Du føler – jeg ser. Her var de roller helt opløst. Jeg havde intet mistet, men Christians tapperhed og deres fællesskab og den spinkle lille barnehånd overfor det gigantisk bjerg af sorg var for meget.

Som årene går, og man mange gange har oplevet den døende og hans families lidelser, kan håndteringen af sorgen blive professionel på en næsten usympatisk måde. I sorgsamtalen er der nogle grundelementer, som bl.a. handler om, at man som pårørende får fortalt, hvad der skete, da manden døde, og hvem han var. Fik du sagt farvel? Hvordan var han som menneske, og hvordan var deres indbyrdes relation? Hvordan mødtes de?

Pludselig opstår der et fællesskab, hvor de pårørende næsten konkurrerer om at fortælle om den dødes betydning og både gode og også sjove historier om den afdøde liv, men sorgen kan også vendes til vrede. En datter fortalte ved morens dødsleje, at hun var vred på hende, fordi hun havde været så ulidelig tapper og 'hensynsfuld' – at hun midt i sin sygdom havde lukket alle ude og omdannet deres samvær til rene floskler. Måske det vigtigste for datteren var at opdage, at det ikke var af hensynsfuldhed men morens egen angst, der blev tøjlet, og at hun havde forpuppet sig i projektiv tapperhed. At det var ok med den vrede, og at hun nu havde chancen til at sige noget til hende, også selv om hun var død.

Når man på den måde professionelt næsten kan orkestrere sorgen, bliver man lidt bange og tænker misundeligt på Krab Johansen. Mit forsvar er, at jeg altid har været nærværende og har kunnet gribe nuet –og tage fat på f.eks. datterens vrede.

Min bror Vitus var mere læge som Krab Johansen, hvor han med 'sturm und drang' reddede patienterne. Når han kom for godt i gang med heltehistorierne, drillede jeg ham lidt med historien om roekulen: En vinternat bliver han kaldt ud til et astmaanfald. Med fuld fart og hvinende dæk skrider han ud på de glatte veje og ender midt inde i en roekule. Patienten måtte vente på lægen, og bilen blev fyldt med buler.

Da jeg startede i -90, kendte jeg ikke patienterne og oplevede egentlig mest samværet som en kamp, hvor opgaven bestod i at få gennemført en faglighed i de sparsomme 10-15 minutter, konsultationen varede – men også at patienterne 'købte' min diagnose og behandlingsforslag. Jeg ville så gerne skabe en alliance og afrundet tilfredshed, når konsultationen var slut.
Når en patient skiftede læge, opfattede jeg det som et svigt og personligt nederlag, der gjorde ondt.
    Efter mange år lærte jeg efterhånden at styre konsultationsprocessen. Jeg genkendte faste mønstre både i samvær og sygdomme, som gjorde mig sikker, og den afsatte tid blev mere fleksibel, så folk fik tid, hvis der var brug for det. Jeg opdagede, at hvis patienter gik, kom nye til, og via denne sortering endte jeg med folk, der grundlæggende havde tillid til mig og syntes om mig som læge.
I den lange gang fra venteværelset hen til konsultationen sørgede jeg altid for at gå bagved patienten. Hvilket ben humpede han på? Var hun forpustet? Passede den friske raske gang med det forpinte ansigt, jeg havde taget imod i venteværelset? –en masse nyttige iagttagelser, som kunne skabe et billede af, hvad det drejede sig om. Samtidig lidt hyggelig groomingsnak om vejret eller deres rejse til Tyrkiet, som både skabte en hyggelig atmosfære, men også en bevidsthed om, at de også for mig frem for alt var mennesker og ikke patienter.
    I konsultationen begyndte det egentlige arbejde. Det at forstå hinanden er en kunst. Vi mødes med vidt forskellige dagsordener, evner og forestillinger, og alligevel evner vi de fleste gange at skabe en fælles forståelse gennem sproget. Det er egentlig imponerende, at det lykkes. Vi gør det med aktive og passive kommunikationsredskaber: Gestik, kropssprog, et vigende blik – ja sågar lugt og hudfarve. Alt modtages af vores sanser og behandles både kognitivt og emotionelt i hjernen.
Når vi er syge, mærker vi det i kroppen, men det er svært at ordsætte, og ofte er sygdommen tavs og opdages kun ved en intuitiv graven sig ned i substansen. Kunsten ved en god anamnese er at få malet et billede af sygdommen, som stemmer overens med patientens virkelighed – at lytte, men også strukturere og understøtte den svære maleproces.
Vi mennesker er dovne.
"Hvor længe har du hostet?"
"Længe."

"Jamen – hvor længe?"
"Meget længe!"

Kendetegnet for skitsen er dens mangel på detalje, men skitsen kan i sin detaljefattigdom enten være doven og uklar, eller fremhævende og præcis. Den sidste kommer af en gentagen bearbejdning af motivet, indtil du har suget dets fortælling ud i koncentrat. Den første er overfladisk og uklar, fordi skitsen stritter i alle retninger og ikke er gennemarbejdet ved gentagne forsøg.

På samme måde med vores sprog – både i konsultationen og i samfundsdebatten. Trump og populistiske politikere lever af vores uklare og dovne tilgang til begreber. Hvad mener vi når flygtninge skal integreres, men ikke assimileres? Hvad er fake news, og hvem afgør det?

Når patienten ikke klargør mere præcist hvor længe hosten har varet, er det på grund af besværet med at genkalde erindringen om tidspunktet. Var det før eller efter tante Fie var på besøg? Åh, så besværligt. I konsultationen er kommunikation som et åndedræt, og den lyttende inspiration kan undertiden være svær for en Ingerslev. En dag havde jeg besøg af et endnu større snakkehoved end mig selv, og for at få hoved og hale i hvad det drejede sig om, afbrød jeg: "Jeg vil lige…" Længere nåede jeg ikke, før han stoppede mig: "Er du ikke klar over, at en læge har tavshedspligt?" Og så fortsatte han lystigt sin fortælling.

Gamle Knudsen, en husmand fra Vejlby, krumbøjet efter mange års slid og slæb og døv efter arbejdet på den grå Ferguson traktor, fik taget EKG. Han gik sjældent til læge og kendte ikke meget til alle de tekniske vidundere, lægekunsten kunne fremvise. Jeg havde netop været på endnu et kommunikationskursus og forklarede længe og omstændeligt hvad EKG var for noget, og efter et stykke tid kikkede Knudsen spørgende på mig og kvitterede for mine pædagogiske anstrengelser med et: "Hva' si'ær do?"

Ofte er samvær præget af påtagede roller, som begrænser og skaber stilstand og floskler. Konsultationsprocessen er ingen undtagelse: Sukkersygepatientens rolle som tyk, med dårlig samvittighed og alskens tåbelige bortforklaringer og lægens forudsigelige formaninger, der ikke rykker noget som helst. Rent tidsspilde og uendeligt kedsommeligt for begge parter. Den eneste måde at bryde mønsteret var at være reelt nysgerrig. I stedet for formaningerne og de rigtige meninger så faktisk at prøve at forstå. Hvorfor dælen vejer du 120 kg? – det er da et interessant spørgsmål. Lad os som Sherlock Holmes og Dr. Watson drage på eventyr og løse gåden.

I de første år i praksis forsøgte jeg at efterleve alle teorierne om den 'rigtige' kommunikation, som næsten blev en spændetrøje, fordi jeg glemte det vigtigste – at være mig selv, tage udgangspunkt i patientens situation og stole på min umiddelbare nysgerrighed og indbildningskraft.

Det at lære noget har forskellige faser: Det starter med uvidenhed. I den praktiske læring opnår man overvejende sin viden ved gentagelsen. Man lærer at håndtere suturering – at holde på instrumenterne, at komme godt i dybden med nålen, lave knuder, lægge spiral. Og efter nogle gange så ligger kundskaben inde i kroppen –den er blevet en implicit del af dig. Den kan ruste, men kan hurtig læres op, netop fordi den er en del af dig.

Anderledes er teoretisk lærdom. Syre-base balancen kan man ikke mærke, men starter med intellektuelt at forstå. Man læser en bog eller hører et foredrag, men denne viden er ikke følt – er ikke en del af kroppen og derfor ikke praktisk operationel.

Derefter sætter den teoretiske viden sig i sindet, det meste bliver spyttet ud som ubrugeligt, men noget bliver hængende, hvis det bliver brugt i hverdagen. Efter et vellykket ugelangt kursus i hjertesygdomme, var jeg dybt inde i fagets substans, men efter et år var det kun den viden, der blev brugt i hverdagen, der var tilbage. Jeg har været på mange kommunikationskurser, hvor man skulle lære at samtale professionelt med patienten, og jeg øvede mig hjemme i klinikken. Noget håber jeg blev en del af mig, men det allervigtigste er at finde sig selv i lægerollen. På den måde bliver den en implicit del af en ægte gestalt. Din faglighed skal ligge i kroppen. Som ung skal man igennem hjernen og analysen i hvert lille skridt, og desværre bliver lægerollen i stigende grad omdannet til netop denne skematiske måde at agere på, også for den erfarne. På samme måde med samtalen. Man lærer hvor forskellige vi er, men også at vi alle som patienter har brug for tryghed i en svær situation. Nogle får denne tryghed ved en kortfattet, sikker og lidt autoritær lægerolle, hvor man som patient blot kan overlade ansvaret til lægen. " Din sygdom er... og behandles sådan ..." og med et kropssprog der signalerer autoritet og sikkerhed. Andre har brug for fornuftige forklaringer og vil gerne være en del af løsningen, og andre igen gemmer deres utryghed og finder forløsning, når den bliver italesat. Så det at blive set, hørt, forstået og inddraget i en atmosfære af tryghed er hele konsultationsprocessens basis.

Hvordan opnås denne tryghed? En vigtig del er at rammesætte konsultationen som et rart og trygt sted at være. Den kliniske kolde 'hospitalsstemning' skaber afstand. Selvom vi nødvendigvis må tage højde for hygiejne og praktiske rammer for rengøring, så kan man godt i sin indretning gøre noget for at gøre den personlig og 'hjemlig' også ved sin og personalets fremfærd. En klinik med en god og afslappet stemning præget af venlighed og imødekommenhed giver tryghed.

Måske den vigtigste tryghedsskabende faktor er, at der ikke er fordømmelse, foragt eller væmmelse. Som praksislæge ser man vitterligt mennesket i alle dets afskygninger, men ligegyldigt hvad du oplever, må hele udgangspunktet være accept. Det kommer helt af sig selv, fordi selv det mest aparte ikke er fremmed.

Enkelte gange kan det gå galt. En dame klagede over ildelugtende udflåd. Det viste sig, at hun havde glemt en tampon i skeden. Den havde ligget der i flere måneder, og lugten var helt ulidelig. Flere gange fik jeg brækfornemmelser, og sad og gylpede. Til sidst måtte jeg finde en undskyldning og gik ud på gangen for at få pusten igen. Men det kan også gå den anden vej. En mor havde sin 5 – årige søn med i konsultationen. Forinden havde jeg lettet en lille vind, og da jeg står foroverbøjet over moderen, udbryder sønnen bag mig: " Du lugter af prut". Moderen blev helt rød i hovedet. "Sådan siger man ikke", men det gør børn heldigvis!

Nogle patienter får man et særligt forhold til, enten fordi man i en periode har haft et tæt forhold, eller også fordi nogle bare har evnen til at træde frem og blive husket.

Sådan er Ragner. Uddannet mekaniker – eller måske bare autodidakt. I hvert fald ved Ragner alt om motorer og mekanik. Han behøver ikke måle sig til noget. Han kan høre, når ventilerne står korrekt. Sammen med konen bor han i et lille hus med værksted i haven, og her har bønder og fattige husmænd fået repareret deres gamle biler og overladt de dyre autoriserede værksteder til de rige. Han har røget som en skorsten, og på hans gamle dage vil lungerne ikke rigtig mere.

Når han kommer i konsultationen, stiller han de blankpolerede træsko i venteværelset og møder mig krumbøjet, men med et fast håndtryk og et muntert blik, der afslører hans lyse sind. Øjenbrynene buskede og diabolske. Han har en evne til at tviste sproget, som gør hans besøg til noget særligt.

En dag er jeg forsinket og beklager: "Nå, det skal du s'gu ikke tage dig af. Jeg er på efterløn helt til kl. 4." Senere, da vi snakker om det usunde i rygning: "Jo, ser du – præsten i Veggerslev og jeg, vi var lidt uenige – for han sagde, at jeg skulle leve for Vorherre – men jeg synes nu også, jeg skal leve lidt for mig selv. Og jeg er s'gu glad for den pibe."

Efter mange år lykkes det alligevel at overtale ham til at smide den, og da jeg lykønsker ham, er hans eneste kommentar "Ja, den eneste luksus jeg tillader mig nu – det er s´gu faktisk at bande." Da han får at vide at blodprøverne er fine, udbryder han tilfreds. "Nå, men det vil sige, at når jeg nu får lappet min cykel, så skulle jeg sådan set godt kunne klare mig et stykke tid endnu?"

En dag har Ragner fået helvedesild, og jeg spørger, om han ikke vil have noget smertestillende, men det ville han ikke: "Du har én gang givet mig morfin – og det var ellers noget der kunne flytte Hammelev Brugs. Huset svævede rundt. Selv brugsuddeleren var rundt på gulvet."

Mona er en anden patient, man ikke glemmer. "Livet kan godt være lidt broget, men når jeg så får medlidenhed med mig selv, så ta'r jeg en bog og går i seng med James Bond, og DET hjælper." Hendes grundindstilling er, at mennesker uden humor er pensionsberettigede. En dag kunne jeg fortælle, at hendes EKG viste en del ekstraslag, og mit kropssprog må åbenbart have udtrykt en vis beklagelse, – i hvert fald svarede Mona trøstende: " Jamen, – det er da bedre, end at det slet ikke slår."

Som 65 -årig kom hun til mamapalpation af en temmelig kraftig, men stadig velformet barm, og ved undersøgelsen fortæller hun, at hun som ung havde store mindreværdskomplekser over brystets størrelse, indtil hun var på sygehuset, hvor hun skulle have fjernet en fedtknude på skulderen. Kirurgen –Kofoed, der var kendt for sin glæde ved kvinder, skulle fjerne knuden. Da han så fru Nielsen sidde med bar overkrop, gik han hen og tog hende på begge bryster. Noget forbavset udbrød hun: "Jamen Koefoed, det er ikke der, knuden sidder." "Nej, det ved jeg s'gu godt, men jeg kunne ikke lade være."

"Og Ingerslev, det siger jeg dig. Den bemærkning lever jeg stadig på, og i hvert fald forsvandt mine mindreværdskomplekser."

En anden gang er hun hos øjenlæge og bliver bedt om at placere hagen på et stativ. " – men så måtte jeg jo spørge ham om, hvilken en af dem han mente?"

Da hun er 92, bor hun stadig i sit eget hus, hvor der lugter af alle hendes cerutter. "Der må gerne lugte af røg i mit hjem, men når der lugter af gammel kone, så vil jeg ikke leve mere."

Humor har en fantastisk evne til at binde mennesker sammen, men også til at komme over kriser.

En patient, der led af sygdommen collitis ulcerosa[22], havde fået fjernet både tyktarm og endetarm og kom op til mig med sin nye stomi. "Nå, hvad har de lavet ved dig i Århus?"

"Jo, Ingerslev – de har s'gu taget røven på mig". Der skal et vist overskud til sådan en bemærkning, men måske er det netop løsningen på krisen.

En af glæderne ved almen praksis er alle de sidegevinster, der dumper ned: de finurlige bemærkninger, mærkelige liv og hjem, man får lov til at opleve. De fleste af vores reservelæger værdsatte denne gave, men en kommende øjenlæge kunne ikke fornemme det. Jeg tog ham derfor med på sygebesøg på landet, men oplevelsen fangede ikke rigtigt, så i stedet fik han efterfølgende mit dagbogsnotat om besøget hos Jensigne:

Jensigne boede langt ude på landet på det smukke Djursland. Netop der, hvor vejen slår en bugt. – lidt ned ad en bakke ligger gården, eller det er vel snarere et lille husmandssted med et stuehus, en lille lade med maskiner og overfor stuehuset, en grisesti.

Man kører ned ad grusvejen og bliver mødt af en vred münsterländer, der gøende følger bilen tæt.

Entreen beskidt og slidt og fyldt op med skotøj. Dørtrinet er slebet helt tyndt på midten af generationer, der om aftenen trætte har slæbt sig ind i entréen. Huset er lavloftet og bærer præg af ren funktion. Beboere ville finde indretningsarkitekter og Bo Bedre fuldstændig overflødige. Kun stadsstuen er et fremmedelement med sin kulde og oldnordiske fine plysmøbler.

Fra entreen kommer man ind i køkkenet, hvor der står et stort sort smedejernskomfur med ringe og en flot messingramme rundt om komfuret. Blåturkis madam blå farve i højglans på væggene, men omkring komfuret iblandet fedt, der får farven til at falme til en ubestemmelig blåbrun farve. På komfuret en sort gryde med 2 røde pølser i vandet fra dagen før, hvor overfladen er mat af fedt og bakterier. Ved vinduet et lille bord med blomstret voksdug, transistorradio og Billed Bladet åbent.

Jensine ligger lidt undskyldende med et bange udtryk i den gamle kaneseng i soveværelset. Hun kan mærke, at det kniber med at holde styr på det hele. Øjnene flakker frem og tilbage fulde af angst og forvirring. Tidligere styrede hun hjem, mand og søn som en anden general. Så døde manden, og nu kan

---

[22] Kronisk betændelse i tyk – og endetarm

hun pludselig ikke styre højre arm og ben. Hun kan heller ikke rigtig ud-trykke, hvad hun vil.

Jensine ligger dækket af en tung, lidt klumpet vinterdyne, hvor man fornemmer den klamme fugt i fjerene. Dynebetrækket tykt og forvasket. Væg-gene i soveværelset er tapetseret med fint, mønstret rosentapet, som har løs-net sig ved panelerne, og hvor skimmelsvampen titter frem inde bag. Over Jensines hoved hænger et gult fluepapir oversået med døde fluer, der minder hende om livets forgængelighed. Raphaels to engle over hovedgærdet i fin maghoniramme med ormehuller, har et helt liv set mildt ned på elskov, nat-lige diskussioner om planer for driften og bekymringer over sønnen, der ikke rigtig kan det der med piger og stadig bor hjemme.

Hele tider hænger fluepapiret fra loftet og kræver nye ofre.

Hverken historien eller besøget sagde reservelægen det store, og så har man nok også størst glæde i at holde sig til selve øjet, og ikke hvad det ser.

Vagtlægearbejdet var også en del af jobbet. Da børnene fik kørekort, plejede jeg at ansætte dem som chauffører, når jeg havde lægevagt. De tjente lidt penge, fik rutine i bilkørsel under trygge rammer, og ikke mindst fik vi en snak mellem sygebesøgene.

En frostklar vinternat var Kasper og jeg på nattevagt. På det tidspunkt var der megen omtale af Halleys komet, som passerede jordens bane. Udenfor landsbyen Veggerslev stod vi klokken 3 om natten i den frostklare nat og beundrede den lysende komet, da hele himlen pludselig oplystes af et eksplo-sionsagtigt blåligt skinnende lys. Noget chokerede satte vi os ind i bilen og talte om kometen mon var eksploderet. Da vi kører igennem Veggerslev, fik vi forklaringen. Midt på vejen lå der en motorcyklist og jamrede sig med et bræk-ket lårben. Med fuld fart var han kørt ind i en elmast, der var knækket midt over, men toppen hang stadig dinglende i elledningerne. Uheldet have kort-sluttet elnettet og forklarede lysglimtet.

Små oplevelser, som skaber krydderi på tilværelsen, og som man ikke glemmer.

Kollegaernes udskrivningsbreve kan også være små perler, der lyser op i hver-dagen:

En alkoholiseret karakterneurotiker ringer gentagne gange til vagt-læge og truer med at springe i havnen. Vanligvis klares det med en samtale, men ved en enkelt lejlighed skriver vagtlægen: "Truer med selvmord som vanligt, men har nu taget badedragt på!"

Eller patienten, der er i urologisk ambulatorium "Problemer med impotens, men medfølgende hustru mener ikke der skal gøres noget ved det, hvorfor vi så lader det være ved det! "

Læger har det skidt med det normale, og i et fortravlet mikroskopisvar fra patologer stod: "Der er fjernet 2 glandler i venstre aksil[23], som viser abnorm forekomst af normale celler"!!!

Mine egne journalnotater kunne undertiden også mangle nogen klarhed. Ved udredning for barnløshed skal begge parter undersøges, og af praktiske grunde er det kvindens læge, der samler alle undersøgelserne og sluttelig henviser til sygehus. Min vakse sekretær viste mig mit journalnotat: "Mangler sædprøve fra egen læge, som er lavet." Med et glimt i øjet konstaterede hun, at det da var godt, at læger helhjertet engagerer sig i arbejdet for patienterne.

Igennem alle 27 år i praksis har jeg skrevet små noter, som lyser op i hverdagen – her et lille udpluk:
- Lægen: "Hvordan går det?"
  Patient: "Jo, sådan op og ned. Kan man få noget for det?"
- Patient: "Jeg fejler ikke noget, men jeg har det skidt."
- Patient: "Jeg har sådan nogle frygtelige brændende smerter i begge arme og hænder." Efter blodprøvetagningen: " – Jamen, du tog jo kun blodprøve i den ene arm."
- Skolelæreren: "Det gør ondt når jeg trækker vejret. Mine elever siger, at så skal jeg bare lade være."
- Carla på 3 år møder en ambulance. "Skal han på 'Tyge – hus'?"
- Patient: "Alle siger, jeg ser så godt ud – men så ville jeg nu godt nok fortrække at se dårlig ud og ha' det noget bedre."
- Patient: "Det er ikke overgangs – men undergangsalderen!"
- Kvindelig patient med højt blodtryk i konsultationen men normalt derhjemme:
  Lægen:" Det må jo være fordi, du er lidt nervøs heroppe."
  Patient: "Nej, det er da fordi, du sidder og ta'r på mig."
- Ved en GU er lejet kørt for højt op, da hun skal stige op: "Tyge –det må du s'gu køre længere ned – så højrøvet er jeg heller ikke."

---

[23] Armhule

- Flot fyr der får svar på negativ clamydiatest: "Åh, det var godt – jamen så arbejder jeg glad videre."
- Manden klager over sine mange sygdomme.
  Konen: "Tænk nu på hvad du har – og vær tilfreds med det!"
  Manden: " Gælder det også med dig?
- Brev fra patient:"'Alnafalbet' – er jeg langt fra.. "
- Altid klagende og utilfreds patient. Opmuntrende foreslår jeg lidt poetisk, at hun også skal se solskinnet i sit liv. Triumferende svarer hun: " Ja det kan jeg da slet ikke –nu må jeg gå med solbriller efter min operation for grå stær."
- Patient, der funderer over lægejobbet: "Det må s´gu være træls. Folk har jo ikke andet end klager."
- Svært lungesyg kvinde be'r manden hjælpe med at få BH'en på igen efter jeg har lyttet på hende.
  Manden: "Ja, tidligere var det mig, der tog den af, men nu får jeg s'gu kun lov til at gi' hende den på."
- Patient opereret for hæmorider og temmelig øm i måsen: "Tyge – man siger, at når enden er god er alting godt – og det vil jeg godt skrive under på."
- Ældre kvinde med uhelbredelig tarmkræft. En vinter falder hun ude på kirkegården. " – Og Ingerslev – da jeg lå der og skulle rejse mig, var jeg faktisk lidt i tvivl: Ku' det nu svare sig?"
- Konen på dødslejet til sin mand: "Nu må du ikke sælge hønsene, for så kommer du aldrig op."

Samarbejdspartnere:

Klinikken har altid fungeret som en samarbejdsklinik –fra 1990 til 2008 sammen med Bjarne Friis Christensen og fra 2008 og frem til 2017 med Camilla Sand. Samarbejdspraksis er om ikke ideel, så den bedste samarbejdsform, fordi man på den ene side er eneansvarlig for patientbehandlingen og personale, men på den anden side har mulighed for fagligt samvær og også kan dele diverse klinikudgifter. Det er et tveægget sværd, hvor man også bærer meget på sine skuldre alene og alligevel skal bøvle med samarbejdets besværlige kunst, men jeg tror alligevel, at jeg i dag ville vælge samarbejdspraksisen som den bedste praksisform.

Bjarnes og mit forhold var præget af, at jeg i begyndelsen var helt underdrejet, og hvor han som den gamle kendte alle rutinerne. Der var aldrig nogen smålighed, hvis nogen af os ønskede os et eller andet til klinikken, men Bjarne havde en speciel måde at være i verden på. Han elskede kapsejlads og måske fokus for hans liv mest handlede om konkurrence og mindre om glæden ved livets mærkværdigheder. I hvert fald var det svært for ham at slippe, da han gik på pension, og hvor jeg i hans forståelse overtog prinsessen og det halve kongerige. Tove har fortalt, at han ved min afskedsreception havde sagt til hende: " Jeg burde have sagt tak for et godt samarbejde til Tyge, dengang jeg selv havde min afskedsreception", men det er mærkeligt, at han aldrig har fået sagt det til mig.

Camilla havde været reservelæge og senere H-læge[24] i klinikken, så hun kendte den godt. Begge syntes vi godt om hende, og da Bjarne ville stoppe, opfordrede jeg ham flere gange til at kontakte hende, men det blev ikke rigtigt til noget.

Hun havde ligesom os lejlighed i Berlin – ja faktisk få gader fra, hvor vi boede. Engang sad Tove og jeg på en bar i Berlin, og selskabet ved vinduet virkede bekendt. Det var Camilla med venner. Her fik jeg lejlighed til at tale med hende om at købe Bjarnes praksis. Det viste sig, at hun faktisk også var meget interesseret i samarbejdet med mig. Lykkelig tog jeg hjem og fortalte Bjarne, at nu skulle der smedes.

Det lykkedes, ikke uden besvær, men til sidst fik de skrevet under, og i 2008 begyndte vores samarbejde. Rollerne var her helt byttet rundt. Nu var det mig, der var den erfarne – og oveni købet tidligere chef for hende. Det gjorde jeg alt for ikke at udnytte.

Camilla er et mildt, charmerende og varmt menneske – alle kan lide hende og nyder at være en del af den mildhed og varme, hun udsender. Som læge er hun dygtig og samvittighedsfuld, men med megen selvkritik. Hvis en patient døde, ledte hun efter mulige fejl, hun havde gjort, og i starten handlede det alene om patienternes behov i en sådan grad, at hun glemte sig selv. Samarbejdet oplevede jeg som en glæde, og jeg håber det var gensidigt. Vi respekterede hinanden, og ligesom hos Bjarne var der højt til loftet. Vi begge havde evnen til at skabe varme på hver vores måde, og stemningen var rigtig god i klinikken med masser af grin og sjov.

---

[24] Sidste trin i uddannelsen som praksislæge

Efterhånden som jeg blev ældre og hendes faglighed mere frisk end min, blev vores roller mere lige, og efter jeg gik af, flyttede hun op på sundhedshuset. Jeg fortsatte som hendes patient og oplevede her en veldrevet klinik med ro og overblik. Jeg mistede den kollegiale kontakt, men oplever, at også hun fandt sig selv i lægerollen og i dag er en af byens mest velanskrevne læger. Jeg håber virkelig, at hun har lært at passe på sig selv. I hvert fald fortjener hun det.

Personalet:

I en lille virksomhed, som en almen praksisklinik, er alle helt uundværlige og værdsatte. Det er en god bevidsthed at have i et fællesskab og skaber arbejdsglæde. I hvert fald var alle ansat i mange år, og jeg er dybt taknemmelig over deres indsats, for uden dem var det ikke gået. Der var så travlt i hverdagen, at man glemte sig selv og blot havde fokus på sine opgaver. Min sygeplejerske, Helle, måtte jeg nærmest tvinge til at gå hjem, da hun en dag var mødt op med feber og hoste, for hvem skulle tage hendes patienter, var hendes argument.

Vi var to læger i klinikken og havde hver en sekretær og sygeplejerske, der begge var ansat 20 timer om ugen. Sekretariatet kaldte vi for kommandocentralen, for det var vitterligt der, alt blev koordineret, og heldigvis var der en rigtig god stemning mellem dem alle, dels fordi de havde let til grin, men også fordi de som mennesker var velbegavede og yderst ansvarsbevidste. Man kendte sine opgaver, løste dem autonomt og var venlige og imødekommende over for patienterne. I mange år havde jeg en stabil kerne af personale bestående af Birgit som sekretær og Helle som sygeplejerske, og skibet sejlede stort set sig selv.

En dag fortalte Birgit, at hun havde fået kræft. Det ændrede hele klinikken. I en lille virksomhed begår man let den fejl, at man skifter det professionelle ud med det personlige, og hendes alvorlige sygdom var et chok for os alle. Empatien for hende betød, at det nu ikke længere handlede om klinikken, men om hende. Gennem flere år var hun langtidssygemeldt. Helle måtte påtage sig en masse ekstraopgaver. Vikarer skulle oplæres, og jeg måtte hele tiden overvåge, om der opstod fejl. Lovgivningsmæssigt kunne jeg have fyret hende efter 3 måneder, men fordi jeg satte det personlige over klinikkens trivsel, lod jeg stå til, hvilket var en fejl. Siden døde hun desværre, og sådan sluttede 18 års samarbejde, men jeg vil altid tænke på hende som en yderst effektiv og dygtig sekretær.

Resultatet blev, at Helle, der havde trukket et stort læs, til sidste gik på pension. Hendes mand havde gigt og havde for længst solgt sin tømmervirksomhed, og nu ville hun naturligt nok hjem og tænke på ham og familien.

Efter 18 trygge år stod jeg pludselig uden personale, hvilket var lidt af en katastrofe. Jeg skulle nu til at oplære nyt personale og fandt ud af, hvor vigtig kultur er. Kun jeg kendte den. Hvordan gør vi med afregning, tidsbestilling, hvordan forhindrer vi fejlbestilling af medicin – ja, så banale ting, som hvem står for indkøb af frimærker – alt var nyt, og jeg var den eneste, der kendte svarene og endda langt fra alle.

Efter nogle uheldige ansættelser endte jeg op med Lone som sekretær og Bodil som sygeplejerske, og sammen fik vi rejst klinikken igen. For at få genskabt en kultur, lukkede vi klinikken en eftermiddag hver uge, indtil vi havde gennemgået alle opgaver og rutiner. Vi blev ved, indtil vores mappe – 'Kulturhuset' –var færdig. Det viste sig at være investeringen værd, for ikke alene fik vi genskabt en kultur, men vi fik også lejlighed til at tage gamle rutiner op og forbedre, hvor det var nødvendigt. Hårdt var det, men også sjovt, i fællesskab at genetablere en klinik helt forfra.

Selv i en så lille virksomhed som en lægepraksis er man leder og må forholde sig til den rolle. I begyndelsen troede jeg, at det udelukkende betød, at det var mig, der skulle bestemme, træffe afgørelser og tage ansvar, og at det var de ansattes opgave at udføre og efterleve mine afgørelser, men jeg fandt hurtigt ud af, at den opfattelse var ubrugelig. Dels er det umuligt at være alle steder, dels er det demotiverende for et personale, der oftest ved meget bedre. Det vigtigste som leder er i stedet erkendelsen af, at det hele handler om virksomhedens velbefindende – ikke lederens, personalets eller patienternes velbefindende og heller ikke at tilfredsstille omverdenens opfattelser, men alene om at virksomheden trives.

Det gør den kun, hvis alle delelementer tages i betragtning, og lederens opgave er derfor at have et overblik over, hvad der er godt for helheden. Det kan måles økonomisk, hvilket ikke er uvæsentligt, men bør også måles på, om det mål vi alle sammen er samlet om, realiseres. At patienterne behandles fagligt og menneskeligt anstændigt; at man holder sig fagligt ajour og optimerer behandlingsregimer, og skaber en oplevelse af, at klinikken er et sted, de har valgt, og hvor de føler sig hjemme; at man som ansat er glad og stolt af sit arbejde og oplever, at man bidrager og er uundværlig, og føler et ansvar for sine opgaver. At opgaverne er udfordrende men også overkommelige og at arbejdet er trygt således at forstå, at man nok kan komme i ukendt terræn, men man har mulighed for at hente hjælp uden at tabe ansigt. At det er ok at træffe selvstændige beslutninger som undertiden kan gå galt, og at det er ok at italesætte fejl, uden at det bliver til en fejlfinderkultur.

Men man skal heller ikke glemme lederens trivsel. En god leder er uddelegerende, så han kan bruge tiden på sin del af fagligheden og på at skabe overblik. Det er ikke kadaverdisciplin eller dovent at bede sekretæren om at rydde op efter mig eller servere kaffe – det er uddelegering af opgaver, men som man skal vise respekt og glæde over bliver løst. Nogle har sammenlignet god ledelse med en kaptajn på skibsbroen. Han sætter kursen for skibet så det ikke går på grund, hvilket nok betyder, at han har de fleste striber til at bestemme, men også at han kommer med visioner og ideer til udvikling og kvalitetsforbedringer.

For at få det overblik kræves en indfølingsevne for, hvad der faktisk sker i virksomheden, og hvilke roller hver enkelt automatisk tildeles i gruppen. Hvordan taler man om patienterne i kaffestuen – er sekretæren altid den umulige og klumpedumpe? Opstår der klikedannelser eller uhensigtsmæssige kulturer?

En dygtig underviser i ledelse fortalte engang, at det var blevet kutyme i en klinik, at personalet om morgenen næsten konkurrerede om, hvor træt man var, fordi lille Jens havde grædt hele natten, eller der i det hele taget var så meget derhjemme. Hendes løsning var at købe en dørmåtte, som skulle ligge ved indgangsdøren med skriften 'Velkommen'. Når vi alle træder ind ad døren, er man velkommen, men man tørrer al sit skidt af, når man træder ind. Det hjalp! –og pointen er, at vi alle sammen er her af én grund – nemlig for at løse en faglig opgave i fællesskab og med et fælles mål – at få virksomheden til at trives. På den måde bliver forskellen på leder og medarbejdere udvisket, fordi målet er det samme. Lederens opgave er blot at samle, koordinere og sætte den overordnede kurs i dialog med de andre.

Det er svært at gennemføre i praksis. Jeg er ikke procesorienteret men går efter resultater. Camilla kaldte mig meget sødt en knaldperle, men i hendes beskrivelse ligger udover engagementet også en impulsivitet, der kan være svær for omgivelserne. I det impulsive tager krokodillehjernen let over og overskrider andres grænser, men heldigvis havde vi alle en forståelse for det fælles mål og en tolerance for hinandens forskellighed men også en klarhed over, hvem der bestemte. Timelange polemiske rundbordssamtaler uden resultater var der ikke tid til.

Det at udvikle virksomheden er en anden vigtig opgave. Dagligdagen var så travl, at det meste handlede om, at få den til at fungere. Ordet 'Udvikling' kom derfor for os alle, til at lyde som noget besværligt, som man helst skulle undgå. Fagligt fastholdt jeg, at vi skulle ændre behandlingsstrategier, hvis der kom nye vejledninger, og vi fik også indført edb og sygeplejerskeklinik, ombygget og moderniseret de fysiske rammer, men sandheden er, at udvikling er nødvendig men også noget bøvl, fordi man skal flytte sig. Det er så nemt at italesætte 'det rigtige' men svært at gøre det i dagligdagens hæsblæsende tempo.

Jeg blev derfor særlig glad for den passage af Camillas tale ved min afskedsreception, hvor hun sagde: "Du har altid været initiativrig, haft mange gode ideer til forandring og forbedring. Du er god til at skabe bevægelse omkring dig. Jeg husker at Helle – din tidligere sygeplejerske – engang en eftermiddag sad i sekretariat og sagde "Nej – nu har han huller i tidsplanen – så sidder han dernede og keder sig – og så får han alt for mange gode idéer." Så måske det ikke var så slemt.

Til gengæld fik jeg sammen med Camilla skabt en klinik, hvor der var varme og en generel god stemning, hvilket kunne mærkes på mange måder. Både Tove og patienter sagde mange gange uopfordret, at det var så rart at komme op til os – at der var humør, og man følte sig inkluderet, og noget man gerne ville være en del af.

En dag, da vi var ved at lukke klinikken, fortalte Bodil helt spontant: "Tyge – du skal vide, at jeg synes, du er en god leder. Du er synlig. Det har jeg ikke været vant til fra tidligere." Jeg fik fremstammet en tak, men komplimentet rørte mig meget, også fordi lederrollen betyder, at man indimellem skal være et røvhul og må sige nej en hel masse gange – og derfor ikke føler, at de ansatte synes om en. Her fik jeg helt kontant en tak og anerkendelse for, at det er ok at styre – også selvom det undertiden går imod de ansattes ønsker.

Alt var langt fra perfekt, men resultatet har alligevel været en rimeligt velfungerende klinik i en humanistisk og intuitiv ramme.

Det fagpolitiske

Før jeg fik min egen praksis, var der i 1987 konflikt mellem PLO og Amtsrådsforeningen. Alle i praksis havde nedlagt deres ydernumre, og al lægebehandling blev derfor afregnet kontant. Dengang kørte jeg vagter i Sønderborg for PLO. Når jeg kom hjem fra vagten, blev jeg modtaget meget kærligt af Tove, for alle lommer bugnede af pengesedler. Dengang havde PLO styrken og troen på deres eget værd og var villige til at kæmpe for deres rettigheder og nedlægge ydernumre, også selv om indtjeningen formelt set ikke var sikret af det offentlige. Det skulle blive anderledes.

I 90'erne sad jeg i en arbejdsgruppe på sygehuset, hvor overlægerne styrede mødet, og hvor sygehusdirektøren fungerede som ren embedsmand og administrator. Hvad hans kvalifikationer egentlig var er aldrig gået op for mig. Fagligheden var de styrende i sygehusvæsenet. Det skulle blive anderledes.

På Grenaa sygehus var fem overlæger eneansvarlige for al lægebehandling af patienterne og gjorde det ganske udmærket. Nogle blev viderehenvist, og selvom det faglige niveau ikke var som på specialafdelinger på universitetshospitalet, så fik man en kvalificeret og anstændig behandling. Sygehuslægerne havde ligesom i almen praksis en helhedsorienteret synsvinkel, så når man blev indlagt, blev man behandlet for sine mange forskellige genvordigheder. Jeg husker, at vi kritiserede sygehuslægerne for at holde for længe på patienterne både under indlæggelse og ambulant. Det skulle blive anderledes.

Sygehuse blev nedlagt, og den lovede høje faglighed på universitetshospitalerne blev praktiseret ved korte indlæggelser, hvor patienten ikke blev udskrevet, men 'udlagt', ikke færdigbehandlet, til fortsat behandling hos egen læge og hjemmeplejen, eller også sat til kontrol i ambulatorier. En patient sagde med et skævt smil: "Jeg føler mig meget ombejlet – jeg har et balkort af aftaler med alskens ambulatorier – jeg håber, de har styr på, hvad der sker, for jeg har helt mistet overblikket."

Det var en helt ny generation af veluddannede akademiske embedsmænd med biblen om New Public Management i tasken og en selvsikker opfattelse af, at de var de egentlige chefer. Lægerne havde helt misforstået deres rolle. De var nok vigtige, men grundlæggende blot elementer i virksomheden, som det var embedsmændenes opgave at styre.

Fra ca. 2000 og frem styrede djøf'erne med hård hånd. De blandede sig ikke formelt i det faglige men forlangte budgetrammer, værdisætning af lægearbejdet, 2% årlige nedskæringer, korte indlæggelser, udflytning af opgaver til primær sektor og omlægning af sygehusbehandling fra indlæggelse til ambulante besøg.

Dansk sygehusvæsen de seneste 40 år			
	1980	2000	2020*
Udskrivninger	939.000	1.154.213	1.500.000
Ambulante besøg	3.384.200	4.436.507	10.700.000
Sengepladser	41.621	22.927	13.000
Sengedage	11.956.400	7.298.396	3.400.000
Liggetid i snit (kun somatik)	9,9	5,8	2,7
Organisatoriske enheder	128	76	21

Kilder
- 1980: Tiårsoversigt for sundhedsvæsenet 1977-86. Statistiske oversigter IV:2:1988. Tabeller side 92-100
- 2020: Sundhedsstatistikken 2002:2, Virksomheden ved sygehuse 2000. Tabel 9 og 10. Sundhedsstyrelsen
- 2020*: Definitionerne blev ændret i 2018. Der er tale om et kvalificeret skøn efter de gamle definitioner

Udviklingen i det danske sundhedsvæsen

Sygehusvæsenet blev radikalt forandret med lukning af små sygehuse og en ekstrem specialisering på mastodontsygehuse fjernt fra borgerens bopæl. Dette resulterede i manglende overblik og helhedssyn på patientens sygdomme. Nedkvalificering af det faglige, så en række lægeopgaver blev uddelegeret til sygeplejersker. Men det vigtigste – en centralistisk embedsmandsstyring af det faglige personale.

I samme periode udviklede lægevidenskaben en revolutionerende forbedring i diagnostik og behandlingsmetoder, hvor operationer for mavesår med efterfølgende komplikationer og bivirkninger nu blev behandlet med en pille. Blodprop i hjertet blev fjernet og erstattet af en stent, og apoplexi-patienter,[25] der kostede kassen i genoptræning, fik i stedet opløst blodproppen, for blot at nævne nogle af de mange forbedringer af patientbehandlingen.

Således var det langt fra sandheden, når djøf'erne påstod, at de påviste effektiviseringsgevinster, var deres fortjeneste. Djøf'erne klagede til gengæld over, at lægerne krævede flere og flere penge, men det skyldtes, at der samtidig kom nye og dyre behandlinger af kræft og f.eks. sclerose, som man tidligere ikke kunne behandle, og som tærede på budgetterne. Befolkningen havde også ændret sig og lagde et stigende pres på sundhedsvæsenet. Førhen var der respekt om fagligheden, men den blev afløst af kundesamfundet og et

---

[25] Blodprop i hjernen

fornuftigt krav om korte ventetider. Den påviste bedring i levetiden skyldtes dels bedre behandlingsmetoder, men også at de faglige selskaber udviklede vellykkede behandlingsalgoritmer som f.eks. kræftpakker. Djøf'ernes registrerings-og kontroldel var derimod dyr og ødelæggende for sundhedsvæsenet.

Det var således en yderst kompleks udvikling, hvor det er vanskeligt at afklare, hvad årsagen var til den effektivisering, der vitterlig kom ud af de mange ændringer. Effektiviseringens bivirkninger var der ingen fokus på.

Djøf'ernes arbejde havde sin pris. De administrative ansættelser og udgifter steg voldsomt. Fra 2007 – 2017 voksede antallet af administrativt ansatte målt i årsværk med 30 procent i landets regioner, og stigningen skete helt overvejende i det øverste administrative lag. Således blev gruppen af administrative akademikere i regionerne mere end fordoblet i perioden. Til gengæld blev social-og sundhedsmedarbejdere i regionerne reduceret. Sundhedsøkonom og professor Jes Søgaard kommenterede undersøgelsen: "Samtidig bliver der læsset flere og flere administrative opgaver over på de varme hænder, så de ser færre patienter. Det er, som jeg ser det, den værste udvikling." Den ledende sekretær på Grenaa sygehus fortalte mig, at hun tidligere styrede hele sygehuset med 40 A4 – mapper på kontoret, men at væggene nu var tapetseret med mapper. Det stjal tid og fokus fra det faglige.

I 2013 kulminerede det hele ved overenskomstforhandlingerne mellem Regioner og PLO. Regionerne fremsendte helt uspiselige og meget bastante krav. De havde clearet de planlagte forhandlinger med staten og gik efter et sammenbrud, hvor staten efterfølgende skulle bryde ind.

PLO fremviste en sjælden kampgejst, og ved stort besøgte møder hyldede vi vores formand, Henrik Dippern, som en nærmest guddommelig hærfører. 91% af alle praktiserende læger havde deponeret deres ydernummer, men få dage før konflikten skulle starte, kuppede et lille flertal i PLO's repræsentantskab vores formand, og bestyrelsen blev stukket i ryggen, så hele konflikten faldt til jorden. En af kupmagerne, Bruno Melgaard, repræsenterede en Århusfraktion af akademiske forskningsbaserede læger uden forståelse for PLO's fagforeningsmæssige forpligtigelse og troede naivt på dialogen med Regionerne.

For mig var det dråben, der fik bægeret til at flyde over. At kæmpe på de ydre fronter var svært, men at blive forrådt af sine egne var ødelæggende. Efterfølgende havde jeg en skarp mailkorrespondance med Bruno, som jeg, med tanke på Cæsars snigmord, privat kaldte Brutus, og som meget godt illustrerer den bitre stemning.

Fra 2013 og frem til salg af praksis i 2017 blev jeg mere og mere vred og bitter, også fordi sundhedspersonalet tilsyneladende stiltiende accepterede forholdene. På apoteket måtte jeg dagligt kæmpe med medicin i restordre, kopipræparater, med navne som forvirrede patienter og personale og som kostede helt unødig tid - et ikke færdigudviklet og dårligt fungerende FMK (fælles elektronisk medicinkort) og dosispakningsordninger, hvor alt ekstraarbejde uhonoreret blev lagt på lægerne. I klinikken hang lægerne dagligt i supporten hos lægesystem, FMK, NemID med fornyelser af password og medarbejdersignaturer. Hos f.eks. diabetespatienter kunne konsultationen ikke starte uden udfyldelse af et skema med alskens flueben og som automatisk, og i øvrigt ulovligt, blev sendt til forskningsenheder, men også til Regionen, som på den måde fik adgang til patienters journaler.

Efterhånden blev jeg af overlæger, apotek og i hjemmeplejen kendt som ham den sure, der ringede og skældte ud, for jeg følte en frustration og vrede over embedsværkets og politikernes lurvede manipulation af os og deres mekaniserede omdannelse af sundhedsvæsenet til åndløse pølsefabrikker, hvor ægte empati og engagement blev erstattet af penge, skemaer og "Ha' en god dag".

Bitterheden var også rettet mod kollegaer, der ikke alene opgav kampen, men sågar var administrationens tjenstvillige lakajer. Efter jeg er gået på pension, kan enhver se resultaterne af djøf'ernes arbejde. Læger og sygeplejersker flygter fra sygehusene, fordi arbejdsforholdene simpelthen er blevet for dårlige, og skandalesagen i 2023 på mave-tarm og karkirurgiske afdelinger på Skejby Sygehus viste, at selvom lægerne råber op overfor politikerne, får patienter ikke den behandling, de har krav på, fordi administrationen primært tænker på penge.

Et lægeliv slutter:

Grenaalægernes ry som innovative og initiativrige var i mange år velkendt blandt regionens øvrige læger. Det ændrede sig. Stort set alle læger lukkede for tilgangen af patienter, Helene Larsson, en 45-årig livlig og dygtig læge, kastede håndklædet i ringen og fandt andet job.

I en kronik i tidsskriftet Dagens Medicin skrev hun bl.a.: "Efter 10 års desperat kamp mod underbemanding og ekstra opgaver har jeg sagt min del af kompagni-skabet op, 15 – 20 år før jeg skulle på pension. Vi må holde op med bevidstløst at indrette os efter andres dagsordner. En stadig mere presset og stresset hverdag, hvor fagligheden lige så stille smuldrer i kompromisernes navn, hvor hver eneste lille 'ekstra' overenskomstaftalt opgave (akkreditering, lægevagtskør-sel, FMK – tilretninger, genhenvisninger på grund af ændrede kriterier, krav til det ene og det andet) har været med til at udhule den i forvejen sparsomme tid med patienterne. Det, jeg egentlig blev praktiserende læge for (samtale, forløb, kontakt, kendskab til patienten, tid til at lytte, sammenhæng, mening, kontinuitet), er gledet i baggrunden for fragmenterede tjeklister, systemer og kontrol."

Beskrivelsen af forholdene i Helenes kronik var helt i sync med vores oplevelse. Ved et lægemøde hvor vi havde indkaldt regionens embedsmænd for at fortælle om vores situation, sad jeg en stund og betragtede mine kolle-gaer. Fulde af vrede og frustration ligesom jeg, og med en træt, udbrændt ligegyldighed overfor vores fag og fremtiden.

Nogle uger efter gik jeg i gang med et hjemmeprojekt. Gæstetoilettet skulle renoveres, og da gulvet skulle graves op, blev jeg pludselig forpustet og svim-mel. Min puls uregelmæssig. Dagen efter tog jeg halvsvimmel på arbejde. EKG viste en hurtig hjerterytme på 130, og Camilla indlagde mig.

Mærkeligt at gå igennem venteværelset med nysgerrige patienter flan-keret af to Falckreddere. I ambulancen blev der lagt drop, og herefter afsted til Randers, hvor de i flere omgange forsøgte at konvertere hjerterytmen med antiarytmica, uden succes. Noget nervøs kunne jeg mærke medicinen blive sprøjtet intravenøst, og min puls falde til 40, hvorefter jeg var ved at besvime, og det føltes, som om der stod en og trykkede mig hårdt på øjnene. Herefter blev jeg sendt hjem med min uregelmæssige puls og skulle møde dagen efter til DC – konvertering[26].

Efter indgrebet, hvor de kortvarigt sætter hjertet i stå, vågnede jeg glad og fuldstændig udhvilet, som havde jeg sovet i 10 timer. Tove kunne til min overraskelse fortælle, at indgrebet havde varet 10 minutter og i øvrigt ikke havde hjulpet.

Bedøvelsen var en oplevelse. Mit barnebarn Carl siger, at det er tosset at spørge, om man sover. Skulle man måske svare: "Ja?" På samme måde er der noget selvmodsigende i at påstå, at bedøvelsen var en oplevelse, men i hvert

---

[26] Hjertet genstartes med et stød.

fald gav den en helt konkret indsigt i, at bevidsthed og tid er helt centrale begreber i forståelsen af eksistens og er værd at dvæle ved, fordi det at være til, både som menneske, biologisk væsen og som et fænomen i verden, bliver udfordret af vores forsimplede, biologiske og kulturelle forestillinger om tid og rum. Bevidsthedens forudsætning er en tid og et rum at virke i.

Anæstesilægen fortalte mig venligt inden indgrebet, hvordan anæstesien ville forløbe, og jeg tænkte hoverende – Ja – ja, du snakker, men det er s'gu mig, der bestemmer, hvornår jeg vil sove! Det gjorde jeg så ikke. I de 10 minutter jeg var bedøvet, var verden ikke eksisterende. Den frie vilje, refleksioner over verden og kunst – ja, hele min eksistens var væk. Mit hjerte slog, og jeg eksisterede i andres bevidsthed, men som eksistens nu alene som ren væren.

Bevidstheden har flere niveauer. Udgangspunktet er en ureflekteret 'vågen-tilstand' – en bevidsthed om at være til og være en del af verden. Den er be-vidstløshedens og bedøvelsens modsætning. Den har ikke et objekt eller en præcis sansning som forlæg, men er snarere en helt grundlæggende oplevelse af 'et jeg' – bevidsthedens selvmanifestation – en selvfortrolighed eller en 'før-refleksiv selvbevidsthed' uden et objekt og er tæt knyttet til tidsligheden – til det at være i et tidsrum eller rettere i Husserls 'øjeblik' (se senere).

Men denne bevidsthed kan intensiveres ved et fokus og er en be-vidsthed på et højere niveau. Det mærkelige er, at dette fokus kan blive så stærkt, at du igen helt slipper bevidstheden om en omverden; når du koncen-treret tråder en nål eller engageret forsvinder i en sag, så fokus betyder også, at der udelukkes noget. Du selekterer. Tænk blot på løvens fokus lige før den snigende angriber sit bytte.

Samtidig har dette fokuserede bevidsthedsniveau i sine forskellige styrker altid en relation til en genstand, – du forholder dig til verden, og i det ligger der en intentionalitet. Det skal ikke forstås som en viljesbestemt inten-tion med verden, men snarere en 'rettethed' mod verden. Det er vigtigt at forstå dette begreb, for i intentionaliteten anerkender din bevidsthed verden som 'noget' i sig selv – som en virkelighed udenfor dig selv – et fænomen, som du forholder dig til og som gør dig til et subjekt. Vores bevidstheds forestillin-ger om verden er ikke bare en 'indre' forestilling eller oplevelse men har et reelt forlæg. <u>Bevidstheden er selektiv og intentional.</u>

Men jeg'ets relation til objektet er hos mennesket noget helt særligt. Dyret har også en relation til objektet, som det kan jage eller flygte fra, men det er som 'værende' i situationen og motiveret i instinkter, drifter og fysiologiske motiverende mekanismer som f.eks. sult og tørst. Mennesket kan fjerne sig fra situationen – reflektere over sin relation til objektet. Vi har evnen til en selvreflekterende 'subjekt-objekt spaltning'.

Når barnet opdager, at selv mor har sin egen vilje, finder det ud af, at det er noget andet end verden, og dermed begynder den fantastiske rejse som menneske. Du forlader frustreret og protesterende paradis, dets uskyldighed og omnipotens, den trygge helhed og bliver langsomt tiltagende bevidst og reflekterende. Men når du får en bevidsthed om verden som objekt, må den også kategoriseres. Spørge - Jørgens "Hvad er det?" får sat styr på verden og sproget og vores kategoriseringer, skaber en virkelighed omdannet til sproglige symboler.

Gennem subjekt/objektspaltningen kan vi reflektere over egenskaber hos objektet. Vi ordsætter og beskriver objektet og tildeler det betydning, helt uagtet, at det ikke er til stede i nuet. Ordet "Frikadelle" giver os alle en forestilling om, hvad vi taler om, vi kan se den for os, ja, næsten smage den.

Vi kan betragte os selv som objekter og rette opmærksomheden mod os selv. Reflektere over, hvordan vi opleves og agerer i forhold til andre. Vi kan føle skam.

Vi kan også sætte os i andres sted; gøre objektet til en del af vores eget subjekt og føle empati, medlidenhed og skyld.

Sproget bliver da ikke alene et kommunikationsredskab, men en måde at forstå og se verden omkring os. Trods verdens mange forskellige sprog og kulturer er egenskaberne ved vores bevidsthed førkulturelle og fælles.

Vores forestilling om verden er tæt knyttet til vores sproglige forestillinger og vores evne til subjekt/objektspaltning, måske så meget, at vi sætter lighedstegn mellem sprog, bevidsthed og virkeligheden. Sproget har givet os store fordele; vi er blevet jordens herskere, – ja, man taler om den antropocæne periode i verdenshistorien. Men det store spørgsmål er, hvad relationen mellem sprog og virkelighed er. I hvert fald ville det være en omnipotent fejlslutning at sætte lighedstegn mellem verden og vores bevidsthed om den og glemme, at bevidstheden om verden først og fremmest er baseret på en virkelig verden uden for os selv.

Her kommer hele postmodernismen på glatis, for nok erkender den vores subjektive sproglige erkendelsesgrundlag; ja, det er hele dens værdigrundlag, men den synes helt at glemme styrken i det menneskelige 'væren' og også dets forbindelse med verdens værende gestalt – med objektet i sig selv og ikke som et sprogligt kategoriseret fænomen. Ligesom børnene tror postmodernisten at verden forsvinder, når man lukker øjnene eller er uden bevidsthed eller sprog. Omvendt tror, for det er en tro, naturvidenskabelige reduktionister, at verden som fænomen alene er fysik og handlen.

Ved at genetablere forestillingen om denne uhåndgribelige værende ubevidste verden, om tilfældighedens meningsfuldhed, kausalitetens begrænsning og begreber som emergens, får du en sproglig bevidsthed om fænomener som religiøsitet, åndelighed og kunst, fordi de på en ikke kategoriserede måde glimtvis eller som tro giver et indblik i den virkelige værende verden.

Einstein sagde at tilfældigheden er Guds måde at forblive anonym. Vores egen Niels Bohrs humor og åndrighed kunne vende det hele på hovedet: I hans sommerhus hang der en hestesko over døren. En kollega til ham spurgte, om han som videnskabsmand virkelig troede, at en hestesko skulle bringe lykke. "Næh, såmænd" svarede Bohr – "men der er nogen, der siger, at den godt kan virke, selvom man ikke tror på den".

Panpsykismen vender forståelse af det værende fra en væren uden bevidsthed til i stedet, at alt har en bevidsthed. Godt nok på vidt forskellige niveauer. Den hævder, at alt hvad der udgør universet – selv elektroner, har en form for indre erfaring og derfor en form for bevidsthed. Deres masse og polaritet, gluoner og kvarkers spooky verden, som vi i dag har yderst beskeden viden om, men som gør mikrokosmos til 'noget' og mere end 'det'.

Panpsykismen er ikke en eller anden pseudovidenskabelig teori, men anerkendes som et reelt erkendelsesfilosofisk bud på hvordan verden og bevidsthed hænger sammen. Jeg føler mig tiltrukket af den teori, fordi den giver plads til en universel åndelighed og mening udenfor os selv. I hvert fald ønsker jeg ikke at lave den fatale fejlslutning, at vores forestillinger om verden bare tilnærmelsesvis er udtryk for 'Das ding an sich'.

Den erkendelse oplevede jeg meget konkret ved et besøg på Tate Modern, hvor den polske kunstner Artur-Zmijewski i videoinstallationen 'Blindly' filmer mennesker født som blinde, der maler et billede (kan ses på YouTube). Lærredet er lagt ud på gulvet, og assistenter giver de blinde de farver, de måtte ønske.

Det var rystende at se, hvor famlende og usikkert de malede, med en indre forestilling om verden, og uden at de kunne korrigere deres forestillinger. Ikke alene kunne de ikke se resultatet af deres arbejde, men også deres forestillinger om f.eks. solen, træer eller himlen var begreber de aldrig havde set. Som tilskuer stod man der og så på deres hjælpeløshed og blev trist både på deres vegne, men måske allermest fordi det var en grum fremvisning af det at være menneske: Famlende forsøger vi at gribe om virkeligheden, men vores evner kommer ubehjælpeligt til kort. Tilbage står vores indre forestillinger om mennesker, farver og verden og en navigation i billedet baseret på en taktil følelse af, om lærredet var tørt eller vådt af maling.

Filmen slutter med, at kameraet følger de blinde ind i en mørk gang, hvor vi alle efterlades i mørke. Da vi gik ud af biografen, knaldede lyset imod os, og vi blev mødt i et lyshav af farver fra et af Gerhard Richters gule kæmpebilleder. Fantastisk oplevelse!!

Tidsopfattelse er det andet anker for vores forestilling om verden: Tid er tæt knyttet til mening. Det er der gode grunde til, for forestillingen om tid tillader os jo at se verdenshistorien og vores egne liv som forløb af hændelser på en tidslinje, hvor årsag går forud for virkning og handling forud for konsekvens –forestillinger, vi næppe kunne fungere uden. Den kollektive historie vi fortæller os selv om tiden, er grundlaget for al menneskelig civilisation. Det er derfor et ret godt spørgsmål at stille, hvad tid egentlig er for en størrelse.

Den italienske astrofysiker, Carlo Rovelli, har sit bud: Trods dens helt centrale placering i vores erkendelse er tiden ikke lineær, eller rettere sagt, så oplever vi mennesker kun tiden, som vi gør, fordi vi ikke kan rumme virkelighedens kompleksitet. Ligesom vi engang ikke kunne forstå, at jorden var rund, fordi vi gik på en plan flade, så må vi tilpasse os til en tid, som består af hændelser. Punktuelle begivenheder i bevægelse og i relationel proces. Det sker, når de velkendte tre dimensioner tilføjes en fjerde – nemlig tiden. Ethvert tidspunkt er placeret i et tredimensionelt rum, og omvendt har alle begivenheder hver sin tid. Skal man forstå tid, så betyder det ifølge Carlo Rovelli først og fremmest, at vi ikke findes i tiden i nær så høj grad, som tiden findes i os.

Foruden Rovellis tanker om tid, så har tiden mange andre dimensioner:

<u>Psykologisk tid – eller oplevet tid:</u> Du keder dig, og tiden opleves lang og visa versa. Det kender vi alle. Men den oplevede tid kan også forstås mere eksistentielt. Det arbejder filosoffen Husserl med i sin undersøgelse af nuet som fænomen. Han stiller følgende spørgsmål: hvordan kan det være, at man i nuet eller i øjeblikket kan begribe noget, som har tidslig udstrækning – som f.eks. en melodi? Et øjeblik er jo umiddelbart kendetegnet ved, at det er punktuelt. Nuet har ingen tidslig udstrækning. Hans pointe er, at nuet kun giver mening for os mennesker i en ultrakort forbindelse til fortid og en forventet fremtid. En tone giver kun mening i en samtid. Et tredelt oplevet øjeblik. Nu-

ets fortid kalder han retention og adskiller det dermed fra erindring og hukommelse, som er en bevidst fortid, du kan behandle, og som ikke har noget med nuets retention at gøre.

Urets tid: En matematisk tidslinje inddelt i præcise intervaller.

Rumtiden: Enhver begivenhed placeres i rummet, hvor tiden er en fjerde dimension. Vil vi forstå tiden, skal vi derfor ikke se verden som en stregtegning med fine, sammenhængende linjer. Snarere skal vi se den som et maleri af Seurat – et stort maleri, bestående af bittesmå prikker. En sky af muligheder, hvis betydning ligger i relationer.

Menneskets tidsrum: Et eksistentielt tidsrum fra fødsel til død, og hvor din krop og jordiske tid stopper ved din død.

Universets tidsrum: Et tidsrum – afgrænset, eller måske evigt – så dog med en begyndelse i fænomenet Big Bang, som satte tiden i gang, og som under entropiens og termodynamikkens anden lov udvikler sig fra orden til stigende uorden under udvikling af varme. Som den eneste fysiske lov er entropien ikke reversibel, og forestillingen omkring tid som lineær kunne derfor hidrøre fra dette faktum.

Også denne forståelse af tiden er udfordret: På molekylært plan er varme en øget bevægelighed af partikler. Kompleksiteten i den stigende uorden er så stor, at vi ikke evner at rumme den, og i dette slørede syn opstår vores stærke subjektive oplevelse af et tidsforløb. Havde vi kunnet rumme helheden, ville oplevelsen af tid forsvinde. Sagt med Carlo Rovellis egne ord: "Entropi kan forstås som den enhed, hvormed vi måler antallet af alle de forskellige konfigurationer, vores slørede syn ikke formår at skelne fra hinanden." Så vores meget konkrete oplevelse af et tidsforløb skyldes faktisk vores manglende evner til at opfatte en kompleks helhed.

Tiden i makrokosmos: Er også relativ, som beskrevet af Einstein. Det er ikke en fast objektiv størrelse men ændrer sig under påvirkning af masse og bevægelse. Som nævnt findes der ikke én tid, men faktisk én for hvert tidspunkt i universet. Vi kan derfor ikke måle tiden, men i stedet tidspunkters relation til hinanden i bevægelse i et rum.

<u>Kvantemekanikkens tid</u>: I mikrokosmos gælder en besynderlig tidslighed. Ikke nok med at tiden og forståelsen af entropien er relativ, så går det helt galt med tiden i mikrokosmos.

Når vi tror på tiden og en retningsbestemt rækkefølge i fortid, nutid og fremtid, så får vi som tidligere nævnt samtidig en forståelse af kausalitet som et forløb over tid. Hvis jeg falder på cyklen og slår min arm, så vil jeg stadig forstå smerten dagen efter som en konsekvens af mit fald – at der er en årsag – virkning, men sådan er det ikke i mikrokosmos.

I mikrokosmos springer elektroner imellem forskellige værdier –dvs. de fluktuerer og er ganske utilregnelige. Det er f.eks. ikke muligt at forudsige, hvor en elektron dukker op, før den faktisk har skiftet position. Fra øjeblikket mellem én position og til det øjeblik, hvor elektronen har indtaget en ny, befinder den sig både ingen og alle steder – i en sky af mulige positioner, der kaldes superposition og som er en af kvantemekanikkens grundbegreber. Alle de mulige forskellige tider (og der er som nævnt én for hvert punkt i rummet) kan altså være i superposition, hvorfor en begivenhed altså teoretisk set må kunne befinde sig i både fortid, nutid og fremtid på én gang! Det er ret syret og er blevet illustreret med forsøget med Schrödingers kat.

Kvantemekanikken er ikke bare teoretisk snak om tid og rum, men kommer i fremtiden til at revolutionere vores computerkraft gennem et andet af kvantemekanikkens mærkværdigheder – entanglement, men det vil føre for vidt at gå ind i dette emne også fordi det går udover min fatteevne.

Det er svært stof, ja, uforståeligt, og nogle ville måske spørge, hvad det har at gøre i en erindringsbog, men det fylder og glæder mit liv, at mennesker bruger så megen energi på at afdække en verden, som er ved forvandle hele vores syn på dens indretning og sætter vores kedelige socialkonstruktivistiske oplevelser i et helt andet perspektiv.

I stedet for at bekrige hinanden i magtkampe om sandheden samlede verden sig om et gigantisk forskningsprojekt i Cern i Schweitz. Man byggede en kæmpe cirkelformet partikelaccelerator på 2 km i diameter og med 27 km underjordiske gange spækket med teknologi. Her koncentrerede tusindvis af forskere sig i årevis om at afsløre universets hemmeligheder, og om man kunne finde en helt ny partikel, som ifølge 'standardteorien' burde eksistere. Data fra forsøget var så store, at man delte opgaven ud til forskningscentre over hele verden.

Men hvad ledte de efter? Jo, en forklaring på hvorfor alt i universet har masse. En latterlig lille pukkel på en kurve viste i 2012, at man havde løst gåden: Higgs partikel eksisterer og er en manifestation af Higgs feltet, som er et felt, alle partikler går igennem og derved opnår masse og får det til at veje noget. Uden det ville alle partikler bevæge sig rundt ved lysets hastighed, fordi de ikke havde masse, og vi ville ikke eksistere. Det er dog en nyhed af en vis betydning!

Tid og bevidsthed er uforståelige, men er hele forudsætningen for vores forståelse af verden og eksistens, men samtidig lever vi heldigvis også i en hverdag af madlavning, besøg af venner og et godt glas rødvin, og der er det vigtigt at have et hjerte, der slår – så tilbage til mit hjerte.

Min hjertebanken viste sig heldigvis at være atrieflagren og ikke atrieflimren, som har en væsentlig dårligere prognose og også er mere kompliceret at behandle.

En måned efter blev jeg radioablateret[27] på Skejby. I en forkvalmet morfinrus hørte jeg fjerne stemmer. Handlingslammet og fjernt fra verden mærkede jeg smerten ved brændingen. Bagefter har jeg tænkt på, at hvis det var gået galt, så havde døden blot været en forlængelse af min tilstand med et ukompliceret permanent bevidsthedstab og en overgang til det evigt værende.

Behandlingen holdt i ¾ år, og jeg måtte endnu en gang på operationsbordet, men denne gang lykkedes det, og jeg har siden haft det godt. Jeg er ikke i tvivl om, at min arytmi blev udløst af et permanent højt adrenalinniveau fremkaldt af frustreret vrede og stress over min arbejdssituation.

Hjertet er et vidunderligt organ – på en gang en almindelig pumpe – avanceret, men dog en pumpe, men sprogligt også sæde for vores følelser: Vi har noget på hjerte. En af mine patienter blev på hjerteafdelingen spurgt, om han havde haft hjertebanken, hvortil han svarede ”Ja, første gang jeg så min kone.”

Historien med min hjertesygdom lærte mig en vigtig ting: Du skal lytte til dit hjerte! Jeg inviterede derfor Regionen til et privat møde, hvor jeg oplyste, at jeg agtede at stoppe, medmindre de kunne hjælpe med en vikarordning. Efter lange og besværlige forhandlinger så det ud til at lykkes, men pludselig meddelte Regionens forhandlere, at de sprang fra. Det viste sig, at det var der en god grund til.

I Århus sad tre gamle studiekammerater og drømte om at slå sig sammen og lave deres drømmepraksis. Mogens var professor på almen medicin.

---

[27] Brænding af dele af hjertets ledningsnet

Jannik havde forladt sin kompagniskabspraksis, og Hans Christian arbejdede med forskning og fagpolitik. Regionen havde tildelt dem eet gratis ydernummer i Grenaa og var klar over, at de havde behov for flere – så hvorfor hjælpe mig med en dyr vikarordning?

På 2 år havde de yderligere opkøbt to praksisser, og en dag i efteråret – 16 tog jeg mig sammen og ringede til Mogens for at høre, om de ville købe min, hvilket han meget begejstret sagde ja til. I løbet af efteråret fik vi forhandlet salget på plads og underskrevet i januar 2017. Det hele forløb yderst ukompliceret og viste, hvor kultiverede og fine kollegaer alle tre var. Som en yderligere cadeau bad de mig om at fortsætte som ansat, men på det tidspunkt havde jeg allerede besluttet at ville starte på kunstakademiet, så jeg kunne kun sige ja til 2 dage om ugen.

I mindste detalje fik jeg planlagt lukningen af klinikken den 31/7 2017 med fin reception, og orientering til kollegaer og patienter. Da Lægefællesskabets lokaler ikke var klar, fortsatte jeg som ansat i Søndergade frem til november 2017.

I 2021 besluttede jeg helt at stoppe – ikke fordi samværet i Lægefællesskabet ikke var godt, men fordi jeg gerne ville noget nyt med mit liv. Jeg glædede mig stadig over det kliniske arbejde, selvom noget af det var blevet lidt for meget rutine, men var først og fremmest træt af edb, regler og journalskrivning. Efter mange år som selvstændig var det også lidt svært at være ansat, men jeg bestræbte mig på at være solidarisk overfor de tre ejere og omhyggelig med ikke at fylde for meget. Jeg kom ikke til at savne arbejdet, men måske min sociale status og fornemmelsen af at man var en del af et betydningsskabende fællesskab.

Har det været et godt arbejdsliv?

Det er et svært spørgsmål, fordi svaret er et entydigt rungende JA og et lige så entydigt rungende NEJ.

Nej, fordi det var et stressende, krævende og hårdt arbejde, der de sidste år blev forværret og præget af ligegyldig kontrol og dokumentation, der ødelagde motivationen og stjal tiden med patienten.

Ja, fordi arbejdet var fagligt spændende og samtalen med patienten livgivende og smuk, og fordi man fik den ære at blive en del af deres ægte liv. I konsultationen blev den dødkedelige plastikfacade, vi normalt viser frem, erstattet af ægte liv på godt og ondt. Det gjorde det hele værd og mere til, og trods fejl og skavanker bliver mennesker faktisk meget smukkere, når de er ægte og sig selv, og så er jeg dybt taknemmelig over, at patienterne viste mig den tillid at lukke mig ind i deres rigtige liv. Jeg har fortalt om mine oplevelser til embedsfolk, der overbærende svarer, at det er romantisk pladder, som de har hørt før. Hvad skal man gøre med sådan et svar?

Ved min afskedsreception fik jeg mange taknemmelige taler og man kunne tænke, at det nok var lidt overfladiske og forventelige floskler, men den sidste tid, hvor jeg arbejdede på Lægefælleskabet, har jeg talrige gange oplevet en rørende spontan glæde, når mine gamle patienter mødte mig. "Åh, vi savner dig – bare du ville blive" –ja, jeg følte mig næsten helt som en rockstjerne. Det mærkelige er, at jeg helt ukrukket er dybt overrasket over denne hengivenhed – ja, når man uden større reflektion over sin indsats oplever en ægte taknemmelighed, bliver glæden så meget større, for man opdager, at man måske ikke gjorde det så ringe endda. Som tiden går, bliver man glemt, og sådan skal det være, for livet går videre som en helt naturlig proces.

Jeg tror min styrke som læge har ligget i at være insisterende, nysgerrig og handlingsorienteret, fordi ansvaret som sololæge alene ligger hos en selv. Da jeg stoppede, skrev en patient "Det er ærgerligt for os, som har været så heldige at være gennem 'dine hænder', når der skulle ske noget, og man ikke bare ønskede at blive henvist til nye og andre undersøgelse uden konkret stillingtagen. TAK for det."

Det er en hilsen, man husker og glædes ved. Jeg har vitterligt prøvet at være en god læge, men har også mange gange svigtet – både fordi jeg var presset, og fordi lægefaget, trods den store faktuelle viden, alligevel efterlader den enkelte læge med en masse valg, som skal træffes. Jeg har haft enkelte patientklager, men efter rundt regnet 250.000 patientbehandlinger er jeg stolt over, aldrig at have modtaget en eneste misbilligelse eller anmærkning fra sundhedsstyrelsen; men et svigt kan også være, at man fik afsluttet en konsultation for hurtigt eller ikke valgte at smutte på et ekstrabesøg hos den kræftsyge. Den bevidsthed er ikke rar, men bliver lettere at bære når Rikke efter min pension, møder mig med et omfavnende kram og ordene " Ja, du må undskylde – men hvor er det dejligt at se dig igen."

Sådan et kram gør det hele værd!

Kapitel 5

Hjemme i 'privaten':

Morgenstemning – Udsigt fra soveværelset

Et hjem er noget mærkelig noget – meget mere end en bolig. Det var vist Jesper Klein, der meget rammende sagde, at hvis man er hjemme, og det klør – så klør man igen. Man er sig selv og føler sig tryg og accepteret. Det er en uundværlig følelse hos ethvert menneske. Det at fare vild forudsætter forståelsen af et hjem. Én har sagt, at man kan gå mange veje, men de fører alle tilbage til hjemmet. Men det er også stedet, hvor mennesker tildeles roller, og som ikke nødvendigvis er gode for den enkelte, ligesom hjemmets personlige og intime omgangsformer ofte resulterer i grænseoverskridende adfærd. Nogle af de største dramaer foregår i de små dukkehjem, men som læge og menneske har jeg fået indsigt i, at sådan er det hos alle – det er simpelt hen et grundvilkår for tætte relationer, som kan afvikles mere eller mindre harmonisk. Man skændes, griner og græder – alle de rigtige meninger udleves her i praksis og falder undertiden til jorden i menneskelig lyst, egoisme og hverdag. Når du sådan ureflekteret og afslappet befinder dig i verden, skal du ikke skabe noget eller have et formål. Du er ikke på vej, men dybt forankret i ro og væren.Vi har oplevet det med vores hjem i Grenaa og vores ferieboliger: De første to dage efter vi har flyttet bopæl, går vi hvileløse rundt og må gøre noget – vi er rastløse, hjemløse og fortsat på vej. Vi forsøger at skabe en mening, som ikke er der. Efterhånden falder vi til ro. Fornemmelsen af at vi er hjemme siver langsomt ind i vores sjæle, og pist – så giver det hele mening i sig selv, uden at vi skal gøre noget som helst for det. Vi er forankret i verden og hverdagens trummerum.

Da vi ankom til Grenaa, lejede vi et faldefærdigt hus i Ålsø og begyndte at lede efter den permanente bolig. Patricier-strandvillaen havde vi opgivet, men havde forelsket os i området omkring Grenaa plantage, som blev vores baghave med de smukkeste solopgange. I sommeren 1990 købte vi huset i Sommerlyst for svimlende 960.000 kr. Huset havde tilhørt den lokale bankdirektør i Nordea, og både have og husindretning bar præg af en pæn men traditionel og lidt kedelig indretning.

I løbet af de mere end 30 år vi har boet der, er hver en kvadratcentimeter blevet gravet, vendt eller flyttet rundt på.

Først kom tilbygningen i 1993. Rasmus var kommet til, og der var brug for et ekstra børneværelse. Huset var bygget i begyndelsen af 60'erne og dengang stod kvinderne i køkkenet og havde ansvaret for at tilberede den perfekte middag bag lukkede døre. Det oprindelige køkken var en lille smal tarm helt isoleret fra spisestuen, og når vi lavede mad, havde vi svært ved at komme omkring hinanden, fordi det var så smalt

Vi fik lavet skitser fra tre forskellige arkitekter, men det blev arkitektfirmaet '3 x Nielsen', der vandt. For 450.000 kunne de tilbyde en flot dekonstruktivistisk tilbygning, der skævt kilede sig ind i det traditionelle firkantede hus på en både harmonisk men også utraditionel måde.

Opgaven blev sendt i udbud, men skuffelsen var stor da tilbudskonvolutterne blev åbnet, og det viste sig, at det billigste bud var på 840.000 – altså en overskridelse på hele 43%. Jeg blev tosset og skældte arkitekten ud; bedre blev det ikke, da han svarede, at jeg da bare kunne tage et par ekstra vagter og i øvrigt mente, at jeg måtte være enebarn, siden jeg teede mig, som om jeg kunne få alt, som jeg ville have det. Enden blev et kompromis, hvor der skulle tegnes helt nyt uden beregning og indenfor budgettet.

Men vores problemer med firmaet var ikke slut: Tilbygningen blev beklædt med eternitplader, der skulle males, og et par år efter viste det sig, at solens varme flækkede pladerne. Arkitekterne ville ikke anerkende deres ansvar og sagen endte i Retten i Århus.

Nervøse og uvant med de højtidelige rammer mødte vi op i retten. Mørke træpaneler og dommeren ophøjet bag sit flot udskårne dommersæde. Jeg placeret i vidneskranken og krydsforhørt af de to advokater. Vores ven Ole var advokat for os og forhørte mig, men jeg syntes ikke rigtig hans spørgsmål afklarede sagen, så jeg supplerede livligt og harmdirrende og i malende vendinger den uretfærdighed, der var overgået os, indtil dommeren med hævet øjenbryn afbrød mig. " Ingerslev, – jeg vil anbefale Dem at overlade forsvaret til Deres advokat og blot svare på de stillede spørgsmål."

Der gik det op for mig, hvor saglig og anstændig jura egentlig er. I vores daglige liv er vi så vant til at skulle overbevise og kæmpe for noget; vores politikere er eksperter i det –det at tale sig bort fra sagen og gøre det hele til indpakningspapir. Her i retten, selv i en relativt betydningsløs sag, blev hver en lille flig af sagen belyst, og inden domsafsigelsen tænkte jeg, at ligegyldig hvem der vandt, så var sagen afgjort på et dybt seriøst og anstændigt grundlag. Dejligt at bo i en retsstat.

Følelsen af retfærdighed blev heller ikke ringere, da vi 14 dage efter fik oplyst, at vi havde vundet sagen.

Senere byggede vi vores værksted. En bygning på hele 40 m2 med en flot glasbygning. Helt naive og uvidende om projektets omfang gik vi i gang. Især glasdelen, som bestod af et skelet af træreglar beklædt med aluminiumsprofiler, var vanskelig.

Atelier som vi byggede i 2005

En tidlig morgen blev materialerne læsset af uden for huset, og der stod vi forskrækkede og kikkede på ruller af gummilister, 21 store ruder, læssevis af 8 m lange aluminiumslister i alskens former og udseende, der alle skulle opmåles individuelt og skæres ud i stykker på 60 cm. Meget i tvivl om at vi havde gabt over mere, end vi kunne klare, gik vi i gang med udskæring og montering af lister. Med sugekopper fik vi placeret de tunge og skrøbelige vinduer, og endelig kunne vi indvie det flotte værksted med ilden buldrende i pejsen og et godt glas rødvin. Stolte sad vi og beundrede værket, da der pludselig lød et ubehageligt højt knæk fra et af loftsvinduerne, og en tydelig revne tegnede sig tværs over glasset. En lille skrue var sat fast lidt for tæt på ruden, og da rummet blev varmet op, udvidede glasset sig indtil det knækkede.

Den sidste tilbygning blev lavet, fordi vi manglede opmagasineringsplads. Da vi ansøgte om bygningstilladelse til de 50 m2, sagde den ansatte på teknisk forvaltning, at hvis jeg senere skulle få lyst til et foderbræt ville ansøgningen blive afvist; byggeprocenten var ved at nå loftet.

Hvordan var en helt almindelig hverdag hos os – sådan helt lavpraktisk?

Ligesom i alle hjem travlhed om morgenen, kø i badeværelset og en fornemmelse af at komme for sent. Børn i skole og Tove på arbejde til kl. 14, hvorefter hun hentede børn og handlede ind. Jeg på arbejde til fire/halvfem, og med 2-3 vagter om måneden.

Aftensmad, lektielæsning og en befriende børnetime i TV hvor forældrene kunne slappe af efter maden. Banalt, og som egoistisk pensionist tænker jeg ofte på, hvordan vi nåede det, og hvor mange pligter og opgaver livet bestod af. Opgaver, vi frivilligt havde valgt, ja, som var vores livsindhold.

Nu børnene er blevet voksne og med egne børn, gentager mønsteret sig, og jeg ser måbende på deres travlhed og beundrer deres energi og gåpåmod.

Grækenland:

Men der blev også tid til venner og andre aktiviteter. En dag kom Bjarne og spurgte, om vi ville være med i et bådelaug, der agtede at købe båd i Grækenland.

Maxi 77 i havn på Peloponnes

Det blev til en gammel, slidt Maxi 77 på 27 fod, men med alle vitale dele i orden, og som kostede 85.000 kr. med 5 ejerandele på hver 17.000 kr. Båden havde den helt rette størrelse for os – let at manøvrere i de små havne og dejlig uprætentiøs, så ingen fik hjertebanken, når Nutellamaden endte på en af hynderne.

Engang i Aigina Havn lå vi til kaj med en stor luksusjagt som nabo, og hvor et ældre ægtepar sad på dækket i to bløde lænestole og et bord med champagnekøler og en vase med store røde Gladiolus imellem sig. Magtfordelingen klar. Højt hævet over os kikkede de foragteligt ned på den slidte sejlbåd, hvor Tove og jeg sad med vores Gin og Tonic, men deres udtryk skiftede til først forundring og siden misundelse, da først Ea og siden Rasmus, Kasper og Emilie kom op fra den lille kahyt, og vi alle seks sad sammenpresset i cockpittet med grinen og snakken og ikke mindst store isterninger i alle glas. Sagen var, at det eneste luksuriøse ved båden var dens overdimensionerede køleskab, der leverede de fineste isterninger.

I 10 år havde vi båden og sejlede hele det græske øhav igennem – lige fra Korfu til Samos og tilbage igen. Idylliske besøg i små isolerede havne uden turister, hvor vi vitterligt lagde til kaj lige op ad tavernabordet. Om aftenen dejlige græske middage på molekanten og Ouzoer og Methaxi, undertiden i rigelige mængder. Næste dag ture på øen på lejede scootere. Undervejs til næste ø ankrede vi op i små bugter og badede og spiste frokost.

Uendeligt dejligt men også med udfordringer. Motoren var gammel og havde tendens til at lække olie, og de andre i bådelauget havde rådet os til ikke at overbelaste den. På vej fra Methana til Epidauros blev det totalt havblik med modstrøm, og motoren blev startet. Vi kom uendeligt langsomt frem og kunne forudse, at vi først ville ankomme efter 8 timers sejlads og i 40 graders varme. For at blive afkølet skiftedes vi til at blive slæbt efter båden i redningsvest på to km. dybt vand, men trods badning svedte vi tran og tørstede, for vi havde ved en fejl kun fået én flaske vand med til deling. Efter frokost gik flasken på rundgang og Rasmus på fire startede med en slurk hvor han efterlod rester af sin frokost som 'dykkere' i flasken – ulækkert men når man er tørstig, glider alt ned.

Kl. fem om eftermiddagen kom vi i havn, og der fik jeg mit livs bedste øl. Helt dehydrerede fik vi serveret en iskold Heineken i glas, der havde været i dybfryser og var beklædt med rimfrost. Ubetinget ren vellyst når den kølige væske fyldte den knastørre mund, og man kunne følge hele dens vej ned i maven. Nætterne kunne også være strenge med tropevarme, myg og lugten af toiletrens fra vores primitive toilet i båden.

På den første ferie var vi ved at sænke båden. Jeg var ikke helt fortrolig med toiletventilerne, og da vi en nat kl. 3 kom hjem til båden, stod dørken under 20 cm's vand – heldigvis uden at have beskadiget motor eller elnet.

I Grækenland lægger man til kaj ved at kaste anker, bakke ind og fortøje agter. En dag med pålandsvind ville jeg i børnenes gummibåd sejle ud med endnu et anker. Da jeg står i båden og Tove rækker mig det tunge anker, ryger jeg durk igennem den tynde plastikbund og står et splitsekund efter som en anden kong Neptun på bunden med ankeret i armene. I sejlsport er der ligesom i lægelivet, altid kontant afregning.

Da børnene blev ældre, sejlede de med deres egne venner, så på alle måder var 'Dansken' en god investering, der kastede mange spændende oplevelser af sig for hele familien.

Camping:

Lige fra barn af var jeg opflasket med campinglivets mange glæder, og en kold vinteraften, hvor familien sad hyggeligt samlet om the og boller, faldt talen på den kommende sommerferie, og hvordan den skulle tilbringes. Hvad der kom ud af overvejelserne, fortalte jeg siden om i Rotary:

"Vi overvejede muligheden af en telttur i den fri natur, men tanken om samliv med en undertiden besværlig kone og nogle højst aktive unger stuvet sammen på 1½ kvadratmeter fik mig på den idé, at man på den anden side heller ikke skulle overdrive det med naturen.

I floromvundne vendinger, der kunne havde placeret mig som første-sælger i ethvert rejsebureau, forelagde jeg derfor ideen om en tur til Italien i campingvogn, og ikke længe efter havde vi lejet et mindre parcelhus på 2 hjul.

Da vi kørte afsted med campingvognen, vinkede udlejeren ivrigt efter os. Tove synes nu nok hans vinken var lidt overdrevet, men campingfolket – kunne jeg fortælle – var en stamme af venlighed og kammeratskab. Forklaringen holdt vand lige til første stoppested, hvor vi forundrede konstaterede, at den øverste del af bagbords side havde taget en del af udlejerens carport med sig.

I det hele taget fandt jeg ud af, at skrumlet slet ikke var så let at ma-nøvrere. Ved en tankstation ville jeg særligt hensynsfuldt parkere tæt langs tanken, så folk kunne køre udenom. Da vi skulle køre igen, havde jeg ulyk-keligvis ikke taget højde for, at der er andet end damer der svinger med halen, og styrbords hjørne ramlede højlydt mod en solid tysk stålstander.

Nu skal man jo ikke lade sit gode rejsehumør gå på af sådanne små detaljer, så vi fik endnu engang søm og hammer frem og slået de forrevne aluminiumsstrimler fast til rammen.

Om aftenen fik vi pille-selv rejer opbevaret i det eldrevne køleskab, og mætte og tilfredse lagde familien sig til at sove. Næste morgen var bilens bat-teri dødt som en sild; til gengæld var køleskabet dejligt koldt. Efter 1½ km.'s gåtur til nærmeste gård i silende regn begyndte jeg at skimte charmen ved en chartertur til Gran Canaria.

Ved frokosttid, 100 km. længere sydpå, blev campingvognen parkeret ved en smuk skovsø. Tove åbnede campingdøren, men bakkede med et for-tvivlet suk baglæns. Skallerne fra gårsdagens rejeorgie havde stået i en mar-gretheskål i vasken, men hang nu overalt i de uldne gardiner, hynder og tæp-per. En dag, hvor I har rigtig god tid, skulle I prøve pille en rejeskal ud af et godt uldent stykke stof. Det tager tid – skulle jeg hilse og sige.

På en af vores første campingpladser skulle vi montere vores fortelt, der bestod af omkring 612 dele. I starten sad de øvrige campister og nød den smukke udsigt ud over bjergsøen, men inden vi ved midnat var færdige, havde alle vendt deres stole og fulgte interesseret med i familiens højtråbende banden og svovlen.

Jeg vil fatte mig i korthed og undlade at fortælle om dengang campingvognenes ovenlysvindue fløj af midt på den italienske motorvej, om den elektriske vandpumpes endeligt, om de medfølgende havestoles totale kollaps, eller da teltstængerne i et hårnålesving fløj igennem garderobeskabet, men blot konstatere at vi temmelig udmattede nåede tilbage til Grenaa, hvor vores datter sluttede af med at knække nøglen i låsen til campingdøren.

Det skal ikke være nogen hemmelighed, at det var med blandede følelser, vi senere afleverede resterne af campingvognen til udlejeren, som under min opremsning af alle skaderne stod relativt samlet, med det man i tegneserier vil betegne som et zigzag smil, ja, faktisk helt frem til hvor jeg nævnte det med tilbagebetaling af depositummet. Da gik det galt, men det er en helt anden historie."

På tur med autocamper VW California

Man skulle tro, at campinglivet hermed var slut, men min romantiske forestilling om livet som fribytter på landevejen levede stadig, så i 2010 købte vi en California; et folkevognsrugbrød, med kogeblus, køleskab og et elevationstag med dobbeltseng. Overkommelig, nem at manøvrere og velkørende. På syv minutter kunne vi omdanne den til et hjem med fire sovepladser, køkken, sofa, markise og havestole. Pladsen var trang, men vi har været fire afsted til Italien, og kørt til Malaga i Sydspanien – en tur på 7300 km. Og så blev den brugt til turbil bl.a. sammen med min maleven Lars, hvor vi sad ude og malede hele dagen, kun afbrudt af en frokost med kaffe og cigar. Selv om vinteren malede vi i bidende frost, hvor vores skyllevand og pensler frøs til is og frembragte de mærkeligste billeder.

Berlin

I nogle år havde vi tumlet med ideen om at købe en lejlighed i en storby. Vi følte os tiltrukket af den pulserende storby med liv og mennesker, gallerier, koncerter og cafeer. Samtidig havde jeg opdaget, at lejligheder i Berlin var yderst billige, og at der således også var mulighed for en senere økonomisk gevinst.

Lejligheden Prenslauer Berg, Berlin

I 2006 købte vi derfor en dejlig penthouse-lejlighed på 80 m2 på 5. sal i Berlins hyggelige studenterkvarter Prenzlauer Berg. Kvarteret lå helt tæt på centrum, med masser af små cafeer, hvor studenterne sad i gamle genbrugssofaer på fortovet og nød livet. Hvert år omkring 1. maj var der kampe mellem politi og studenter omkring vandtårnet ved Kollwitz Platz. Kvarteret, – ja hele Berlin, lå langt fra den lidt kedelige forestilling om tysk "Ordnung muss sein". Berlins borgmester udtalte engang "Wir sind arm, aber sexy."

Da vi købte lejligheden i 2006, afholdt Tyskland verdensmesterskab i fodbold, og hele Berlin kogte. Vi havde aftalt en sidste besigtigelse af lejligheden, inden vi skrev under. Ejendomsmægleren kom løbende indsvøbt i et stort tysk flag og med hele ansigtet malet i de tyske farver. Vi fik nøglerne til låns, og hurtig forlod han os for at komme til fodboldkamp. Vejret var vidunderligt, og alle cafeer havde stillet storskærme ud på gaderne, der var tæt pakket af folk. Sverige og Tyskland spillede kamp, og da Tyskland scorede, lød der et øredøvende brøl i gaderne. Vi blev smittet af folkestemningen, men holdt selvfølgelig med vores broderfolk. Da svenskerne senere udlignede, hujede vi lige så højt – men helt alene. Alle vendte sig helt uforstående imod os, og et kort øjeblik var der dødsens stille, indtil alle kunne se komikken og begyndte at grine. Vi blev tilbudt øl og smøger, og selvom vi var 'anderledes', følte vi os accepteret. Det var en smuk menneskelig oplevelse.

Ved mesterskaberne skete der en historisk ændring i den tyske selvforståelse, og som vi oplevede på helt tæt hold: Tyskere har siden 1945 været præget af en undskyldende skamfuldhed over ansvaret for to verdenskrige og Holocaust. I modsætning til Japan og Østrig har de virkelig gjort op med deres fortid og gennem en række handlinger visualiseret skylden, så den ikke glemmes. Overalt i Berlin ser man polerede bronzebrosten nedlagt i fortovet ud for de ejendomme, hvor nazisterne afhentede jøder. En brosten for hvert menneske. Talrige museer minder tyskerne om deres grusomme historie. Det har helt konkret betydet, at de udenrigspolitisk har opgivet enhver drøm om militær stormagt og har været tilbageholdende med at udtrykke nationalfølelser ved flagning og lignende.

Fodboldkampene med Tyskland som vært fremkaldte en følelse af identitet som folk, som var så stærk, at den helt sprængte deres mangeårige skam. Det var som om en indeklemt nationalitetsfølelse pludselig blev legitim og frigivet i al sin kraft. Alle biler kørte rundt med tyske flag, og ude på altaner vejrede flaget eller den tyske ørn, som berlinerne med en altid vidunderlig ironisk distance kaldte "das kranke Huhn".

Siden har vi oplevet, at det var starten på en ny tysk selvforståelse og en ung generation, som ikke længere vil bindes af en skyld, de ikke havde ansvar for. Det er ikke noget urimeligt krav, men kan godt være lidt foruroligende, for vi fornemmede også en side af den tyske folkesjæl, der var mindre sympatisk. Tyskere er uendeligt arbejdsomme, dygtige og ærekære. Gæld eksisterer stort set ikke. Skal man købe bolig, sparer man store beløb op forinden. Der er en ordentlighed og småborgerlig pænhed i samfundet, hvori der ligger et stort økonomisk potentiale. Men der er også en skyggefuld bagside. De vil gerne styre, og deres interpersonelle relationer er præget af en hierarkisk magtpsykologi. Tyskere elsker kasketter og magtsymboler, og deres samvær handler ofte om at styre og 'at sætte sig' på den anden.

I de første år vi havde lejligheden, oplevede vi en vidunderlig by med en afslappet og humørsyg befolkning med en selvforståelse, der stolt tog afstand fra den 'preussiske' dominerende og stive tysker. Overalt træer og parker, biler parkeret på kryds og tværs, og en af grundende til at de berlinske boligpriser lå langt under det tyske gennemsnit var, at berlinerne ikke gad eje deres bolig, men hellere ville bruge pengene på øl, cafeer og rejser. Måske det var ånden fra det fattige Østtyskland der slog igennem.

Da Berlin overtog titlen som hovedstad fra Bonn, blev den i tiltagende grad forvandlet til regeringsby med pæne fortove, ordnede parkeringszoner – de klyttede sofaer på cafeerne blev afløst af designmøbler, og studenterne, cyklerne, genbrugsbutikker og bogcafeer blev forvist til byens periferi. Berlinerne holdt stadig fast i deres særegenhed, men de sidste år fornemmede vi også at 'preusseren' fik mere og mere mental taletid.

Personligt oplevede vi til sidst en modvilje mod 'die dumme Dänen', som købte deres lejligheder og fordyrede boligpriserne. Det blev forbudt at

udleje, og myndighederne opfordrede beboerne til at anmelde deres medbe-
boere anonymt på en hjemmeside. Selvom vi udgjorde et ubetydeligt antal,
blev vi gjort til syndebukke for en fejlslagen boligpolitik med alt for få nybyg-
gerier. Den dejlige følelse i starten af at være anderledes men accepteret, blev
til sidst en følelse af ikke at være velkommen, og efter 10 år solgte vi, men
alligevel med uendelig mange dejlige minder fra en by, der stadig er 'sin egen'.

Torrox:

Med alderen oplever jeg mere og mere, at vinterens mørke suger livskraften
ud af kroppen, og hverdagen bliver tung og trist at komme igennem. Kulden
pakker min krop ind i lag af tøj, der fjerner verdens nærhed. Det starter alle-
rede i november, hvor farverne forsvinder. Verden indhylles i brunt og gråt.
Vi lukker os inde i vores huse og haster igennem det offentlige rum, forover-
bøjet, med begge hænder klemt sammen om frakkekraven for at holde kulden
ude. Gyseligt!

I 2011 begyndte vi at lede efter solen og farverne. Inden sovetid gennemså jeg
på Google Earth hele kyststrækningen fra Valencia til Gibraltar. Drømte om
solen og varme, smalle pittoreske gader og torve med cafeer.
    I november 2012 fik vi lavet aftaler med ejendomsmæglere i Malaga-
området, og i flyet derned lovede vi højtideligt hinanden, at det kun var en
inspektionstur.
    De fleste ejendomme lå vest for Malaga og var præget af golfbaner og
udbredt turisme. Noget skuffede havde vi næsten afskrevet Spanien som vo-
res nye domicil. Sidste besigtigelse var et byhus, der lå i en lille maurisk
landsby 55 kilometer øst for Malaga. Byen hed Torrox Pueblo, og vi tabte
vores hjerte ved første blik. Huset med udsigt over Middelhavet og tæt på
byens torv med cafeer og hyggeligt folkeliv. Stranden i rimelig afstand. Stem-
ningen uhøjtidelig og med så få turister, at det ikke prægede byens atmos-
fære. Alle huse med et væld af blomster i krukker og på terrasser.

Om aftenen, da vi kørte fra byen, havde vi skrevet under på købskontrakten,
og december 2012 flyttede vi ind. Det har vi ikke fortrudt, også selvom et hus
på næsten 150 m2 kræver en del vedligeholdelse og overvågning.
I Spanien mærker du verdens mildhed – en blid vind, der kærtegner kroppens
nøgenhed – landskabets gule, orange og okkerfarver i kontrast til de hvide
huse og deres lilla skygger.

Børnebørn på besøg i Torrox

Kunstmaleren Tyrrestrup maler tårne og danske pløjemarker i kolde blå farver. En gang fik han et rejselegat til Rom. Han blev dybt betaget af byen og dens gule farver, dens kupler, buer og runde former, men sad under hele opholdet foran det hvide lærred uden at male én eneste streg. For ham var det et kvindeligt univers, som han beundrede, men ikke forstod på samme måde som sine fallostårne og danske pløjemarker.

Vi taler undertiden om, hvorfor vi befinder os så godt i Spanien. Vejret er en vigtig faktor, men der sker også noget mentalt med os. I Danmark er vi nok frie men bundet ind i en hverdag af opgaver og forpligtigelser, som man skal forholde sig til. Når vi sidder med en kop kaffe på torvet eller strandpromenaden og bare glor på folk eller det flimrende lys over havet, så oplever vi en meningsfuld ro og frihed.

Spaniere er et stolt folkefærd. En spanier vil gå rigtig langt for at undgå en konfrontation, men føler han sig presset ud af sin værdighed, vender han på en tallerken og bliver en frådende, blind og uforsonlig torro. Men de har også humor, og hele deres liv er centreret omkring fællesskabet: de gamle koner i sorte kjoler eller housecoats, der om aftenen sidder og knevrer i campingstole foran deres huse, eller mændene der sidder på torvets bænke og betragter livet og de unge piger. Gamle koner, arm i arm, i deres pæne tøj på vej til aftenandagt i kirken.

Det at kende en by og dens lyde og rutiner er en velsignelse. Gasmanden, der hver onsdag morgen skramler igennem de smalle gader. Du lægger 20 Euro under den tomme gasflaske aftenen forinden og får en fyldt i stedet. Skraldebilen, der vækker dig kl. 2 om morgenen med skramlen, snak og grinen, der langsomt fader ud, indtil du igen fanges af søvnen. Verden er fyldt af kendte mønstre, som du forstår og er en del af.

Vores rejser:

Der er også en anden måde at rejse på. Ikke klassiske turist – eller charter-rejser til Mallorca med svømmepøl og molefræs, eller rejser til Torrox's kendte lyde, men rejser, hvor dine forestillinger om verden helt vendes på hovedet, og hvor du netop ikke genkender noget mønster.

Når man kommer hjem, og folk spørger, hvad man har oplevet på sådanne ture, leder man efter noget at fortælle om. Den vilde natur, den okker-røde jord og urskoven, templerne og alle seværdighederne, men det er svært at sætte ord på følelser, der er funderet i en uforståelig forskellighed.

Et lille eksempel: I Ghana er alle sorte. Ja selvfølgelig er de sorte. Det rejser man ikke til Ghana for at finde ud af, men for at opleve det inde i sin egen krop. På Makrola Marked i Ghanas hovedstad var der et menneskemylder – alle sorte med deres lysebrune håndflader. Ved vejkrydsene, hvor de rakte deres sorte hænder frem for at falbyde deres varer –alle steder menne-sker, men sorte. Til sidst, når jeg kikkede ned på mine egne, blegfisede grise-farvede arme og hænder, følte jeg en fremmedhed for min egen farve og fik en rystende, men også sjov oplevelse af at se mig selv som 'den forkerte', og som en sort må opleve os.

Rejsen til Ghana kom i stand, fordi Tove skulle lede et projekt i landet med mikrolån til iværksættere, og i 2000 tog vi afsted – jeg som selvbetaler og gruppens 'medical adviser' for dog at give mig blot en smule legitimitet.

Alle kender Georg Gearløs' tidsmaskine. Efter bare 8 timers flyvetur i 10 ki-lometers højde, med drinks og fuld forplejning, befinder man sig pludselig midt i et middelalderligt feudalsamfund, som var en revolution at opleve, også fordi den satte din egen kultur i relief:

<u>Tidsopfattelsen</u> er den første store forskel mellem europæere og afri-kanere. Tid for os er en matematisk størrelse. Tiden inddeles i timer og mi-nutter. For en ghaneser opleves tiden. Den kan være lang og kedelig eller spændende og hurtig. Når vi var ude at køre, morede jeg mig med at spørge vores forskellige chauffører, hvor langt der var til et eller andet sted. Jeg kunne se, det voldte dem store problemer at svare. Talbegrebet er ikke noget, de har haft i deres bevidsthed i mange generationer. For os er det en del af vores erkendelsesbegreb. Selvom vi ikke ved præcist, hvor langt der er fra Århus til Paris, ville vi uden at tøve svare –ja, sådan ca. 1400 km., og vi ville have en følelsesmæssig forståelse for, hvor lang tid 1400 km. tager at tilba-gelægge. Vi skaber rum ved hjælp af tal og forstår tiden og verden gennem tal.

Chaufføren, eller de øvrige vi spurgte, tøvede i lang tid med at svare. Man kunne fornemme, at der blev arbejdet intenst med spørgsmålet. Hvor langt er der? –Hvad mener idioten? Venligt, men med usvigelig sikkerhed svarede han vævende: ” Vi er der, inden det bliver mørkt.” Tiden som mål havde ikke noget formål, men spørgsmålet kunne til nøds forstås som en uro for, om vi nåede bestemmelsessstedet inden aftensmad eller sovetid. Det at overholde en aftale bliver derfor også en helt umulig størrelse. Hvorfor skal jeg overholde et eller andet taltidspunkt – kl. 9.15? Jeg spiste morgenmad, jeg talte med mine børn eller medarbejdere, og så blev klokken altså 11. Alle ghanesere har forståelse for det – blot ikke europæerne. To dage forinden havde jeg forladt klinikken og havde stadig en patients sure bemærkning hængende i ørene. Ja, du er 10 minutter forsinket – hvad med lidt respekt for andres tid?

I Ghana har man ikke respekt for tiden, men for det rum, den virker i. Man indretter sig efter de løse aftaler. Ja, når man skal hentes, så ved man med stor sandsynlighed, at det ikke sker til tiden, så man kan lige så godt slappe af. Vi så utroligt mange mennesker, men ikke én gang fik vi fornemmelsen af stress eller ikke at kunne nå det. I begyndelsen var vi irriterede over deres sløseri, og ved vigtige aftaler med de afrikanske ledere eller ambassaden sad vi med trommende fingerspidser og adrenalinet pumpende, men langsomt faldt vi ind i rytmen og fandt ud af, at verden jo ikke går under, hvis vi ikke kommer til tiden. I stedet sidder man og småsnakker, som man gør, når man ikke skal noget, og hvor snakken ikke har andet formål end at fylde tiden ud – pauser og så lidt snak – samvær uden mål, men ikke uden mening.

Bruger man forstanden, er den ulykkelige kendsgerning desværre, at deres fattigdom, som alle ghanesere gerne var foruden, er delvis betinget af deres tidsbegreb. Tænk, at skulle bygge en fabrik og have mursten, mørtel, lastbiler og håndværkere til at gå op i en højere enhed. Ineffektivitet og den manglende troværdighed holder mange investorer væk, også fordi det hele er selvforstærkende. En elendig infrastruktur gør det umuligt at overholde tiderne, og når tiderne ikke bliver overholdt, har man ikke penge til en ordentlig infrastruktur. Der er uendelige køer på de hullede veje, som vitterligt gør det til et lotteri at nå frem til tiden.

Europæerne, derimod, har styr på tiden, eller rettere – tiden har styr på os – ja, i så høj grad at hele vores liv er skemalagt i små timemanagere, der giver os effektiv plads til det hele – 15 minutter til fri leg med sønnen og 30 minutter til konen. Det er højeffektivt, og hele samfundet er indvævet i tusindvis af aftaler, der alle skal overholdes. Aftalerne bliver en Storm P.´sk perpetuum mobile, hvor blot en lille afvigelse resulterer i ændringer i hele systemet. Man bliver helt stresset af bare at tænke på det.

Den anden store forskel på Ghana og Danmark er <u>familiestrukturen.</u>

I Danmark lever vi i kernefamilien. Far, mor og børn udgør det egentlige fundament i tilværelsen, og selv den struktur er i opløsning. Den øvrige familie, som bedsteforældre, forældres søskende, fætre og kusiner eksisterer i vores bevidsthed, men kun i en begrænset form –mennesker, man ser ved festlige lejligheder, men aldrig som i kernefamilien, som udgør den egentlige følelsesmæssige klangbund for individet.

I en ghanesers liv er storfamilien derimod hele hans livsgrundlag. Det er en meget fast familiestruktur, som egentlig kommer af, at det enkelte individ tidligere sjældent bevægede sig langt fra sit ophav. Man blev boende i den landsby, man var født i og efterfulgte sin far i hans arbejde. Familien boede i huse, som alle vendte ind mod en fælles gårdsplads, hvor det fælles liv blev udlevet. Familiens ældste var den øverste i familien, og ingen splid eller større afgørelser om et familiemedlem kunne træffes uden den ældstes rådgivning og beslutning. Amy, en velbegavet kvinde, som jeg fulgtes med mens Tove havde faglige møder, fortalte at en mindre broder, der tjente alle pengene til familien, stadig skulle aflevere dem til familieoverhovedet, der så forvaltede formuen. Hvis et barn til gengæld blev sygt, ofrede hele familien alt for at gøre det rask. Ghaneserne kunne ikke fatte, at man kunne aflevere sine forældre på et plejehjem.

Den ghanesiske familiestruktur er fornuftig på et meget konkret plan, fordi landet aldrig har haft et egentligt offentligt social – eller sundhedsvæsen, så hele individets sikkerhed måtte hænges op på familien, som kun samlet kunne modstå verdens dårligdomme. I det moderne Ghana udgør storfamilien stadig det samme fundament, men man fornemmer, at den moderne tidsalder begynder at trænge sig på. Folk må i et moderne samfund være mobile og flytte hen, hvor der er arbejde. Vi så det søndag aften, hvor der langs landevejen til Accra var sort af mennesker, der ventede på de karakteristiske minibusser, der skulle bringe dem ind til storbyen, hvor de skulle arbejde hele ugen. Et andet eksempel er, at kakao – og mineindustrien bygger health clinics til deres medarbejdere. I det hele taget står Ghana overfor en skæbne, som man ikke kan løbe fra: Udviklingen. Dette mærkværdige dyr, som vi alle har måttet bøje os for, som betyder forandring, og som synes at styre os efter princippet: Det mest levedygtige system under de givne forhold. Storfamilien var jo også et velkendt begreb i bonde – og landsbysamfundet i Danmark for et par hundrede år siden, men netop udviklingen til industrisamfund ændrede fundamentalt vores samfund. Ghaneserne kommer til at sande dette, og man må håbe, at de inden storfamiliens sammenbrud får opbygget en velfungerende socialstat, der kan tage over.

Kættersk kunne man spørge, om vores kernefamiliestruktur er ved at bukke under i kampen om det mest levedygtige system. Hvad er egentlig kernefamiliens sociale begrundelse? Mand og kone kan begge forsørge sig selv, samfundet har skabt institutioner, der kan passe børnene stort set hele dagen. Fremtidsforskeren Paludan har udtalt, at familiens vigtigste møbel i fremtiden bliver opslagstavlen. Her kan man kommunikere med hinanden om hinandens mange individuelle aktiviteter. "Er til badminton – er hjemme kl. 5." Spørgsmålet er, hvem der læser det, og om der er nogen hjemme?

At familien er i krise, antydes af de talrige skilsmisser og eksperimenter med nye familieformer, hvor man lever hver for sig og har kærester, som man besøger til uforpligtigende samvær og sex. Arbejdet derimod, er der gang i; det giver identitet og mening. Hvad børn, kone og mand skal bruges til i fremtiden, bliver det spændende spørgsmål kommende generationer må besvare.

Den tredje afgørende forskel mellem europæisk og afrikansk tankegang er afrikanernes hierarkiske <u>styreform.</u>

En af de afrikanske projektdeltagere blev introduceret for os som Nana. Senere fandt vi ud af, at Nana såmænd betyder høvding, og at det er en ret almindelig betegnelse for en leder. En leder, som kan befinde sig på alle planer –man kan være leder af familieklanen, landsbyen, området, firmaet –ja, hvad som helst, hvor der er flere mennesker. Ghaneseren kan ikke forestille sig et samvær uden en leder. Det er et fast indopereret begreb i deres bevidsthed lige fra de var børn. Man respekterer lederen som en naturlig del af virkeligheden og stiller ikke spørgsmål ved hans autoritet, ligesom alder er noget en ghaneser altid har respekt for.

Vores Nana førte sig frem med en naturlig autoritet –satte sig selvfølgeligt for enden af bordet –talen langsom, vægtig og med betoning og kropssprog, der tydeligt fortalte, at han var lederen, men stadig venlig og empatisk og uden behov for at sætte grænser. Alle lyttede, når Nana talte – ja selv vi demokratiske danskere, der sad med alle bevillingerne, blev grebet af hans autoritet, fordi den var ægte.

Den gode Nana skal se på helheden og få sit rige til at fungere, men systemet giver unægtelig mulighed for despoter til at udnytte deres magt. Korruption er en dagligdags begivenhed i Ghana. Amy fortalte, at korruption findes på alle stadier i samfundet. Det nytter ikke at klage, for selv politiet er gennemkorrumperet. Politiet standser f.eks. biler og finder en eller anden

ulovlighed ved bilen (og dem er der rigeligt af). For at undgå at bilen konfiske-
res, betaler man et beløb til betjenten.

Det er åbenbart, at den autoritære facon koster det ghanesiske sam-
fund dyrt, dels i bestikkelse og korruption, men også fordi en autoritær sty-
reform forudsætter, at lederen altid er der til at lede. Uden leder falder det
hele sammen.

Når det er sagt, har jeg alligevel en eller anden ubestemmelig fornem-
melse af, at der også er en anden og positiv side. Det har noget at gøre med
den naturlighed, hvormed de accepterer autoriteter. Meget dansk samvær
handler om magt og det at være synlig: Alle skal være journalister, studie-
værter eller kendte skuespillere. Dagligdagen på arbejdspladsen og i fritiden
handler om at pisse mærker af, for der er ingen naturlige grænser. Det, at en
anden tiltager sig magt, er en fornærmelse og uretfærdighed –for ingen har
dybest set retten til magten. Men magten er der jo – eller retten til at tolke
virkeligheden – den ligger og venter på at blive grebet af en eller anden, og
derfor bliver der brugt utrolige mængder energi på at afklare magtstruktu-
rerne. En ghaneser har et helt afklaret forhold til magten: Enten har man
den, eller også har man den ikke. Magten er på det interpersonelle plan in-
stitutionaliseret.

På en vis måde er europæisk samvær en pseudobegivenhed. Vi er en
samling af individualister med lige megen ret til at forklare sandheden. Det
hierarkiske system derimod er en organisk helhed, en krop med hoved og
hale, et sted hvor samvær har en reel mening, fordi hver enkelt accepterer sin
plads i en forklarende helhed. Når den demokratiske model alligevel vinder,
skyldes det oplevelsen af et kollektivt ansvar for at noget lykkes og glæden
ved i en flad organisationsstruktur at løfte i flok.

En anden vigtig forskel i livssyn er deres kønsroller. Amy og jeg havde lange
samtaler, hvor hun fortalte om kvindens rolle i samfundet. Man kunne tyde-
ligt fornemme, at hun som uddannet og moderne kvinde havde svært ved
tilpasse sig deres traditionelle kønsrollemønster, og trods hendes 29 år og
moderens konstante påmindelse til hende om at blive gift, holdt hun sig til-
bage.

Det første der slog mig i hendes fortælling, var det kølige forhold, der
er mellem mand og kvinde. Kvinder frygter deres mænd, og mændene har et
venligt, høfligt men aldrig det tætte forhold til kvinder, som vi ser i Europa.
Mænd får deres intimitetsbehov dækket i familien og hos venner. Som vores
hotelvært grinende forklarede: ”Women are for fun”.

Formelt set er flerkoneri forbudt i det kristne Ghana, men tilladt i nabolandet Côte d'Ivoire som er muslimsk og hvor Amy kom fra. Her er det derfor ikke ualmindeligt, at mænd har både 2, 3 og 4 kvinder. De kan enten bo i samme hus med hver sit værelse, som manden skiftes til at sove i, eller han kan have installeret kvinderne i forskellige boliger rundt om i byen. Førstekonen har vanligvis alle rettighederne, og hendes børn arver manden, men i visse tilfælde kan manden også påtage sig faderskabet af de andre koners børn. Socialt er førstekonen derfor bedst stillet, men følelsesmæssigt oplever hun sig ofte jaloux, svigtet og vraget. Jeg påpegede overfor Amy, hvor vigtigt det var, at kvinden fik en uddannelse og kunne tjene sine egne penge for derigennem at opnå selvstændighed, men det er mere indviklet end som så. Hvis hun forlader sin mand, vil alle inklusive hendes far og mor fordømme hende. Familien udgør som beskrevet hele ens følelsesmæssige fundament. Uden familien er man intet. Vælger man skilsmissen, er man vitterligt fuldstændig ensom i en barsk verden uden socialt sikkerhedsnet. Bliver man i ægteskabet, er udsigterne heller ikke for lyse. Ved ægteskabets indgåelse flytter kvinden fra sin trygge storfamilie over i hans. Her er hun i mange år stort set alene. Alle mændene i den nye familie holder naturligt med deres kønsfæller, men selv kvinderne opfatter hende som et fremmedlegeme i forhold til storfamilien, som i kraft af børnene er deres fælles identitet. Først når hun har født et drengebarn, bliver hun en accepteret del af familien. Amy fortalte om en veninde, som efter at have født en datter fik frygtelig skældud af manden. Ved den næste graviditet fødte hun igen en pige, som hun kvalte i angst for mandens fordømmelse.

Indien:
Rejsen til Indien blev arrangeret af vores hyggelige kunstklub, 'Den farvede dialog'. I 2014 var vi 10, der sammen rejste til Kerala provinsen i det sydlige Indien.

Det første, der slår en ved landet, er dets ukomplicerede kaos – hvor Danmark er kompliceret orden: Det indiske samfund er så ufærdigt, at hvis man lavede eller overholdt regler, ville det hele bryde sammen. I stedet fungerer det som en lavastrøm, der finder vej ned ad bjerget – kaotisk og tilsyneladende tilfældigt, men styret af viljen til at ville frem. Overalt er der et hav af mennesker, der vil videre. Trafikken illustrerer det: Faldefærdige, bulede og overfyldte busser, farvestrålende lastbiler, hvor læsset svinger faretruende fra

side til side, eller de små tuk – tuk'er – én læsset med mindst 6 glade skole-
børn, der hænger vinkede ud af den lille 2 personers taxi for at hilse på os.
Alle dytter og vil frem.

En eftermiddag i Madurai, en tætpakket støvet gade med blågullig fed
dieselos og en varm lavthængende gul eftermiddagssol, der i støvet skaber en
magisk og stoflig atmosfære. Når man har oplevet det, så ved man, hvad
ukompliceret kaos er. For det mærkelige er, at trods dytten og hårrejsende
trafiksituationer kommer alle alligevel fremad uden trafiklys eller særlige reg-
ler. Når man så kommer hjem til krumme agurker og kontrollerende djøf'ere,
så ved man, hvad kompliceret orden er.

Men Indien er også krydret fordærv – hvor Danmark er minimalistisk
renhed: Størstedelen af samfundet i Indien er uendeligt fattigt, og livet er en
kamp for overlevelse. I al den fattigdom og elendighed fornemmede vi, at dø-
den, fordærvet, den enorme beskidthed og snavs var en del af deres hverdag,
og som de tog med en knusende selvfølgelighed og værdighed. Herhjemme
sidder vi med vores hvide vægge og samtalekøkkener, og når man midt i
denne perfekte og urørlige renhed alligevel en dag bliver alvorligt syg – så kan
det bare ikke passe – – – men det gør det jo!!

Indien er alt andet end minimalistisk. Overalt er der farver – kvinder-
nes flotte sarier, de bemalede templer, lastbiler med gardiner og kunstfærdige
malerier i alskens gyselig farver, der på en eller anden måde skriger til mini-
malisterne: Livet skal leves!!!

Selvfølgelig er der også en anden historie, der handler om Indiens kor-
ruption, sociale skævhed, kvindeundertrykkelse, tåbelige kastesystemer osv.
Men den store oplevelse var indernes livsvilje og evne til at overleve i en be-
skidt, men farverige hverdag.

Den sidste dag på rejsen skrev jeg i bussen et lille resume fra en vidunderlig
rejse:
Mennesker på kanten af livet.
Holdt tilbage af dyttende biler
der alle vil frem –

Og midt i det hele –
drøvtyggende hellige køer,
med hængeører og fredfyldte øjne,
som ved hvad der venter.

Usbekistan;

Usbekistan er et sammensat land, som stritter i alle retninger: Fattigdom og rigdom, modernitet og middelalder, smuk usbekisk kultur og socialistisk russerkultur, der nu er ved at blive afløst af kinesisk indflydelse, men det hele kittet sammen i et land, der ser sig selv i det moderne.

Hoteller og nye bygninger næsten vulgære i deres stræben efter at signalere rigdom. I mangel på penge, køber folk butikkernes farvestrålende billige skrammel. Deres fine kulturarv med fantastiske bygningsværker, moskeer, madrasaer – smukt beklædt med farvestrålende kakler i turkis, blåt og grønt forfalder og moderniseres med cement og malede fliser. De ser turistindtægterne i deres gamle kultur, men deres hjerte ligger i sovjettiden og det moderne vestlige forbrugssamfund.

Landskabet er ikke smukt i klassisk forstand, men alligevel storslået. Store flade ørkenområder af land med spredte indtørrede sølvgrå, vissengrønne og bladløse buske. Når man kører igennem ørkenen, er det som et hav af jord med dig og vejen som centrum i en trekant, der fortaber sig i forsvindingspunktet langt ude i horisonten. I bussen faldt jeg i søvn, og efter en times kørsel var det, som om vi ikke havde flyttet os, stadig den samme ørken, stadig vejens uendelige forsvindingspunkt i horisonten. Selvom bussens hastighed kun var 50, og chaufføren slingrende forsøgte at undgå hullerne, så gav den hullede og slidte vej rystelser og høje brag op gennem bussen, og vores hoveder svingede som kludedukker fra side til side. Tænk sig, hvordan karavanerne for 500 år siden sneglede sig frem gennem ørkenen. Ingen asfalt men stier der førte frem til byer med herberger, slavehandel, markeder med fremmede krydderier og varer helt fra Kina af. Vores 8 timers strabadser er intet at regne i forhold til den månedlange rejse på kamelryg under bagende sol.

Omkring Usbekistans to store floder, Amu Darja og Syr Darja, er der frodigt med store flade arealer af bomuldsmarker, frugtplantager og rismarker, alle omkranset af små jordvolde og vandingskanaler, der næsten har tømt floderne og Aralsøen for vand. Grupper af mennesker står i markerne og plukker bomulden. Spredt i landskabet ligger små landsbyer præget af den næsten 100 – årige russiske kolonisation. Nogle af husene i grå cement, men de fleste opbygget af ler, forstærket med strå, men alle placeret omkring et symmetrisk støvet vejnet, der inddeler landsbyens huse i sirlige små firkanter, og som i sin orden skaber en mærkelig kontrast til jordvejen, husenes tilstand og fattigdommen. De enkelte huse omkranset af en mur, og inde bag den en urtehave med frugt og granatæbletræer, et halvtag med 2 – 3 køer, og hvor kokasserne omhyggeligt er formet og stablet til brændsel. Kvinderne står lidt sky med ansigtet halvt dækket af tørklædet i deres spraglede dragter –en blomstret kjole, der kun afslører det nederste af de løsthængende bukser, der minder om nattøj, og over det hele, en halvlang strikket åbenstående jakke og det lange tørklæde bundet om hovedet. I de større byers basarer sidder de på deres lave stole – tykke med spredte ben og forklædet hængende ned mellem benene, og sælger deres varer. Ansigtet furet og solbrændt, badet i sol med øjnene næsten lukket som to sorte streger i det flade firkantede ansigt. Deres brede læber og hele rækken af guldtænder, der glimter i solen når de smiler. Mændene i slidte vestlige jakker eller iført lange løsthængende kjortler med bukser forneden, og de fleste ældre med en firkantet kalot på hovedet. Især hos mændene ser man den helt flade nakke, som ikke er gene-tisk bestemt, men opstået i spædbarnealderen, hvor de bliver svøbt ind og lagt på ryggen. Der er noget sigøjneragtigt over deres udseende og klædedragt.

I storbyerne, og især i hovedstaden Tashkent, er beklædningen langt mere vestlig, men fælles for alle i landet er deres elskede mobiltelefon. Stor-byerne, præget af sovjettiden med store brede boulevarder med en infernalsk og kaotisk trafik, imposante kolosser af brutalistisk sovjetarkitektur og inde bagved ligger de lave beboelseskvarterer med huse, som ligner dem på landet. Under tagudhænget bugter sig slidte, støvede gasledninger ophængt i ståltråd og man undres over, at det hele ikke futter af.

Deres folkesjæl sammensat som resten af landet. Oprindeligt både nomader, der boede i mobile jurter og som bønder omkring floderne, men altid styret af tyranner som f.eks. Timur Lenk, som trods et helt ufatteligt brutalt styre, i dag hyldes som deres store landsfader. Fra 1890 styret af først Zaren, og siden af det socialistiske styre i Moskva, der satte den sidste emir på porten efter revolutionen i 1917. Ved selvstændigheden i 1991 overtog den korrupte Karimov magten og styrede landet med samme hårdhed indtil sin død, og den efterfølgende præsident Sjavkat var ikke meget bedre.

Usbekerne har bøjet sig under det fremmede, og i modsætning til den afghanske befolkning, der har kæmpet og sejret over stormagter som både Rusland og USA, så har de optaget magthaverne i sig. Usbekerne taler venligt om tiden under Sovjet, hvor der var mindre korruption, og samfundet fik im-porteret knowhow fra det teknisk højtudviklede Rusland.

Deres religion er også præget af Sovjettidens antireligiøsitet, hvor de nu efter selvstændigheden har et tolerant forhold til andre trosretninger, og kvinderne er ikke tildækkede, men den muslimske tro ligger dybt forankret i deres hjerter. Ved fredagsbønnen så vi moskeen fyldt til bristepunktet, men de er også forankret i den endnu ældre zarathustrisme med en vidunderlig historie om deres begravelsesritual og Stilhedens tårne.

Sikken et udtryk: 'Stilhedens tårne'. Når døden indtræder og ånden har forladt kroppen er den uren. Som uren må den ikke blande sig med 'Altets' fire elementer: jord-ild -vand og luft. Kun de fortabte begravelsesmænd må røre de afsjælede og bringe dem op på taget af stilhedens tårne, hvor kroppene bliver fortæret af gribbe.

Begravelsesfolkene må hele deres liv leve isoleret fra verden – levende men alene og urene. Der ligger også en anden flertydig spænding i ordene. Tårnet, der fortæller om en opadstræbende energi, om troen på skabelse og fremtid og så det vandrette – stilheden – det at hvile i sig selv – at erkende dødeligheden og at finde mening i stilheden, nuet og erindringen.

Deres kvindesyn er som i andre muslimske lande middelalderligt og feudalt. Kvinders rettigheder kan bedst beskrives med, hvordan den sidste emir udvalgte den kvinde i haremmet, han ville sove med. Smukke og indbydende lå de i svømmebassinet i hans sommerresidens og ventede på at han fra sit tårnværelse tonede frem og smed et æble ud til dem. Den, der greb det, fik æren af at blive besvangret af den 200 kg tunge kvabsede emir, som i øvrigt endte sine dage som tigger i Indien, efter at russerne smed ham på porten i 1917. Me – too bevægelsen fik aldrig fat i Usbekistan.

Sundhedsvæsenet er præget af en stat i sin vorden og med mange opgaver at løse. På landet og i de små byer fungerer apotekeren som læge. Med fin hvid kittel står han bag sin glasluge og udleverer uden recept prednisolon og alskens hjertemedicin. Morfika var det eneste, han ikke ville give mig.

I Bukhara besøgte vi et universitetshospital, som lignede 50-ernes hospitaler i Danmark. Pastelfarvede skrammede vægge med gamle plakater og brune cementgulve badet i et dovent eftermiddagslys. Sygeplejerskerne i fine stivede kridhvide kitler med en blå høj kalot på hovedet.

Patienterne sidder tålmodigt og venter med forbindinger om hovedet. Behandlingen er gratis, men man skal selv betale for medicin og vist også for forplejning. Skal lægen viderehenvise eller yde en 'speciel' tjeneste – hvad det end måtte betyde – forventes, at man betaler ekstra.

Det at opleve det fremmede er en stor glæde. Dels ser man, hvor anderledes livet kan leves, men også det, der binder os sammen som mennesker. Overalt i Usbekistan oplevede vi befolkningen som glade og tilfredse – ja, stolte over deres land og dets fremskridt. Selvom middellevetiden i 1960 var under 60, og nu kun ligger på 71 år, så tager man livet og det, det byder på, med en selvfølgelighed som er imponerende men også uforståelig for en kværulerende protestant.

De hullede veje, korruptionen, forureningen, især omkring Nukus, hvor jorden er så forurenet af pesticider fra de tidligere sovjetiske kemiske krigsfabrikker, at kvinder frarådes at amme deres børn – alt sammen accepterer de med en selvfølgelighed.

Ved en frokost i Nukus spiste vi sammen med et Usbekisk fødselsdagsselskab i restauranten. Når man så synger dansk fødselsdagssang: "...og hjemme venter mor og far med dejlig chokolade og kage til" og ser fødselarens tårer i øjnene, eller senere, da vi bliver budt til dans, og jeg står omgivet af grinende og dansende glade kvinder, der klapper og gør sig til, så oplever man et fællesskab, der går ud over alle grænser. I sit almene sprog binder dansen, sangen og latteren os sammen som helt almindelige mennesker.

Grenaa Kunst– og Musikforening:

I 2020 kontaktede den daværende formand for Grenaa Kunst-og Musikforening mig og spurgte, om jeg havde lyst til at blive bestyrelsesmedlem, og da han året efter meddelte sin afgang, sagde jeg nødtvungent ja til at overtage posten, selvom jeg egentlig mest havde lyst til at arbejde i mit atelier, men ingen andre havde mod på at overtage posten.

Det første år som formand var meget travlt. Foreningen havde 75-års jubilæum, og det skulle selvfølgelig fejres med maner. I foråret blev afholdt fest med 120 spisende gæster og koncert med Michaela Petri og Lars Hannibal. Senere døde vores lokale kunstner Morten Skovmand helt uventet og vi fik arrangeret en mindekoncert og udstilling i den anledning, men årets hovedopgave blev realiseringen af en jubilæumsgave til byens borgere.

Gaven skulle være en skulptur ved byens kulturhus udført af en ung talentfuld og anerkendt kunstner, som samtidig var bysbarn. Valget faldt på Amalie Jakobsen, og i januar 2022 blev skitseansøgning sendt afsted til Statens Kunstfond.

Efter mange møder, ansøgninger til fonde og sponsorer, regnskaber og byggetilladelser, lykkedes det at indsamle knap 1.5 million kroner, og den 17. december kunne skulpturen indvies ved et festligt arrangement med 500 borgere, som med fakler bød byens nye skulptur "Kalejdoskop" velkommen –et smukt men også spændende kunstværk, som italesætter vores moderne, fragmenterede verdensbillede.

Skulptur Kalejdoskop

Internt blev foreningsarbejdet revideret, således at ansvaret for kunstudstillinger, koncerter og markedsføring blev uddelt til 3 grupper, hver med en gruppeformand. Decentraliseringen krævede dels en fælles hukommelse, hvor al kommunikation blev lagt i online arkivsystemet Dropbox, som alle havde adgang til, og dels en manual for alle arbejdsgange, så man ikke skulle opfinde den dybe tallerken, hver gang en opgave skulle løses. Det krævede tilvænning og lidt øvelse, men til sidst blev alle glade for den nye struktur. Samtidig blev kommunikationen moderniseret, bl.a. med ny hjemmeside og logo.

Sammen med Kulturhusets bestyrelse indsendte vi en ansøgning om en total renovering og udvidelse af byens kulturhus og fik af kommunen meget generøst tildelt 1 million til det videre arbejde med at realisere projektet. I den nedsatte styregruppe lykkedes det i 2023 i samarbejde med arkitektfirmaet C.F. Møller at færdiggøre planen for et helt nyt kulturhus, hvor vores væsentligste fingeraftryk blev en flot stor professionel kunsthal med tilhørende værksteder. Efterfølgende blev Kunstforeningen koblet fra det videre arbejde og kulturhuset overtog i samarbejde med en professionel projektmager det vigtige arbejde med fondsansøgninger, så projektet til over 200 millioner kr. forhåbentlig også kan blive til virkelighed.

Bestyrelsesåret i 2023 var til gengæld præget af en række udfordringer. Dels viste skulpturens konstruktion sig at være ustabil, og jeg måtte deltage i en række møder med producent, kunstner, kommune og eksterne ingeniørfirmaer, der lavede yderst komplicerede beregninger over skulpturens stabilitet, men i august lykkedes det, og skulpturen blev overdraget til Norddjurs kommune.

Efter ny bestyrelsessammensætning ved generalforsamlingen blev arbejdet i 2023 desværre præget af en tiltagende polemisk og uharmonisk stemning, og i august måtte jeg med en enig bestyrelse bag mig opfordre et bestyrelsesmedlem til ikke at genopstille ved den kommende generalforsamling.

Flere i bestyrelsen oplevede samarbejdsvanskeligheder og manglende opgaveløsning hos den pågældende og bad om handling. Heldigvis valgte vedkommende selv at træde ud af bestyrelsen.

Til min forundring blev det efterfølgende bestyrelsesmøde en stor skuffelse. Trods den enstemmige bestyrelsesopbakning, fremstillede nogle i bestyrelsen det nu, som om samarbejdsproblemerne med det pågældende bestyrelsesmedlem var en konflikt mellem ham og mig, og hvad der skulle have været et harmonisk bestyrelsesmøde, udviklede sig til et ubehageligt og kaotisk møde, hvor jeg ikke følte mig særlig godt behandlet.

Resten af efteråret blev præget af et tiltagende dårligt arbejdsklima. I november kunne jeg mærke, at mit hjerte igen begyndte at give bøvl med ekstra slag, utvivlsomt på grund af et tiltagende ubehag ved formandskabet. Når sådan noget sker, huskede jeg, at man skal lytte efter sit hjerte, og jeg meddelte derfor bestyrelsen, at jeg nedlagde mit formandskab og trådte ud af bestyrelsen. Det hjalp på hjertet, og efterfølgende har jeg igen haft gang i mit værksted med ny energi og glædet mig over friheden fra alt det polemiske, men også for den venlige hilsen jeg fik ved den afgående generalforsamling hvor bestyrelsen i referatet skrev: "Bestyrelsen retter en stor og hjertelig tak til tidligere formand Tyge Ingerslev for hans store indsats og engagement".

I mit formandskab blev der faktuelt gennemført mange ting, og jeg er på mange måder stolt af, hvad jeg fik gennemført, men har også lært at det politiske, og processuelle aldrig bliver min spidskompetence, og at jeg er lykkelig for, at jeg har været selvstændig i en lille virksomhed. Selvom jeg med stor fornøjelse var formand for Lokalforeningen i Kræftens Bekæmpelse i 14 år, så er jeg fanget af mit engagement og jagt på resultater, og tænker ikke så meget på gruppedynamik og formelle regler for samvær. I klinikken lå der i ansættelse og aflønning af personalet en klarhed i vores relationer, fordi alle vidste, at vi skulle nå et mål, og at chefen havde det sidste ord. Det gav klarhed og derfor plads til en afslappet god stemning, men jeg evnede i foreningen ikke at gestalte mig i processuelle rundbordssamtaler, hvor resultater og konklusioner ikke altid havde første prioritet.

Den processuelle nordiske tilgang til arbejdet har mange styrker. Er den vellykket, tager man ansvar i en flad organisationsstruktur og eksekverer på opgaver, men det kan også let blive til en ansvarsforflygtigende, selvhøjtidelig diskussionsklub.

Jeg er nu lykkeligvis ude af det politiske og ønsker under alle omstændigheder alt godt for foreningen, for den har en stor betydning ved at sætte fokus på kulturen i Norddjurs Kommune.

Kapitel 6

Tanker der formede mit liv:

Hvad er en erindringsbog? Det kan være en fortælling om hændelser, man har oplevet. Det bliver let til en lidt kedelig opremsning af – at så gjorde vi dit og dat. Det kan også være refleksioner over disse hændelser, og straks bliver det mere personligt og spændende. En erindringsbog må også fortælle, hvad der formede dig som menneske – familien, forældrene, mødet med andre og kærligheden, men man kommer heller ikke uden om også at fortælle om tanker, forestillinger og holdninger, der kom ud af det liv – et credo. Hvis det bliver en lidt langhåret 'kloge Åge' fortælling beklager jeg og kan kun sige, at det ikke har været hensigten, men alene at italesætte min eksistens, at berette om mine tanker om kunst, religiøsitet, dannelse – ja, om verden.

Kunsten:

I foråret 2017 søgte jeg ind på Århus Kunstakademi. Mine indsendte værker blev godkendt, og jeg skulle efterfølgende forklare og begrunde mine intentioner med studiet ved et meget højtideligt møde på Kunstakademiet med rektor og 3 faglærere. Mærkeligt som 65-årig igen at skulle sidde ved det grønne eksamensbord. Fire uger efter modtog jeg glad et brev om min optagelse.

Det har været en stor, besynderlig, berigende, men også ofte frustrerende oplevelse pludselig at skulle se verden på en hel anden måde. I lægejobbet er der en sikkerhed, der kommer af den forestilling, at der altid er en forklaring og en løsning. Den kan være indviklet, komme for sent og først erkendt på sektionsbordet, men graver vi dybt nok, så er der en forklaring.

I kunsten tvivler du konstant, fordi du grundliggende er alene om at finde løsningen, som kun er din. Du kan ikke læne dig tilbage, læse på det, men må skabe løsningerne på din egen måde –ja, den eneste brugbare kunst er, at du netop finder dine svar. Løsningen er, at du udelukker succesen og troen på det perfekte og i stedet alene koncentrerer dig om arbejdet og samtalen mellem dig og maleriet, træsnittet, eller hvad du arbejder med.

Tænk på værket som om du med sikkerhed vidste, at sekundet efter det var færdigt, blev det brændt. Det giver en frihed til en ægte dialog: Du sætter en rød klat, som siger noget – den fordrer et svar. Du sætter en ny klat, der giver de to en fælles mening eller en ny betydning, som igen fordrer et svar.

Hjul fra kærre i solen på Mallorca

Med en mængde klatter er der talrige muligheder for at dialogen stopper. Billedet kan risikere at sige: "Den samtale er for åndsvag – jeg gider ikke mere", og så står du der med alle talenterne, og billedet er pist væk. Andre gange lykkes det, og man bliver så kisteglad.

Men billedet er en krævende legekammerat: Du skal træde frem, vove noget, vise hvem du er, og det farlige er, at du ikke kan tænke dig til det. Mine bedste billeder er opstået i en ydmyg lytten og ageren med billedet, hvor samtalen skaber resultatet i en yderst skrøbelig dialog, der dør, hvis ikke du holder fokus på 'den anden'.

Mange billeder er 'bange' billeder, hvor man i angst for fiaskoen vælger det 'pæne' – nabofarven tilpasset og ufarlig. Andre gange bliver man næsten vred på billedet – "Nu skal jeg faneme fortælle dig…" og i den fortvivlede frustration slipper man alle tøjler, og så er du på rette vej. Det lyttende i dialogen er således ikke en hyggelig passiar, men en kamp, du taber, hvis du ikke intensivt er i samvær med den anden. Når det lykkes, får man i stedet sat en markant farve, der vil noget, og som i sin markante styrke bidrager til helheden, men risikoen er, at dens markante fremtoning smadrer hele billedet.

Uden at gøre det alt for højpandet, så fanger kunsten noget i tilværelsen, som hverken videnskaben eller vores rationelle forståelse af verden kan. Kunst handler grundlæggende om at anerkende en åndelig dimension. At "Das ding an sich", som er Kants beskrivelse af en ontologisk virkelighed, ikke kan omfattes, men glimtvis opleves i musik og kunst. Musik er den kunstart, der tættest viser os kunstens natur og dens kontakt med nuet, tilfældigheden og det værende. Ved koncerten forstyrres vi af den konkrete virkelighed, af violinistens smukke kjole, og når dirigenten bevæger sig faretruende tæt på podiets kant. Men når du er i musikken, er du i en forunderlig fælles verden med orkester og musik, hvor tid, rum og bevidsthed er væk. Hver enkelt tone placeret i et mikrosekunds fortid, nutid og fremtid smelter sammen i et værende hele, som ikke er til at fastholde i sin flygtighed. Løgstrup taler om "den afstandsløse sansning", en sansning, hvor tid og rum ikke er ophævet, men som du er en værende del af.

Emanuel Kant beskriver den kunstforståelse, som har været gældende fra oplysningstiden og frem til 1920'erne, hvor Duchamps udstiller sin pisse-kumme på hovedet. Kants kunstforståelse er således en helt uundværlig for-udsætning for at forstå moderne kunst. I "Kritik af dømmekraften" analyserer han kunsten. I modsætning til videnskaben er kunsten baseret på smag, men den sande kunst skal ikke blot skabe følelse eller stemning, som f.eks. muzak eller 'den grædende sigøjnerpige', som hurtigt er glemt, men må også skabe refleksion, der forandrer os som mennesker. Selvom den i sig selv er blottet for hensigt, så er den som alment begreb hensigtsmæssig derved, at den ma-ner til refleksion. Det er ikke bare følelse. Den sande kunst er, trods dens kunstighed, alligevel natur. Det skal ikke her forstås i snæver forstand, som skove eller søer, men som et fænomen, der ligger uden for os selv – verden, som den er. Kunsten kan fange verden, fordi den i sin form evner at være så fri fra snærende regler og fordomme, som var den produktet af den blotte natur. Lysten, og om man vil tale om følelse i skøn kunst, beror på en friheds-følelse i vores erkendelse. Og hvis man kan tale om hensigtsmæssighed i sand kunst, så består den i at være alment meddelelig uden at bygge på videnska-bens begrebsverden, der også er almen, men jo bygger på regler.

Platon opfattede kunst som simpelt plagiat, mens Kant gør kunstneren til geni, fordi han evner at gøre kunsten til noget i sig selv. Den gengiver ikke naturen, men ER natur og noget i sig selv.

Men hele Kants kunstforståelse forudsætter en forståelse af en verden uden for en selv. Derved kolliderer den med modernismens kunstopfattelse, som grundlæggende opfatter verden som en konstruktion og gør op med kunstneren som geni og troen på almengyldige værdier. Det er ikke værket, men interaktionen mellem værk og beskuer, der nu får betydning. Ja værket og maleriet erklæres for dødt.

Min lærer, Anette Olesen, har været inde på det flere gange. Hun siger: "Pæne billeder er der nok af, kopier vil vi heller ikke have, og illustration er ikke kunst. Den kunstneriske opgave er at distancere sig fra de tre og finde ind til sin egen samtale med en verden udenfor dig selv."

Et vellykket billede for mig er ligesom en god film, hvor historien hænger sammen – hvor alle de forskellige mistanker, ledetråde og underhistorier hænger sammen, så man får fornemmelsen af kompleksitet men også helhed. Omvendt er en dårlig film enten en forsimplet historie, som hurtigt er tygget igennem, eller også en kompleks historie, som ikke hænger sammen, og hvor plottet eller persongalleriet er falsk. Hvis det derimod lykkes, opleves en intens spændt følelse af helhed –ja, sandhed i værket. Hvad der ikke er OK, er billedet som er ren harmoni – altså billedet uden en reel sjæl eller spænding. Billedet kan være smukt, uhyggeligt eller grimt, bare man får fornemmelsen af ægte helhed uden fake, fordi du bringer dig selv i spil.

Min udfordring er, at jeg har svært ved at finde min kunstneriske personlighed, men jeg tror, løsningen er den simple, at den kommer af sig selv, hvis du bliver ved med at arbejde i en givende og meningsfuld proces –eller også kommer den ikke, fordi talentet ikke er der, eller fordi du er blevet for gammel og forstokket til at slippe dine fordomme, som er nødvendigt for at komme i kontakt med billedet. Så simpelt er det.

Jeg er ikke flov over, at jeg fravælger noget kunst – det er især konceptualismen og den politiske kunst, den manipulerende og fortænkte pædagogik. Min lærer Peter Land har sagt, at al kunst er konceptuel og indeholder en idé, som kunstneren vil formidle – men al kunst er ikke narrativ. Hermed mener han, at selv Ad Reinhart, Richard Mortensen og Rothko med deres 'ikke indhold' ikke kan slippe uden om værket som 'betydning', men der er intet narrativ. Omvendt er Kviums og Arne Haugens billeder både konceptuelle, men også fulde af fortælling. Men det er ikke hverken Kviums eller Arne Haugens fortælling, der keder – tvært om. Det er den rendyrkede konceptkunst, hvor kunsten bliver til ren idé.

Lad mig give to eksempler, der illustrerer pointen.

Første eksempel: I en køkkenblender svømmer en guldfisk, og det er nu op til publikum, om de vil tænde for blenderen. Et klassisk konceptuelt værk. Er det kunst?

Nej, det er en happening – et gys, en klog tanke omdannet til Tivoli og som kan afstedkomme mange kloge tanker – anmeldernes darling, fordi de med lethed kan skrive spalte op og ned om den antropocæne verdens misbrug af naturen, menneskets valg, ansvar og hvad ved jeg. I jagten på gyset er blenderen blevet en oplevelsesdildo, en tur i rutsjebanen og tygget igennem ved kaffebordet sammen med galopkringlen og fætter Antons kloge ord om kunst som politisk redskab. Man ser kun værket én gang, fordi gyset kun virker den ene gang. Du kan reflektere over budskabet, men det, der skulle gøre det til kunst, er du færdig med, når du går fra Trapholt, og i hver fald finder du det lidt banalt og fortygget næste gang, du ser det. Konceptkunst har altid et budskab, som det skal illustrere. Fri mig for deres indeklemte og fortænkte budskaber og effektfulde falden på halen. Skriv en kronik, hvis du har kloge tanker, du vil dele – og hvis du vil have kriller i maven, så tag en tur i Tivoli – lad være med at bruge kunsten som pædagogisk redskab eller følelsesonani. Du lader kunsten prostituere sig ved, at den bliver et middel – et gys – en affekt – til mere effektfuldt at fortælle, hvad du kunne have skrevet i en kronik. Konceptkunsten forstår ikke forskellen på affekt og følelser. Det pædagogiske formål – jagten på sensationen, bliver dens kunstneriske performative credo.

En af konceptkunstens stolte udsagn er, at den nedbryder afstanden mellem kunstner og beskuer, der bliver en aktiv del af kunstprocessen. I forhold til Kants forståelse af kunstneren som geni og værket som et unikum, så kravler konceptkunstneren solidarisk ned af piedestalen, og værkets unikum bliver i stedet en oplevelse hos beskueren. Kunsten og værket er ikke længere kapitalens jagt efter at eje en skalp i bæltet – trofækunst –næh, det er kunst for folket og sammen med folket. Værket er en ligeværdig dialog mellem kunstner og beskuer. Virkeligheden er imidlertid, at pissekummen er kommet på museum, og nu hedder et urinal og formentlig koster millioner, og at Banksy's værk fordoblede sin værdi ved at blive halvt makuleret. Konceptkunsten er igen blevet fin, fjern og et ophøjet værk, der koster kassen.

Al kunst er i en vis udstrækning konceptuel i den forstand, at den giver mening. Men den konceptkunst, hvis udgangspunkt er ideen og ikke det egentlige værk, har yderligere et problem. Den afskaffer sig selv i sin fortænkthed. En konceptkunstner havde lavet et 'værk', hvor der på tændstikæskens mærkat stod: "Brug disse tændstikker til at brænde al kunst, kunstinstitutioner og akademier, og brug den sidste tændstik til at brænde denne æske." Det er ikke et statement fra en sindssyg og frustreret kunstner, men en logisk konsekvens af det konceptuelle. Hvis værket ikke eksisterer, hvad er så dets berettigelse?

Hvis kunst er bevidsthed, tanker og tilsigtethed, hvorfor så udtrykke dem i kunst? En svensk kunststuderendes afgangsværk på Akademiet i Stockholm bestod i, at han udeblev fra eksamen og lod sig OG værk erstatte af en advokat, en kunsthistoriker og sine forældre. Han dumpede, men på god hermeneutisk vis anerkendte censorerne happeningen som et kunst-værk.

Simon Spies forargede verden og stillede spørgsmål ved en masse for-domme ved at bestille plads til sin stok i det kongelige teater. Sagt lidt provo-kerende, så kunne han vel også komme på Trapholt med sin performance?

"Fransk filosofi kom der aldrig rigtig god kunst ud af." siger Tall R og tænker på Foucaults og poststrukturalisternes definition på kunst som intet andet end en diskursiv historisk ophobning.

Andet eksempel: Per Kirkebys 'Vinterbillede'
Der er her tale om et egentligt værk – et lærred afgrænset af en ramme. Det er kunstigt og udtrykker, hvad Gadamer og Per Højholt kalder et formålsløst spil. Det betyder ikke, at det er en illusion, hvor rammen beskytter det for virkeligheden. Tværtom er det en virkelighed i sig selv. Det er gennemarbej-det, hvilket man kan forvisse sig om i filmen af samme navn. Det er også et værk i betydningen, at nok byder det beskueren op til dans, men det har ikke været Kirkebys formål med billedet. Det er blevet til i en ensom og opslidende kamp mellem ham og billedet.

Hvori afskiller 'Vinterbilleder' sig fra det konceptuelle?
Billedet skaber en ordløs og ubeskrivelig fornemmelse af lys og vinter-lig tristhed, men også helhed. Der er en genkendelighed, som mærkes nede i maven og ikke i hovedet og fylder en med glæde, men du forstår ikke det genkendelige – det er hverken en skovsø eller en pissekumme, men 'noget'. Han står frem med et udsagn, en selvstændig virkelig gestalt, der bliver gen-kendt af beskueren, men uden hverken at kunne forklare glæden ved billedet eller dets genkendelighed. Sådanne billeder er ikke nemme at anmelde. Man kan beskrive komposition, flader og farver, men ordene rækker ikke, og ofte bliver det til en række tomme floskler. De rækker ikke, fordi du ikke kan få skovlen under billedet. I modsætning til konceptværket bliver 'Vinterbilleder' ved med at overraske i sin mangfoldighed.

En af vores store men oversete malere, Emanuel Ibsen, har sagt, at "kunst opstår i trangen til det absolutte – en mærkelig higen efter at mærke 'lovene' tale gennem én. At føle sig som medie for naturlovene eller for Gud, om man vil." Det lyder højpandet, men er det stik modsatte, fordi det netop ikke handler om forstand illustreret med effektfulde gys og "Ih-da og Nej-da", men om kontrastfyldte følelser, som i deres kompleksitet bliver en troværdig, selvstændig og genkendelig gestalt, der ikke kan kategoriseres, men mærkes nede i maven. I Hammershøi's stille og gråbrune billeder ligger der en kontrast og farverigdom, som man aldrig bliver færdig med, fordi den i sit underspillede udtryk virker dobbelt stærk. Deri ligger forskellen på følelse og affekt.

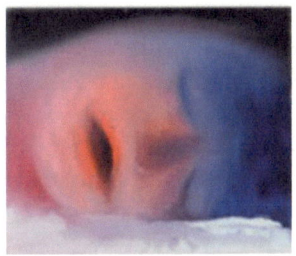
Billedkunster Mariam Cahn

Men misforstå ikke begreberne følelse og affekt. Følelser er ikke kun forfinede borgerlige 'salonfølelser' om natuuuren, kjærligheden og Vorherre, men kan sagtens være spontane, rå og seksuelle. Det afgørende er, om værket på én gang er stinkende klart i sit udtryk, men samtidig indeholder en kompleksitet, der giver fylde og ægte liv til et værk. Miriam Cahn er sådan en kunstner. Hendes evne til at fange søvnens væren, mens hun i andre billeder er pågående i sit seksuelle udtryk. Min tidligere lærer, Svend Allan udtrykte det på følgende måde: "Du skal kunne mærke nerven i et værk – den skal svirpe ligesom en guitarstreng, der er spændt til bristepunktet."

I et kunstfilosofisk perspektiv lever både Kirkebys, Arne Haugens, TAL R's og Hammershøis billeder i bedste velgående som kunstværker. Det geniale kunstværk afmonterer således ikke kunsten; tværtimod placerer den igen kunstneren som en uundværlig kilde til at opleve verden på ny.

Rita Feltski, britisk litteraturprofessor, der har udviklet den såkaldte postkritiske tilgang til litteratur siger:

"Kunstværket bliver først kunstværk, når nogen knytter sig til det. Værket er skabt for at henvende sig til nogen, og bliver først til, når den udveksling går i gang."

Man får lyst til at spørge, hvad en litteraturprofessor ved om det? Udsagnet viser hendes intellektuelle tilgang til kunst og negligerer helt den kunstneriske samtale med værket; ja, kuratorens og fortolkerens rolle bliver næsten vigtigere end kunstneren og hans værk, for nu bliver indpakningspapiret vigtigere end værket, fordi dets egentlige formål er at henvende sig til nogen. Værkets tilblivelse i værkstedet, der opstår i en spændende dialog med kunstner og værk, er blot produktion. Det er en holdning, man også ser i det øvrige samfund. Det egentlige produkt, maden, den ægte politiske holdning, de varme hænder i sundhedsvæsenet OG værket træder i baggrunden for indpakningen, kurateringen og oplevelsen. Derfor er det vigtigt at insistere på værkets egentlige gestalt, som stadig eksisterer, når museet om aftenen slukker lyset.

Det er to polariserede synspunkter, der kendetegner hele vores poststruktu-ralistiske skisma og derfor yderst interessant at grave sig ned i.

Kunst er kunstig og skabt af mennesker – den er ikke et naturfæno-men, og kunst giver kun mening for mennesker. Så langt kan vi være enige. Uenigheden opstår i påstanden om, at værket har en iboende mening, og om det er noget i sig selv, uanset om det bliver betragtet eller ej. Ligesom barnets konkurrence med sig selv om at kunne gribe bolden 30 gange er meningsløs, så tjener kunsten intet andet formål end sit eget. Værket er noget i sig selv. Et fænomen, der eksisterer i verden uafhængigt af en betragter. Legen og Ga-damers kunstspil er ikke skabt for nogen, men for at realisere et formålsløst spil.

'Et formålsløst spil'. Det lyder selvmodsigende, og understreger kun-stens og spillets manglende logik. Er det måske ikke åndsvagt, når kloge voksne sidder omkring et kortspil og bander og svovler, fordi makkeren mel-der Spar 9? Diskussionen har også betydning i forhold til begrebet 'mening'. Foucaults store megalomane vildfarelse er, at verdens fænomener kun har mening gennem os.

For at fjerne diskussionen fra den ophedede diskurs om kunst kunne man i stedet spørge, om et tilfældigt og aldrig iagttaget birketræ langt ude i den sibiriske tundra eksisterer, og hvad dets mening er. Ja, man kunne være så fræk at spørge, hvad dets eksistensberettigelse overhovedet er? Dets formål er ikke at tjene som tømmer. Hvorfor kæmper det en fortvivlet kamp for at overleve frost og svampeangreb? Kampen og udmattelsen ved at sætte frø, blot for at falde om i ukendt råddenskab. Det er meningsløs energi, medmin-dre man for det første accepterer, at træet virkelig eksisterer som gestalt trods sin ukendthed og manglende diskursive eksistens. For det andet, at dets ek-sistensbetydning er dets evne til at gestalte noget, som er en del af sig selv, men først og fremmest er noget nyt og sin egen gestalt.

På nøjagtig samme måde kan man opfatte kunstneren og hans værk. Kunst-nerens kamp med at skabe værket er den samme som barnets kamp for at gribe bolden 30 gange, og birketræets kamp for at sætte frø. Den primære glæde ved at lykkes er helt uafhængig af tilskueren. Ja, tilskueren kan faktisk være et forstyrrende irritationsmoment i skabelsen af værket. Glæden ligger i at have skabt noget, der eksisterer uafhængigt af mig, og lever sit eget liv.

Når man så ser 'sit barn' skabe glæde, forundring, vrede – ja, værd-sættes – så bliver man glad og stolt, netop fordi det er en del af mig, men allermest fordi det er sig selv, og at verden forholder sig til det nye og ikke mig. Verden, værket og ånd er ikke en konstruktion men er noget i sig selv, og som lever sit eget liv.

Joh – siger poststrukturalisten – det er meget godt, men man kan også fortælle en anden historie:

Ude i selvsamme russiske birkeskov er et fly med 100 mill. kroner forulykket. Alle har for længst opgivet at finde flyet, der er glemt og således reelt ikke eksisterer for noget menneske. Sedlerne eksisterer nok som gestalt, men denne gestalt er blot værdiløst papir, der først får betydning ved at blive trukket ind i en social menneskelig sammenhæng. På samme måde er værket ubetragtet blot lærred påsmurt akryl uden væsentlig værdi. Dets værdi får det først, når det bliver betragtet og sat i en social kontekst.

Rigtigt – men sådan er det vel med alle fænomener – alle virkelige gestalter – at de giver mening og bliver eksisterende for andre, når de erkendes og sanses af andre, men det betyder vel ikke, at eksploderende fjerne stjerner, ukendt for vores bevidsthed, eller værket, både som akryl men også som ånd, ikke eksisterer og med en iboende mening i sig selv. Det ligger i mørket med sin ånd og er 'noget'. Når en kurator beslutter at hente det op i lyset, træder det frem med sin gestalt og lyser for os alle. Ligesom Higgs partikel og alle andre fænomener i verden giver det mening for os, når vi knytter os til det. Vi bliver beåndet.

Alt er 'noget' og mere end 'det', er mit credo. Derfor er ordet 'beåndet' også vidunderligt, for man får et billede af noget, der i bogstaveligste forstand står og ånder én i hovedet med sin ugribelige fremtræden.

I min egen kunst mærker jeg tydeligt et fællesskab med en ekspressiv udtryksform – med en ikke pedantisk kunst, der bruger tilfældigheden som redskab, men det er en farlig legekammerat, som har sin egen mening.

Man skal slippe sig selv – leve i den angstfulde tomhed hvor billedet har forladt mig. Skabe mening uden at styre – at lytte og lade sig føre. Skitsen er en god illustration af tankegangen: Gennemarbejdet mange gange har den i sin hurtighed nok tilfældighedens og forenklingens karakter, men den rammer plet i sin renhed og koncentrat. Risikoen er, at du kæmper dig længere ind i detaljen end godt er i kampen for at skabe klarhed. Det sansede bliver til en kedelig konfiguration. Tracey Emin er skitsens mester med hendes 'tilfældige' skriblerier, som samlet skaber en mening.

Da Duchamp i 1920'erne hængte sin pissekumme op, blev kunsten helt grundlæggende redefineret. En forfriskende revolution, der prikkede til det pæne, borgerlige verdensbillede. Udløst af desillusionerende krige og samfundskriser, og et opgør med de store fortællinger, men det skabte også grobund for en afmontering af virkeligheden og kunsten i sig selv. En kunstforståelse, der ledte til postmodernisme, konceptkunst og forestillingen om maleriet som dødt – ja, at tilværelsen er meningsløs og at kunst kun giver mening som politisk redskab til at erobre magten.

Den var en nødvendighed, fordi den tog udgangspunkt i vores virkelighedsopfattelse og rystede os med sin meningsløshed.

Jeg afskyr den livsholdning, fordi jeg tror, den er en løgn, og fordi den som en kræftsvulst gennemsyrer vores tid. Foucault har beskrevet kunst som en kamp om magten. Kuratorer eller penge definerer, hvad der er god kunst, og i al min håbløse tro på Kant, Gud og en meningsfuld verden som er sit eget formål – ja, så er det op ad bakke.

Jeg har set hvor det fører hen: Behovsstyret egoisme, ensomhed og eksistentiel rodløshed med selvmord og tiltagende psykiske lidelser til følge og ikke mindst en dødkedelig intellektuel kunst. Det er et lyspunkt, at man i kunstverdenen begynder svagt at skimte, at dens tid er ved at rinde ud. Værket er vendt tilbage. Soklen er igen blevet moderne –værket skal have noget at stå på. Kunstnere som Tal R maler igen og Arne Haugen Sørensen fortsætter disciplineret, dag ud og ind med glæde i sit atelier arbejdet for at gribe den bold, som er så svær at fange.

Inger Christensen fanger kunstens væsen i sit manifest om det klasseløse sprog, hvor hun bl.a. skriver, at kunstneren arbejder med det ukendte. Hun vil ikke påvirke bevidstheden men blindheden og tilfældigheden. Tilfældigheden kan ikke påvirkes, men gøres læselig. Kunst er en kode til at læse terningekastet. At finde en sandhed der gør terningekastet nødvendigt og meningsfuldt. Kunsten beskæftiger sig ligesom religiøsitet med det umulige. Øjeblikkets meningsfulde gave.

Vestens forfald – demokratiet der mistede sit d.

Muppet showet havde en fast scene med to gamle sure mænd, der sad i teaterlogen og brokkede sig over tidens tand. Alene referencen til et oldgammelt TV-show antyder, at jeg muligvis er en af dem, en sur gammel boomer, der ikke kan acceptere, at verden flytter sig, men omvendt – kunne det ikke være befriende at smage på hinandens holdninger i en åben dialog i stedet for hadefulde fordomme fulde af foragt?

Svend Brinkmann's bog *Oplevelsessamfundet* sætter fokus på Vestens ødelæggende krise. Jeg er glad for den bog, fordi jeg deler hans analyse af oplevelsessamfundet, og den understreger, at også en relativ ung professor i psykologi og yderst aktiv og agtet i samfundet ser med bekymring på det postmoderne samfund. Jeg er ikke en isoleret, dum, gammel boomer.

Hans pointe er, at postmodernismens værdinihilisme er ødelæggende for de værdier, som er grundpiller i vores kultur.

En vital kultur kan have engagerede debatter og forskellige meninger – ja, det er demokratiets fundament, men hvis en kulturs udgangspunkt er, at alle værdier er individuelle, ophæves det fællesskab, der binder den sammen. Kulturen afmonterer sig selv og bliver til subjektive oplevelser. Hvor ofte hører vi ikke indledningen "Jeg oplever at...."

Oplevelsessamfundet har to positioner, og trods deres tilsyneladende modsætning, er de to sider af samme sag:

1. Relativeringen i oplevelsen

2. Absolutismen i oplevelsen.

Ad 1: Alt er relativt og subjektivt og derfor legio. Du kan opleve, at 2+2 er 5, og at du ser flyvende giraffer, for det er jo din oplevelse, og den kan ikke betvivles. Fællesskabet og samtalen – ja, livet bliver absurd og meningsløst, fordi der ikke er reelle referencer. En vits fortæller om en mand, der farer rundt i en park, og bliver spurgt hvad han dog laver.

"Jeg fanger giraffer."

"Jamen, der er jo ingen."

"Nej," svarer manden, "jeg er ret god til jobbet."

På den måde bliver vi alle som sæbebobler, der ensomt svæver rundt i universet i hver sin verden, mødes, og udveksler væsker, og til slut brister til ingenting. Alt er subjektivt og lige – gyldigt, fordi vi har indskudt en oplevet pseudoverden mellem os og den virkelige verden – en verden af ren oplevelse.

Ad 2: Hvis jeg oplever noget, er det sandt. Det er det fordi sandheden ligger i oplevelsen, og da det er mig, der oplever, er jeg den eneste til at afgøre sandhedsværdien, og det skal andre ikke blande sig i. Den krænkede afgør, om det er en krænkelse, for hvem skulle ellers? Hvad krænkerens intention har været, eller om der overhovedet faktuelt er tale om krænkelse, er irrelevant, for oplevelsen har altid ret, og hvem afgør, hvad der er faktuelt? Ud af denne

position opstår en dogmatisk absolutisme af fornærmede, krænkede menne-
sker ofte med et næsten paranoidt konspiratorisk verdensbillede, der tager
udgangspunkt i en oplevet sandhed, og som derfor er resistent over for facts
eller andres holdninger. Trumps fake news er et eksempel, Woke – bevægel-
sen og antivaccinationsbevægelserne et andet.

Følelsesfundamentalismen og krænkelseskalifatet åbner en ladeport
for gadens parlament og intolerant offentlig udskamning baseret på, hvad
man oplever, og konverterer derved hele samfundslivet til en pseudoverden af
indpakningspapir mere end indhold. Politikere har ikke holdninger men sæl-
ger følelser, som var det vaskepulver. Erhvervslivet udnytter vores søgen efter
mening og fællesskab og scorer kassen, mens alle vi andre idioter farer for-
virret og retningsløse rundt med mobiltelefonen og dopaminpedalen trykket i
bund i en hæsblæsende jagt på oplevelser og likes.

Vi er Kirkegaards æstetikere, hvis livsindhold er nydelse og behovstil-
fredsstillelse eller, hvis vi skulle nå op til hans etiske stadie, er etik blevet til
en magtkamp om sandheden, og hvor alle midler til at vinde retten til sand-
heden er legio, for hvem skal afgøre legitimiteten af våben andet end én selv.
Udskamningen lever perfekt i disse rammer.

I et samfund kan både skylden og skammen idømmes en straf, skylden afgø-
res i retten efter lovens bogstav, i det personlige opgør, eller i det ensomme
Lutherske lønkammer – altså i en argumenterende og ligeværdig dialog med
dig selv eller andre om grundlæggende eksistentielle forhold.

Skyldens fokus er indholdet, hvor udskamningens er oplevelsen. Så-
ledes opstår udskamningen ved overtrædelsen af diffuse sociale moralkodeks,
hvor alle spørger sig selv, hvordan disse regler eller 'sandheder' egentlig er
opstået. De er baseret på diffuse begreber som 'tidsånden' eller normalitet,
hvad det så end er, og eksekveres, når man 'oplever' noget. Tidsånden defi-
neres i en diffus vekselvirkning mellem meningsdannere og gældende kon-
ventioner og vores forforståelse, der vedvarende udfordres af ydre sociale be-
givenheder. Udskamningen er sjældent demokratisk funderet. Hvis man la-
vede en afstemning, om man skulle afskaffe navnet 'Eskimo is', ville et flertal
formentlig svare nej, men alene frygten for en såkaldt medieudløst 'shitstorm'
fik alligevel isfabrikken til at afskaffe navnet.

Udskamningen forsøges begrundet bl.a. med advokatundersøgelser,
selvom disse på næsten alle punkter overtræder retsstatens regler for ordent-
lig rettergang, men er i sin substans forankret i følelser, fornemmelser, ople-
velser og folkedomstolens kulturelle forestillinger og har ikke skyldens tætte

relation til argumentet. Der er ikke tale om ulovligheder, men du sættes udenfor døren, fordi du "bare ikke kan være det bekendt". En transseksuel skrev i Politiken: "Du har retten til at kalde mig 'han', men du skal vide, du sårer mig". Han erobrer det fælles sprog, og alene hans oplevelse berettiger en udskamning.

Skammens brændstof er en helt grundlæggende angst for at blive forladt af stammen – at blive udstødt og overladt alene til mørket og ulvene. Der er en ulighed mellem den, der udskammer, og den udskammede. Det er forældre-barn relationen, og måske stammer skammen fra vores relationer til vores forældre, der i deres opdragelse udskældte os, sendte os i isolation på værelset, for at vi skulle skamme os. Udskamningen virker oftest i et moralsk hierarki, hvor magten over det sociale rum afgør, hvad der er skamfuldt. Skamfølelsen i sig selv er derimod funderet i primitive førkulturelle instinktive strukturer, som vi deler med andre dyr, der har en social overlevelsesstrategi som f.eks. hunde. Skammen er således en førkulturel del af vores biologi, men må i et dannet og tolerant samfund være underlagt samme regler som skyldens. Det vil sige, at skammens anklager må frem i lyset og debatteres fordomsfrit, og hvor følelser, og oplevelser må vige for saglige argumenter der i sidste instans afgøres i retssalen eller ved demokratiske afstemninger.

Medier savler i, hvad folk følte, da de så ulykken, eller da fabrikken lukkede. Det væsentlige er ikke de faktuelle hændelser, årsagen eller konsekvensen men oplevelsen af det skete.

Men skal vi ikke skamme os? Mændene, de privilegieblinde boomere, de hvide, heteroseksuelle muskstyrede udkantsdanskere, det tyranniske patriakat. Er Woke-bevægelsen ikke en berettiget reaktion på en mangeårig undertrykkelse?

Det spørgsmål har mange svar, og de er absolut ikke entydige, men det er blevet en vestlig dille skamfuldt at skulle undskylde historien, mens andre kulturer i nutiden boltrer sig i tyranni, middelalderlig undertrykkelse af kvinder, folkedrab og dødsstraf for homoseksuelle, men der er noget galt, når en kvindelig psykiater af indisk afstamning i et foredrag på Yale udtalte, at hun har "fantasier om at tømme en revolver i hovedet på en hvilken som helst hvid person, som kommer i vejen for mig".

Det er de krænkede målløse, som lever i forargelsen – i reaktionen men aldrig i aktionen og det gestaltede skabende. Kan jeg ikke lyse selv, kan jeg i hvert fald slukke andres lys.

Jeg er ikke fan af Nietzsche, men i *Moralens oprindelse* taler han om begrebet ressentiment, som ikke kun er en forurettethed, men også foragt og had, som ikke kun angår den oplevede uretfærdighed, men hele det system, den tilskrives. Sociologen Tobias Petersen skriver i tidsskiftet Kontrast: "Ressentimentmennesket er aldrig agerende, altid re – agerende, og bygger sine egne værdier op som krænkede spejlbilleder på en fjendeforestilling. Antiracismen mod hvide, feminismen mod mænd. Hvornår stopper de? Hvornår bliver de noget i sig selv?" Man kan ikke gestalte sig i forargelse over andre, og skylden er først og fremmest knyttet til det personlige og dets værdier og giver ikke mening i, hvad der hændte i en fjern historisk tid. Du kan lære af historien, tage afstand fra vikingernes hærgen, men du er ikke skyldig.

Undertiden kan man godt få fornemmelsen af, at woke – bevægelsen først og fremmest skal ses som en løsning på en psykologisk personlig indre identitetskrise eller endnu værre, som et politisk redskab til ad bagvejen at indføre en venstreorienteret dagsorden om lighed for alle: Se på historien og de hvides imperialistiske hærgen, mændenes patriarkalske undertrykkelse OG kapitalismens urimelig og grådige udnyttelse af andre.

Det er en lusket og manipulerende metode, for dens forudsigelige afstandtagen fra fortidens uhyrligheder implicerer en ekstrapolering frem til nutiden og en indirekte accept af et marxistisk grundsyn med en socialistisk samfundsstruktur. I stedet for sympatisk at kæmpe for retten til en reel eksisterende forskellighed blev Woke-bevægelsens udgangspunkt poststrukturalismens tro på at virkeligheden er skabt gennem komplekse relationer mellem sprog, magt og diskurser og at det er muligt og en politisk opgave at ophæve forskelligheden mellem mennesker både kulturelt og økonomisk. Denne næsten religiøse forestillinger om årsagen til uligheden bliver derved et politisk projekt, som i hvert fald det store flertal i det demokratiske Danmark ikke bifalder.

En gruppe fra LGBT-foreningen fik nok af dens ekstreme og hadefulde forhold til det heteronome og dannede deres egen forening, og da det engelske sprog blev anklaget for at være racistisk, svarer den sorte professor Eric Smith i et interview bl.a.: "Jeg spurgte, om det virkelig var bedst for vores studerende, særligt dem med minoritetsbaggrund, at dæmonisere standardiseret engelsk. Den hadske reaktion på både maillisten og de sociale medier åbnede mine øjne for, hvor ondskabsfuldt, krænkelsesparat og illiberalt feltet var, når det kom til race og retorik."

Det hele handler om viljen til magt, koste hvad det vil. Resultatet ser vi i USA, som er ved at blive opløst i voldelige og hadefulde angreb på hinanden, for lige nu er en ekstrem højrefløj i gang med at reclaime retten til krænkelsen.

Derfor er Brinkmanns bog så vigtig, fordi han giver en løsning på Vestens forfald. Løgstrups førkulturelle suveræne livsytringer som tillid, kærlighed og barmhjertighed, redder os, fordi de danner basis for en førkulturel mere ontologisk baseret universel etik og dannelsesbegreb, men for mig er bare bevidstheden om en verden og en sandhed udenfor mig selv det allervigtigste og nok til at stræbe efter, også selv om den er fyldt af en masse u'er: usikker, ulogisk og uopnåelig. Med denne bevidsthed genetableres det ægte kulturelle fællesskab, der binder os sammen som en meningsfuld kristen kultur, og begrunder, sammen med Løgstrup, begreber som dannelse, etik og ægte fællesskab. Vi er alle placeret i et ontologisk fælles rum og 'interdependente' på godt og ondt.

Brinkmann kritiserer Sartres eksistentialisme, fordi hans etiske valg ikke har nogen forudsætninger, men alene begrundes i det subjektive valg.
Den etiske fordring er jo kun interessant i et dilemma, hvor to eller flere muligheder skal afgøres i et valg: Sartre bruger eksemplet med den unge mand, der skal vælge mellem at redde nationen som soldat eller redde moderen ved at blive hjemme og passe hende.

De fleste valg træffes imidlertid uden de store reflekterende og analyserende valg. Jeg valgte at få børn, jeg valgte Tove som kæreste og kone, jeg valgte at blive læge – alt sammen af stor eksistentiel betydning, men uden dybe analyserende overvejelser. Det skete bare, og man kan hævde, at livet er en meningsløs tilfældighed. Men det kan også opfattes som øjeblikkets gave, som man kan vælge at gribe. Det er ikke bare Kirkegaards spidsborger der bevidstløs følger strømmen, men i stedet en musikalsk væren i livet.
　　　　Det meningsfulde opstod således, da jeg valgte min skæbne – tog den på mig og gjorde den til min. Det er Kierkegaards etiske fordring. At sige: Nu traf du et valg, og det forpligtiger. Du må engageret træde ind i valget – studere, knokle med eksamen, påtage dig forældrerollen, også i ulvetimen, og ildelugtende lortebleer, og sige ja til kærligheden, når den er allersværest – og i den proces –det at tage noget på sig – bliver valget til eksistens og mening og endog en stor meningsfuld glæde. Dette etiske valg gælder dybest set også rygerens valg om at stoppe eller fortsætte til den bitre ende, men det gælder også vores ansvar overfor næsten, vi møder på vores vej. Det kompas, der guider os igennem livet, er ikke bare sociale konstruktioner men også Løgstrups førkulturelle værdier og ikke mindst kristendommen, som i frelsen ikke fritager os for ansvaret for vores valg.

Livet har 1000 muligheder og veje, der først giver mening i valget. Mange unges forvirring opstår netop i forestillingen om, at der kun findes ét rigtigt valg. Det er jo sveddryppende angstfremkaldende, for tænk hvis man nu valgte forkert? Valget er eksistentielt, og valg medfører forskellige retninger, men trods deres forskellige retninger er de på ingen måde meningsløse. Man kan sige: Jeg valgte den retning, og det formede mit liv. Det er langt fra det logiske, velovervejede valg, men snarere en mere musikalsk og lyttende tilgang til verden. Men når du har valgt den, så skal du fanden gale mig vælge den med fuld musik og kun stoppe, hvis kampen viser sig at ende blindt.

Men både Sartre og Brinkmann savner Kierkegaards religiøse stadie. Etikken handler om spilleregler for samvær og vores relation til vores omgivelser. Det er fint, men etikken dør med os. Vi ved, at vi og vores etik kun eksisterer i et latterligt lille sandskorn af universet, sandheder i Lidenlund, men hvad med en mening udenfor dette lille sandskorn? En mening der er så stor i forhold til livet i Lidenlund, at de får en til at tænke på historien om musen og elefanten, der går over broen "Nøj – hvor vi buldrer!"

Hvordan besvarer man Ionescos påstand om tilværelsens grundlæggende meningsløshed og absurditet. Hvad er svaret når hans skallede dame tomt og passivt konstaterer: "Nå, da – da!! Jeg tror, det ringer på døren."

Ifølge kunstskribent Ole Lindboe svarer Camus, at det at udtrykke sig giver i sig selv mening og derved undsiges det absurde i det samme øjeblik, vi udtrykker os. At skabe er at fornægte meningsløsheden. Det absurde lader på en måde det ensomme menneske leve foran et spejl. Men deri ligger også risikoen for en narcissistisk selvmagende behagelighed. Det sår, som både smerter og klør, bliver til sidst en kilde til nydelse. Kun den skabelse, som har sagt nej til nydelsen ved det absurde, som virkelig indser at hele fundamentet for skabelsen er absurditeten, kan påkalde sig retten til den meningsfulde skabelse, er Ole Lindboes påstand.

Det er godt set, men for mig holder argumentationen ikke. Den er i sig selv en behagelighed, for den giver ikke svar på, hvorfor du skal skabe, hvis tilværelsen og ikke mindst verden a priori er absurd og meningsløs. Bevares, du kan flette peddigrør, samle på frimærker eller skabe kunst og på den måde fylde tiden ud med skærmydsler, der giver mening i Lidenlund, inden du ender som en ligegyldig ormesæk, men at påstå at det fjerner tilværelsens grundlæggende absurditet, er en selvbehagelig fejlslutning. Selvmordet er den eneste reelle konsekvens af verdens absurde meningsløshed.

Nej – det eneste meningsfulde svar til både Camus og Ole Lindboe er, at tilværelsen IKKE er absurd eller meningsløs af den simple grund, at der ER en mening med tilværelsen udenfor mennesket. Verdens skabelse, den biologiske livskraft, universets retningsbestemthed giver umiddelbart en mening, uforståelig og stor, men dog udtryk for en helhed. Almene førkulturelle menneskelige forestillinger om tillid, glæde, håb og at det gode er godt, er også et anker, men i vores jordiske liv oplever vi gennem kærligheden stykvis en åndelig kraft, der for mig skaber hele fundamentet for mening. Er det bevist? Nej, – men det er erfaret og derfor en overbevisning, som man kunne kalde tro. En tro som skaber et ægte fællesskab mellem mennesker, og som giver skabelsen en ægte mening. Du er sat i en verden – så stor, så stor – Lasse – Lasse lill'... Det at skabe bliver på den måde et meningsfuldt udsagn ved at opsøge og forsøge at fange det umulige og i kunsten og videnskaben at formidle den som en gave til et fællesskab.

Det er s'gu da meningsfuldt!

Dannelse:

Maria Ressa, journalist fra Philippinerne og modtager af Nobels fredspris i 2021, har skrevet:

"The collapse of democracy starts with the breakdown of facts. And if you don't have facts, you don't have the shared reality to find the right path."

Det er velkendt, at alle kulturer på et tidspunkt går i forfald – egypternes, grækernes og romernes – så hvorfor ikke Vestens? Der er i hvert fald mange, der gerne ser det ske. Putin, BRIK – landene står på spring i kulissen. Men historien lærer os, at det ikke bare er de ydre fjender, der besejrer os, men den manglende tro på egne værdier og den degeneration, der følger deraf. Det store tema i filmen "Quo vadis" er de negative konsekvenser af Romerrigets moralske forfald.

Skal vores kultur overleve, må vi tro på dannelsen og de værdier, der danner os som mennesker. Når børn indtil 15 – årsalderen fritages for samfundets straf, skyldes det en erkendelse af, at de ikke er i stand til at tage fuldt ansvar for deres handlinger, fordi de fra naturen og kulturens side ikke er færdige med deres dannelse. Den er derfor en helt naturlig proces i det at blive voksen og ansvarlig. Alligevel er begrebet dannelse kommet i miskredit, fordi den begrænser det frie menneskes ret til at skabe sin egen verden, men illusionen om, at man kan danne sig selv, er stærkt overdrevet. Når man farer vild i skoven, er man først virkelig fri. Man er befriet for en given vej. Det er livgivende i kunst, hvor man ideelt ikke er tynget af kendte forestillinger; men i sin grundtanke er absolut frihed meningsløs. Man dannes, og i passivformen ligger netop en erkendelse af historien, erfaringen og verdens betydning. Dannelsen sker i en vekselvirkning mellem virkeligheden, reflekterende, etiske overvejelser i et inkluderende og respektfuldt fællesskab. Den er ikke baseret på rigdom, strittende lillefingre, titler eller magt men snarere et kompas, der sætter kursen i ens liv og gør ens hverdagsbeslutninger meningsfulde. Dannelsen med rammer og hvor følelserne opleves som ægte indenfor den ramme.

Hvad er så grundlaget for det borgerlige dannelsesbegreb?

Der eksisterer en sandhed. Vi kender kun en flig af denne sandhed, men i vores blindhed kan vi ikke med rimelighed kræve retten til den. Når vi derfor handler som en nødvendighed, så må vi forholde os ydmygt til egne forestillinger og være lyttende og respektfulde for andre og verden. Vi må skabe fælles grundregler og institutioner, der sikrer den enkelte mod overgreb og gadens parlament. Det gøres ved en demokratisk grundlov og ved magtens tredeling og desuden krav til den fjerde magt og dens nye medspillere, de sociale medier, om spilleregler.

Men først og fremmest skal dannelsen bestå i en tro på dannelsens legitimitet, vores grundlov og de institutioner, der er bygget op omkring den, men det kræver, at også de, der forvalter magten, selv tror på legitimiteten af deres magt. Historier om Støjbergs forvaltning af barnebrude, Mette Frederiksens minksag, politiets håndtering af Tibetdemonstrationen eller Trumps fornægtelse af et valgresultat er skræmmende eksempler, hvor magten glemte sin dannelse og mere troede på spin og politiske bortforklaringer med det ene formål at gribe magten.

Dannelsen kræver også anerkendelse af det elitære. Ikke i Foucaults betydning som en magtkamp om retten til sandheden eller som alene finkultur men som en forståelse af, at der er noget, som er baseret på førkulturelle egenskaber ved mennesket og verden og er værd at bygge på. Dets biologi med alle de fælles følelser og egenskaber, og som a priori gør noget til bedre end andet. Igen er dette 'bedre' alment og respekterer derfor også vores ydmyge forhold til sandheden. Det er en farlig løgn, som post-strukturalismen har spredt i vores bevidsthed: at sandheden afgøres i sproget, og i erobringen af magten til sandheden. Denne magtede sandhed skulle baseres på en diskursiv demokratisk samtale, men i stedet er den blevet til en skinger polariserende magtkamp, hvor alt er legio.

Det er langt fra den anstændige borgerlige dannelses værdier, som er baseret på egenskaber ved os som mennesker:

1. Du skal udnytte dine evner. Ikke som et ydre pres om at præstere, at blive rig og berømt, men som en indre forståelse af dig selv som menneske og et ønske om at udforske og bruge verden. Rækker evnerne ikke langt, er det også ok, fordi ethvert menneske er værdifuldt, uanset dets evner. Den potentielle energi, der er givet dig ved fødslen, skal være udnyttet og givet til verden ved din død. Vores børn skal ikke være dygtige, men gøre deres bedste og ville noget med deres liv. Forudsætningen er en accept af, at vi biologisk er forskellige og med forskel i evner. Det er ikke en skam, men kan blive en styrke i et inkluderende samfund.

2. Du skal stræbe efter det gode. Hvad det er, kan vi skændes om i en respektfuld debat, men igen kan man bruge Kants moralfilosofi, Løgstrups førkulturelle livsytringer og vores kristne forestillinger til at navigere i vores blinde, famlende menneskeverden og i valget tage vores liv på os.

3. Vi er skabt som biologiske væsner med typiske normerende fællestræk men også med forskelle i køn, race, seksuelle præferencer, evner og kønslige forestillinger, som alle har den fulde ret til at blive udlevet, blot de ikke skader andre. Men alle har i ordets logiske forstand ikke lige ret til at normere. Vi alle er placeret i kulturer hvor nogle udgør et mindretal. Det giver et særligt ansvar for kulturen til at tage hensyn til netop mindretallet, men kulturen har i sagens natur også retten til at normere sig som kultur. De fleste i vores samfund er etnisk hvide, heteroseksuelle, kristne danskere, der har valgt at leve i et socialbevidst men også liberalt samfund. Det er vores norm – en norm hvor mennesker står ved hvem de og deres kultur er, og derfor med selvværd kan byde forskelligheden velkommen.

4. Samvær og fællesskaber er godt, et skabende liv er godt, refleksiv ensomhed er godt, meditativ afslapning er godt. 'The nothing box' er livgivende, men alle skal de doseres i passende mængder.

5. At gå i dybden med en sag er godt og bedre end det overfladiske – men både improvisationen, legen og indbildningskraften er ikke overfladisk og en yderst kompleks sag, der styrker vores dannelse. Indhold har større betydning end indpakning og performance. Der er kvalitativ forskel på god og dårlig mad eller vin, uanset indpakningen og subjektiv smag. Performance uden indhold

er uden kalorier. TikTok har ikke samme værdi, som når mor læser op af Emil fra Lønneberg. Fællesskab og legen i natur, søspejdere, ungdoms – og fodboldklubben er bedre end sløv ensomhed på værelset eller fladpandet væren i TikTok opslag af den simple grund, at du ikke udvikler det potentiale, der er givet dig.

6. Ikke alene skal vi værdsætte de formelle institutioner, som folketing og domstole og det netværk af demokratiske aftaler, vi er spundet ind i, men også de værdier og deres institutioner, der er kilden til vores dannelse: kunst, videnskab og vidensformidling. Men ligesom de formelle institutioners magthavere skal tro på dannelsen, så skal kunsten, videnskaben og medier vedkende sig grundregler for deres virke. Kunst, vidensformidling og videnskab er nok menneskelige konstruktioner, som evigt er til debat, men de er også redskaber til at afdække noget om verden. Alene det legitimerer deres normative magt og ret til at træde foran spindoktorerne, politikere, reklamefolk og coaches – alle sælgerne hvis formål er at performe og magte mere end skabe indhold og samvær om en ny fælles virkelighed. Det er årsagen til, at staten giver kunsten og forskning frihed og vi værner om pressefriheden. Bliver deres metier derimod et redskab til at sælge en politisk dagsorden og få magt, har de misbrugt deres mandat. De skal i stedet alene koncentrere sig om at fange det umulige: Fange blindheden, som digteren Inger Christensen udtrykker det.

Det er rigtigt, at den rene objektivitet eller vores adgang til sandheden er en besværlig størrelse, men det betyder ikke, at man ikke kan tilstræbe den. Derfor må vores værdiinstitutioner påtage sig den svære – ja, umulige opgave – at balancere på en knivsæg mellem sandheden og dens menneskelige illusion. Det gøres i et åbent, debaterende miljø, hvor alene argumentet, beviset og nysgerrigheden har forrang, og hvor eksklusioner og fordømmelse af de 'forkerte meninger' ikke apriori er acceptable. I kunstnerisk sammenhæng kan kunst godt være politisk, men det er ikke det der berettiger dens eksistens. Det er derimod at undersøge og udtrykke det ukendte. Dea Trier Mørk eller Brendekildes billeder er politiske i deres forargede medfølende budskab, men det er ikke budskabet, der gør værkerne til kunst.

Kunsthistoriker Mikkel Bolt mener omvendt, at al kunst er revolutionær og på sin vis har han ret, men djævlen ligger i detaljen. Kunst der ikke forandrer os på en eller anden måde, er rigtignok ligegyldig, men omvendt dør kunsten hvis den bliver et pædagogiske middel uden anden kunstnerisk værdi end at udtrykke det en selvfed kunstverden synes er politisk sympatisk.

Forudsigelig programkunst om race, klima, køn eller en socialistisk dagsorden bliver ofte til det stik modsatte af at se verden på en ny måde, men i stedet et politisk stunt for at fremme velkendte holdninger. Kunstnere har luret mekanismen og det, der skulle være en nysgerrig undersøgelse af verden, bliver i deres valg af tema i stedet til en let adgang til fonde og kunststøtte.

Bachelor og uddannet Master of History and Theory, Augusta Atla afslører i sit manifest meget præcist den politiske kunsts store fejltagelse: "At være krop – køn, klasse, etnicitet, nation, kaste og seksualitet – er i sig selv politisk"

Det er en falsk, udokumenteret påstand, skabt af Frankfurterskolen, men hvis den skulle være sand, må konsekvensen være, at den kunstneriske frihed gives tilbage til dem, der er valgt til at forvalte den politiske magt i et demokratisk samfund.

Dannelsesbegrebet kan aldrig blive et endegyldigt program, og det borgerlige dannelseskodeks er ikke meget men dog noget og har i hvert fald i århundreder dannet grundlag for den vestlige demokratiske kultur. I borgerlig forstand har dannelsen ikke noget mål om, at du skal ende op med en given tankegang om f.eks. et kristent eller marxistisk tankesæt. Næh, målet er blot at forfine dit syn på verden. Det kan bedst illustreres med pixels i et foto. Et primitivt og forenklet verdensbillede med Paradise Hotel, TikTok og Mc Donald's ser verden i meget få pixels. Ved dannelsen forfiner du billedets kvalitet ved at se verden rigt facetteret og bestående af millioner af pixel. Du bliver ikke mere lykkelig, men verden fremstår mere klar, kompleks og differentieret og på sin vis mere sand, også selvom du aldrig når målet. Midlet til denne differentiering er fordybelsen, samtalen, det at lære, opleve og lytte (også til modstandere), at frustreres – hele tiden at gen – tage sig selv. Ud af det kommer et dannet menneske.

Det borgerlige menneskesyn vil ikke revolutionere eller frelse andre – ligesom Bolt – men derimod forfine menneskets forestilling om verden og gennem den indsigt forandre den. Den er desværre under angreb fra alle sider. Fra Trumps fake news, fra despoter rundt om i verden, der har læst deres Machiavelli og rager til sig og fra wokebevægelsens dogmatisme og politiseren.

Nutidens avancerede terrorister er ikke religiøse tosser, der bruger primitive og voldelige metoder til at nedbryde samfundets struktur, men er i stedet en intellektuel magtelite omkring socialkonstruktivismen, marxismen og Frankfurterskolen, der begavet har sat sig på fortællingen om verden i medier, på universiteter og kunstakademier. De har erkendt, at marxismens tro på "proletariatets revolution" var en utopi og i stedet blev udlevet i jagten på Volvo, villa og vovse, og at oprøret i stedet måtte komme fra eliten, hvis opgave er at bevidstgøre masserne. Det er Mikkel Bolts egentlige hensigt med kunsten som revolutionær. Litteratur omskrives, fordi den er upassende og skamfuld, videnskaben udelukker forskere med de forkerte meninger, og Washington Post fyrer deres debatredaktør, fordi han tillod et indlæg fra en demokratisk valgt republikansk senator. Det vestlige dannelsesbegreb er under angreb og på den mest lusede måde, fordi modstanderne lukrerer på den borgerlige anstændighed og tolerance.

Metafysik, ånd og kristendom

Kuglefiskens forunderlige kunstværk på havbunden

Naturen er forunderlig. På Youtube kan man se David Attenboughs fantastiske fortælling om kuglefiskens meningsfulde kunstværk lavet i sandbunden: Hvordan kan en dum fisk uden anden refleksiv bevidsthed end instinkter og drifter udføre et sådant værk? –Hvor kommer kilden fra, og hvorfor tænder hunnen på netop et sirligt og matematisk korrekt udført værk? Hvorfor har både fisken og vi en fælles forståelse af skønhed og mening i dens værk?

Jeg har ikke noget svar, men fascineres af dets skønhed og aner et fælles sprog omkring verden uden for fysikken. Mærkværdigheden genfinder vi i fraktaler, som alle er skabt efter samme matematiske lov og både findes i biologien, fysikken men også i universet.
Men er metafysik ikke blot en konstruktion i vores hoved, og som dør med os?

Måske – men i hvert fald er der noget i vores hoveder, som ikke dør med os. Matematik bruges i hverdagen af alle og er trods dens tørre præcise sprog også metafysik. Den er nemlig ikke funderet i en beskrivelse af fysiske fænomener. Tyngdeloven er baseret på et studie af et fysisk fænomen – nemlig tyngdekraften, men hvem har set, mærket eller rørt ved et primtal eller komplekse tal? Og primtal er ikke symboler for noget fysisk. Vi gør os altså forestilling om noget, som ikke eksisterer i den fysiske verden, men de love vi udleder af matematikken kan i den grad bruges i vores fysiske verden. Matematik er trods dens teoretiske åndelighed dog en reel virkelighed – et ormehul mellem ånd og fysik.

Så hvis matematiske sandheder findes derude, uden at bestå af molekyler eller atomer, så er de en del af virkeligheden – og det bedste er, at vi glimtvis har adgang til denne åndelige, ægte eksisterende verden. At vi gennem vores erkendelse, sprog og ikke mindst indbildningskraften fornemmer en reelt eksisterende åndelig verden udenfor os selv.

Matematikken er ikke et bevis på Gud, men Gudsbegrebet giver forklaring på, at der derude findes ting, som jeg gennem matematikken aldrig burde kunne forudsige. En nobelpristager har sagt, at matematiske sandheder er en gave –et mirakel. Det er de, fordi de 'kommer til os' i en tilfældig meningsfuld indbildning fra noget ikke fysisk udenfor os selv.

Den største oplevelse ved mit første studentervikariat i Skælskør var at opleve ånd og dens forskellighed fra fysikken. Det er netop, hvad påsken handler om. Fra Skælskør husker jeg, at sygeplejersken en sen nattetime ringede og meddelte, at der var mors på stue 18. Mors – et dejligt fremmed klinisk ord, der berøver døden det meste af sit indhold. Søvndrukken går man gennem hospitalets underjordiske gange. Proceduren er simpel: Ingen hjertelyd, et notat i journalen og en seddel bundet om storetåen med tidspunkt og underskrift, hvorefter liget kan køres på 6- timers stuen.

Tre dage efter stod jeg i vinduet og kikkede over på kirkegården. Flaget på halv. Kirkeklokker, der med insisterende regelmæssighed ringede sorgen ud over den lille by. Sortklædte, sørgende mennesker samlet omkring graven og præsten.

Påsken er kristendommens store begivenhed. Den fejrer Kristus genopstandelse – åndens og kærlighedens sejr over døden. Vi moderne og vidende mennesker har det rigtigt svært med påsken, for den strider mod hele vores moderne tænkemåde. Men hvad er ånden egentlig for en størrelse? Ligger virkeligheden i den faktuelle tåseddel, eller er der en ånd, der kan rumme sorgen og et menneskes død? Og er denne ånd mere end et socialt og psykologisk fænomen?

Svaret er, at ligesom der millioner af lysår fra os eksploderer stjerner, uanset om vi er til eller ej og oftest udenfor vores bevidsthed, så er der også en verdensånd – en metafysik uanset om vi er til eller ej. En mening eller ånd i verden, som er uafhængig af menneskelig erkendelse. Vi kender den ikke i naturvidenskabelig forstand, men omvendt har mennesker i alle tider gjort sig tanker om denne ånd.

Nogle vil hævde, at spørgsmålet er helt forfejlet, fordi tilværelsen er determineret og styret af fysiske love, og 'ånden' således er ren fysik, eller også at der ud over de fysiske love kun er tilfældighed og vilkårlighed, og at tilværelsen er meningsløs – retningsløs og kaotisk.

Disse reduktionister hævder, at det at finde mening i virkeligheden blot er fortvivlede forsøg på at konstruere en mening, som ikke eksisterer, et forsøg på at løse en kognitiv dissonans. Tilværelsens eneste retning bliver da at have det godt her på jorden, så længe det varer, hvorefter der ikke er mere – slut, prut, finale!

Samvær, forestillinger –ja, hele tilværelsen er en konstruktion, der foregår i hjernen hos den enkelte. Moral kan være praktisk men uden egentlig sandhedsværdi eller fundament. "Kæmp for alt hvad du har kært" bliver et absurd modelune, der skifter med tiden ligesom brede og smalle bukseben.

Tilbage står alene individets drift til overlevelse og gerne på 1. klasse. Forestillingen om 'næsten' er pænt indpakningspapir, et evolutionært 'trick' – men reelt et instrument til egen behovtilfredsstillelse. Ja, – fri os fra den kvalmende empati, siger journalist Lone Frank.

Det er psykopatiens bibel. I det postmoderne, 'værdiløse' samfund, er der kun én ægte værdi, og det er dig selv. Alle menneskers samlede og forskellige behov skaber på den måde verden i en tilfældig, meningsløs proces uden mål. Der er derfor ikke noget reelt fællesskab, som opstår i bevidstheden om en verden, vi er en del af. Verden er derfor ikke andet end et epistemologisk sammenkog af individers enkelte verdener og deres behov. Det er rhizomets labyrint uden udgang, fordi der ikke er nogen mening i dets opbygning, og så er vi igen tilbage til Trumps alternative facts og wokebevægelsens krænkede absolutisme.

Reduktionister ville måske hævde, at det postmoderne samfund netop næres af al den metafysiske snak om ånd, men det er den positivistiske såkaldte facts baserede åndløshed, der er en af grundpillerne i det postmoderne, rodløse og forvirrede samfund. Kulturrelativisterne er børn af dette livssyn.

For mig er åndløsheden en blindgyde. Jeg forkaster den ikke, alene fordi den er en blindgyde eller i angst for meningsløsheden, men fordi jeg ikke tror, den er sand. Der er ikke noget bevis, men det er der heller ikke for tilværelsens meningsløshed. Begge holdninger kan kun blive til 'tydninger', fordi vores begrænsede erkendelse er en del af vores virkelighed, men det betyder jo ikke, at ånd ikke eksisterer. Når jeg tror på en ontologisk mening, så er det fordi, det jeg ser, føler og erfarer siger noget andet: At der i stedet for det rodløse og forvirrede liv er et træ med rod og en stamme, hvorfra der vokser grene og blade –en ontologi med en skabelse og en retning. Domkirken i Köln har et stort mosaikvindue lavet af Gerhart Richter. En computer har beregnet en helt tilfældig sammensætning og placering af tusindvis af små farvede glasstykker – uforståelige pixler ligesom en kæmpe forstørrelse af et foto. Man prøver at skabe mening i det tilfældige, men vores nærsyn gør det meningsløst. På den måde bliver det et religiøst billede ved at beskrive en tilsyneladende meningsløs verden, som i al sin uforståelighed dog giver mening i troen på lyset. Opgiv at forstå verden i sin helhed, men glæd dig over morgensolens stråler, der skaber forunderlige tilfældige billeder på gulvet i Guds hus.

(Derix Glasstudios) Lysets spil i Kölner Dom fra Gerhart Richters mosaik

Men kunstværket stiller også spørgsmål ved tilfældigheden og Guds eksistens. Kaster Gud med terninger, eller er vores forståelse af tilfældighed falsk?

Tilfældigheden kender vi i improvisationen: Der er musiske love om kvintcirklen og instrumenter med faste tangenter, og tilfældigheden bliver til meningsløst vrøvl uden en ramme og faglighed, men i improvisationen er der en tilfældighed, der ikke er meningsløs, men følger veje der nogle gange dør hen, men andre gange leder videre, og alt dette skaber nyt. Det tilsyneladende fravær af forudsigelighed eller kausalitet i en hændelse betyder nødvendigvis ikke, at den er meningsløs. Som beskrevet tidligere opstår emergens, som forandrer verden på forunderlig vis. Således kan livet opfattes som en meningsløs, åndløs tilfældighed, men det kan også opfattes som et mirakel – en ufortjent meningsfuld gave givet af Gud.

Kreativitet, improvisation og Gud er, ligesom tilfældigheden, ikke til at få fat på: Så snart man griber fat og vil måle og veje, så forsvinder det. Troen og den kunstneriske proces – ja, vores indbildningskraft – er ikke en objektiv størrelse – men imaginær – vi 'indbilder' os –trækker 'billeder ind' udefra og ind i vores erkendelse og bruger dem i vores fysiske verden og dømmekraft.

Et reduktionistisk verdenssyn afviser hånligt denne luftige kraft, men den kan også værdsættes som hele udgangspunktet for vores erkendelse. At vi gennem denne indbildning på en ikke kausal måde kommer i kontakt med noget så mærkeligt som det åndelige –eller 'ikke fysiske'.

Man kan hævde, at det er indbildning i ordets værste betydning – psykologiske vrangforestillinger uden relation til virkeligheden. Det er postmodernisternes forklaring – at virkeligheden slet ikke eksisterer som andet end en socialpsykologisk konstruktion. Platons svar er, at virkeligheden eksisterer udenfor os, både som fysik men også som ånd. Ja, – at det faktisk er det åndelige, der bedst omfatter virkeligheden og dens fysik. Ligesom snedkerens bord nok er en virkelighed, så er den dybest set en skygge af den hele sandhed om bordet: bordet set fra alle vinkler på én gang, fællesskabet om måltidet til enhver tid og sted – kort sagt en helhed vi i dens kompleksitet slet ikke kan rumme.

Som mennesker har vi det særlige privilegie, at vi kan reflektere over det åndelige. Vi får aldrig fat i dets helhed, alene fordi man aldrig kan omfatte noget, som man selv er en del af, men vi kan indbilde os det stykvis og ordsætte eller udtrykke det i bl.a. kunst.

Digteren Inger Christensen har skrevet et smukt digt om netop det:

Jeg ser de lette skyer
Jeg ser den lette sol
Jeg ser hvor let de tegner et endeløst forløb
Som om de føler tillid
til mig der står på jorden
Som om de ved at jeg
er deres ord.

Gennem vores sprog kan vi glimtvis 'indbilde' os en ægte, ontologisk og metafysisk og såmænd også matematisk virkelighed, som eksisterer, selvom 'alle lande lå øde'.

De samme hjerner oplever stykvis kærligheden og mærker dens styrke. Kristendommens og påskens simple budskab er, at kærligheden og gensidigheden også findes i sin helhed, og som helhed har styrken til at overvinde den forgængelige fysik.

Det er faktisk det, præsten fortæller ved begravelsen og er påskens revolutionerende budskab.

Som læge har jeg det personligt svært med kristendommens tro på KØDETS genopstandelse, men synes til gengæld at det næsten er en selvfølgelighed, at både menneskets fysiske enkeltdele men også dets sjæl efter døden fortsætter i et universelt meningsfyldt, værende fællesskab og fuldendt helhed funderet i absolut gensidighed. To af versene i Inge Krogsdals dåbssalme siger det smukt:

"For vi tror, du er gribende rystende magt
og vi tror, du har elsket os frie
så den dag hvor det værste i verden er sagt
hvisker du: der er mere at sige"

Med den tro lukker jeg vinduet og lever glad og trygt med farvernes forunderlige spil på kirkegulvet i Köln – også den dag, hvor min tid stopper og det er tid at sige farvel.

Kirkegaard tilgår religiøsitet på en anden måde. Når han taler om 'Gentagelsen', så kan det forstås på mange måder. Trods vores forståelse af tid som lineær, så er den relationel og punktuel. Mens håbet retter sig mod en ukendt fremtid, og erindringen griber bagud efter en tabt fortid, og nuets eksistens forsvinder i den tidslige, punktuelle overgang mellem fortid og fremtid, så udgør gentagelsen menneskets mulighed for at blive og forblive nærværende i nuet.

Som nævnt tidligere siger filosoffen Husserl det samme: Når vi nyder musik, er det dybest set, fordi vi erkendelsesmæssigt gentager os selv. Hvis ikke – ville den foregående og kommende tone være meningsløs. Gentagelsen forbinder fortid og fremtid i nuets øjeblikkelighed, og vi glædes over at være i et meningsfuldt tidsrum.

Men gentagelsen kan også forstås i en mere filosofisk eksistentiel forstand.

Kirkegaard har sine 4 livsstadier, som gennemgås udmærket i en artikel af Michal Wolffhechel (f.1969), som her gennemgås i redigeret kort form.

Spidsborgeren, der blot som en robot ureflekteret gentager sine egne og omgivelsernes fordomme. Går på arbejde, betaler sin skat, alene fordi det gør man.

Æstetikeren er en tro kopi af postmodernismens liv. Præget af rodløs søgen efter behovstilfredsstillelse og oplevelser. Casanovaen, der flagrer fra kvinde til kvinde, og socialkonstruktivismens værdiløshed og frustrede søgen efter identitet. Samtalekøkkenet uden samtale.

Hans *etiske stadie* handler om, hvordan du som menneske forholder dig til dig selv og dine omgivelser. At du på godt og ondt må acceptere dig selv – vælge dig selv og den verden, du er sat i. Alkoholismen og naturkatastrofen. At vælge er at ville. Når man vælger sig selv, fuldstændig som man er, har det konsekvenser. Den eneste reelle mulighed for at komme ud af alkoholismen og naturkatastrofen er at tage den på sig. Det er menneskets eksistentielle, etiske valg og ikke bare alle andres skyld. Du må gen – tage dig selv.

Kierkegaards *religiøse stadie* er endnu sværere at forstå og ikke mindst at efterleve: Den etiske livsform handler om hverdagens eksistentielle valg – hvordan du agerer i livet og hverdagens samvær med andre, men hvad gælder, når livet ikke er en trædemølle? Hvad hvis ens verden bliver rystet på den mest voldsomme vis? Gives der stadig en mulighed for gentagelse, dvs. en mulighed for at genoptage livet og gøre det meningsfuldt uanset omstændighederne?

Det religiøse stadie suspenderer det etiske og er den egentlige pointe i historien om Abraham og Isaac. Hvem kan forsvare at slå ihjel, og så ovenikøbet sin egen søn –det kæreste man har. Det er uetisk, ulogisk, ja, hele tilværelsens logik myrdes i den ofring.

Kan man leve autentisk og i enhed med det etisk ordnede samfund, når Gud og det religiøse som en overordnet magt stiller et absolut krav, der kan suspendere etikken? Ja, det kan man i troen. Abraham tror, og i troen får han ikke blot Isak igen men hele meningen med tilværelsen. Denne tro på Gud og hans kærlighed befæster og er forudsætningen for hans kærlighed til sin søn. Den går langt videre end etikerens tro på Gud, der i virkeligheden blot er forudsætningen for, at man kan vælge sig selv og dermed ifalde et personligt ansvar og skyld. Den Gud, Abraham tror på, befinder sig uden for eller over det etiske system, hinsides fornuftens grænse. Her er ingen rationalitet, da begrebet om Gud er begrebet om det ubegribelige. Derfor kan man også sige, at det religiøse eller kristne håb er et håb, der lever, når der ikke længere er mulighed for noget håb. Men hvordan kommer det til udtryk?

Det er alt sammen ren inderlighed: Det er inkommensurabelt for verden, dvs. det kan ikke tage sig nogen skikkelse. Men just det gør dets betydning total, og det kommer på sin vis til syne overalt, nemlig i den måde, på hvilken mennesket nu forholder sig til verden. Det er det, der er pointen. Tilværelsens indhold har ikke ændret sig det mindste, men holdningen til indholdet er radikalt ny, og det er i den holdningsændring, det religiøse består.

Der findes eksplicit og implicit viden –viden der er bevidst og formuleret, og viden, som vi har i os, som vi bruger uden bevidsthed. Når Jesus vredt irettesætter sine disciple med ordene: "Den, der ikke modtager Guds rige ligesom et lille barn, kommer slet ikke ind i det", så er det også en italesættelse af troens væsen. Barnets blinde tillid til sine forældre. Et spring ud på de 70.000 favne.

Jeg oplevede det på skadestuen, hvor børn kom ind med brækkede arme og ribben og tav om forældres mishandling af dem – ikke af frygt, men fordi der iboende i dem lå en tro på kærligheden, som de ikke kunne slippe. De var 'mærket' af Guds kærlighed, men desværre også af menneskets svigt. Det er den tro, Kierkegaard taler om, og som gør historien om Isaac så stærk.

Troens radikalitet og placering over beviset gør den både revolutionerende men også livsfarlig. Historien om Abraham giver for mig kun mening i en kristen sammenhæng, hvor troens fundament er kærlighed. Hans tro kunne have gjort ham til en terrorist, der myrdede løs på Bataclan i Paris i ren inderlighed. Derfor er det vigtig at understrege, at inderlighed ikke skal gøres til en klistret oplevelse af følelser, men i stedet til det, der kæder forståelsen og handlingen sammen til en helhed. At kærlighedens inderlighed kun kan materialiseres i handling. Det er et næsten knusende åg at lægge på et menneskes skuldre, men vi oplever også, hvor selvfølgeligt det skal forstås i vores kærlighed til vores børn, og deres selvfølgelige tillid til os.

Den kristne kirke med sit aflad, heksebrændinger, misbrug af kordrenge og fordømmelse af homoseksuelle har i den grad svigtet denne inderlighed, ligesom alle vi andre, der ikke er et hak bedre. Det er arvesyndens tunge åg, som kun lettes i troen på en kærlighed, der ikke svigter. Det er Paulus klare budskab:

"Om jeg så taler med menneskers og engles tunger, men ikke har kærlighed, er jeg et rungende malm og en klingende bjælde. Og om jeg så har profetisk gave og kender alle hemmeligheder og ejer al kundskab og har al tro, så jeg kan flytte bjerge, men ikke har kærlighed, er jeg intet. Og om jeg så uddeler alt, hvad jeg ejer, og giver mit legeme hen til at brændes, men ikke har kærlighed, gavner det mig intet.

Kærligheden er tålmodig, kærligheden er mild, den misunder ikke, kærligheden praler ikke, bilder sig ikke noget ind. Den gør intet usømmeligt, søger ikke sit eget, hidser sig ikke op, bærer ikke nag. Den finder ikke sin glæde i uretten, men glæder sig ved sandheden. Den tåler alt, tror alt, håber alt, udholder alt.

Kærligheden hører aldrig op. Profetiske gaver, de skal forgå; tungetale, den skal forstumme; og kundskab, den skal forgå. For vi erkender stykkevis, og vi profeterer stykkevis, men når det fuldkomne kommer, skal det stykkevise forgå. Da jeg var barn, talte jeg som et barn, forstod jeg som et barn, tænkte jeg som et barn. Men da jeg blev voksen, aflagde jeg det barnlige. Endnu ser vi i et spejl, i en gåde, men da skal vi se ansigt til ansigt. Nu erkender jeg stykkevis, men da skal jeg kende fuldt ud, ligesom jeg selv er kendt fuldt ud.

Så bliver da tro, håb, kærlighed, disse tre. Men størst af dem er kærligheden."

Er det ikke smukt?

Det er det fordi sandheden i Paulus' tekst mærkes helt ind i knoglerne og fordi du selv stykvis har oplevet kærlighedens styrke.

186

Epilog:

Der er gået mange år, siden jeg ufrivilligt blev presset ud i livet. Det har været en fornøjelig og fortvivlet kamp drevet af en urkraft, som ligger i os alle om, at vi vil livet og en tro på, at verden og livet i sig selv giver mening.

  Livsviljens styrke oplevede jeg en morgen på vej op til klinikken. En dødelig såret kat, formentlig kørt over af en bil, kæmpede sig op ad baggårdens jerntrappe. Med en hvæsende vejrtrækning og med blod og slim boblende ud af munden trak den sig opad for at nå næste trin. Lammet i hele bagkroppen fik den fat med forpoterne og slæbte sig besværet opad. Meningsløsheden i dens kamp var næsten ikke til at bære, men kan kun forstås i livsviljens styrke selv hvor lyset er næsten slukket – eller måske i håbet om, som det sidste, at nå op til hjemmet forenden af trappen – det sikre, trygheden og 'den anden'.

Det er den livskraft, nysgerrigheden og samværet med andre, der har været det centrale i mit liv, også selvom både livskraften, meningen med livet og tilliden til andre nogle gange har været væk. Spillet er ikke slut. Jeg mærker nysgerrigheden og undres over, at jeg stadig synes, det er sjovt at vade rundt i søgen med min kunst og samværet med andre. Alt arbejdet uden anden fortjeneste end nysgerrig stræben efter mening og en social trang til at dele den. Jeg kunne sidde afslappet uden mål og med økonomisk tryghed nyde livet og i Spaniens sol iagttage alle idioterne, der fiser rundt fortravlede og stressede. Jeg gør det ikke og er lidt stolt over, at der stadig er benzin i tanken, men undres også over, hvor besynderlige vi er som biologi og menneske!

I 2024 deltog jeg i en udstilling om svampe, som fortalte en spændende historie om myceliets tilfældige søgen efter mening i et kæmpe underjordisk ritzom, hvor det kommunikerer med andre af skovens væsener. Livsviljen og dens tilsyneladende narværk. I udstillingskataloget skrev jeg:

Svampe er jord, fugt og råd.
Lugten af forgængelig hengemthed.
Skovens fjedrende og sorte muld fuld af glemte historier.
Lag på lag af henfaldne blade, som myriader af liv bryder ned.
Naturens og efterårets krydrede smag af råd og død.

Men under jorden findes et uendeligt netværk af tråde hvor elver væver et spin,
som breder sig som tåger i den fugtige jord.
Tilfældigt vokser de frem mellem træernes rødder.
Med en ubændig kraft fanger de jorden i deres net og suger gerrigt safterne til
sig.

I dette forbundne liv af tilfældighed skabes fælles mening.
Skovens alliancer af liv.
Fjerne galaksers kulbrinter omdannet til nyt.
Et kongerige født af himlen.

I et kakofonisk virvar af beskeder og uforståelige tegn forbindes livet i sejren
over tiden:

At fornægte den hengemte forgængelighed i håbet om evigt liv.

Menneskets indviklede sociale liv har meget tilfælles med svampenes i deres konstruktioner, og derfor har det allervigtigste for mit liv været en klippefast barnetro på, at der over disse konstruktioner ligger et blåt uendeligt himmelrum, som jeg er en værende del af i kristendommens tro på den absolutte gensidighed – den ultimative korrespondance.

Mange unge tror, at ældres større religiøsitet handler om dødens snarlige komme – at man hellere må få Vorherre som partner, inden det er for sent. Det tror jeg ikke. Den helt sene alderdom på plejehjemmet kan nedkoges til 6 sætninger:

- *Kroppens oprør*
- *Tyngdekraftens overmagt*
- *Lystens fjernhed*
- *Livet og samvær bliver til tanker*
- *Hukommelse bliver til erindring*
- *Gentagelsen står stille*

Da jeg ved et sygebesøg spurgte en velbegavet 94 – årig dame, hvordan hun havde det, svarede hun "Joh, ganske udmærket, men når jeg om morgenen sidder med min BH, så spørger jeg undertiden, hvad jeg egentlig skal med den."
Det er sådan en bemærkning der giver 10 liter ekstra på tanken. Hvilken

underfundig humor, og som også fortæller noget om alderdommens fordele. Du kender dine styrker og svagheder og lever med dem. Grafikeren Steffen Herrick har kaldt et af sine værker "Dæmpet samtale med dæmoner" og siger noget om den ro og accept, der ligger i alderdommen.

Floden Styx – min version af den ukendte rejse en frostklar vintermorgen

Det at blive gammel er at opleve mørkningen – at det er Ok ikke at nå det hele, og i stedet blot at sidde sammen med Tove og mærke mørket falde på. Nu hedder det ulvetimen, og vores tid har i alt sit kunstige lys glemt mørket, der kun opleves, når man ligger frustreret og kæmper for at sove inden lyset og morgendagens hektiske liv banker på. Lyset er fuldt af ageren, arbejde og opgaver med praktiske gøremål og børn.

Dagens lys skaber mening, men natten har også sin mening. Den mærker man, når man i bælgmørke langt fra byens lys går en tur i skoven. Blikket rettet mod det magiske lys fra himmelrummet, mens man med støvlerne forsigtigt føler sig frem.

Alle sanserne skærpede for at afdække, hvad mørket gemmer. Kroppen fuld af uro, fordi man ikke kan flygte fra mørket, der omringer en. Samtalen hviskende og lidt påtaget, fordi dens eneste formål er at sikre, at du ikke er faret vild, alene og forladt.

Alderdommen handler om at leve med det mørke. Man kan flygte fra det, eller rettere – aldrig udsætte sig for det. Tænde lys og få botox, eller man kan leve med det, og i mørkets dunkle usikkerhed kikke op på det ufattelige – på stjernerne og lade sig suge ind i rummet. Give slip, acceptere mørket og føle ro og tryghed.

En terminal patient, der havde kæmpet for sit liv og tålt alskens behandlinger og deres bivirkninger, måtte til sidst opgive kampen, og fortalte at det først var på hospice, han fandt ud af at leve livet.

Men alder handler også om en erkendelse af, at man er blevet en anden. Som ung er man en del af verden og et fællesskab – ja, som teenager er fællesskabet hele livet, og man er ikke noget uden det fællesskab. Gestalten "Jeg" er så uklar, at den smelter sammen med "Du" eller omgivelserne. Du føler og oplever verden meget intenst, men har ikke megen fornemmelse eller klarhed over jeg'et. Derfor oplever teenageren også verden som en invasion af smag, indtryk og påvirkning, som det svage jeg nærmest bliver invaderet af. Forsvaret af jeg'et er derfor helt essentielt for ikke at gå under og forklarer psykologiske forsvarsmekanismer som sammensmeltning, generthed, tillukkethed osv.

Senere lukker fællesskabet sig om tosomheden. Først som forelskelse, hvor de to nærmest smelter sammen. Man går i døden for sin elskede, kysser og kan ikke lade den anden være. Når man stifter familie, bliver kærligheden til praktik, bleer og hverdag men præget af en taknemmelighed og erkendelse af, at den anden simpelthen er nødvendig for at overleve.

Som gammel opleves andre mere som en del af et fælles rum. Årsagerne er sikkert mange, men det er i hvert fald et faktum for mig, at andre og verden er blevet mere fjern. Selvom det kan forklares psykologisk og kulturelt med, at man er blevet kynisk og erfaren efter mange års skuffende oplevelser med det sociale, hvor man reelt har oplevet, at det sociale alligevel ender op i egoisme og ensomhed. Alligevel kan jeg ikke lade være at tænke det også som en fysiologisk aldringsproces:

Sanser bliver svagere. Det gælder smagen, der skal forstærkes – tænk på hvor bittert eller surt kaffe og vin smagte i de følsomme unge smagsløg, og så nu, hvor det ikke kan blive stærkt og bittert nok. Seksuelt, hvor berøring af de ædlere dele næsten gjorde ondt, og nu hvor berøring mærkes mindre. Tidligere opslugende tungekys afløst af et kærligt kys og et kram. Dansen bliver en farce – hvorfor dog nu det pjat? Samtalen med den anden ægte og personlig, men uden forelskelsens besættelse, hvor kærligheden i stedet er blevet en tryg hvilen i et tæt fællesskab.

Tankerne fyldes med kunst, filosofi og ikke mindst religiøsitet – Hvorfor er jeg her? Hvad er meningen med min og verdens eksistens? Hvad er menneskelig erkendelse, sprog, bevidsthed, tid og rum? I forhold til de unge forstår man livets kompleksitet langt bedre, men mærker ikke livets intensitet som de unge. Sat lidt på spidsen så forstås livet men mærkes ikke. Livet går fra fysik til ånd og er den egentlige grund til ældres interesse for religion.

Viktor Borge har sagt, at han holder jul hver 14. dag, og det er en finurlig måde at beskrive et velkendt aldringsfænomen – at tiden går hurtigere og hurtigere. Jeg tror, det hænger sammen med den fysiologiske manglende intensitet i alderdommens oplevelser. Tiden bare går. Der er mange oplevelser, men de farer forbi uden større opmærksomhed og uden opmærksomhed – ingen tid, og så er det pludselig igen jul.

Den sociale følelse af fællesskab og glæde ved den andens selskab bliver på samme måde udvandet. Alderdom handler i så fald bl.a. om, at de mekanismer, der fysiologisk forbinder os med omverdenen, simpelthen bliver mere tonedøve og ender desværre ofte i en verden, hvor den eneste reelle følelse vi mærker, er os selv.

Det lyder deprimerende, men lindres af, at der ikke er nogen sorg forbundet med tabet, fordi tabet erstattes af naturlig ligegyldighed overfor det, man ikke føler. Hvorfor spise bananer hvis de ikke smager af noget, og hvorfor begræde, hvis verden siger dig mindre. Det eneste, der i alderdommen betyder noget, er kærligheden – samværet med din kæreste, den nære familie og venner – ja, i modsætning til det aktive liv, hvor arbejde og praktik og statussymboler fylder det hele, så er alderdommen fyldt med glæde og bekymringer for børn og børnebørn. Ikke fordi man nu har tid, men fordi familien – arvtagerne og betagelsen af den uskyldige, smukke og håbefulde ungdom, der viderefører livet, får stor betydning, fordi man ser deres skønhed og ubændige appetit på livet.

Da min mor var 86, sad hun hele dagen inaktiv på en stille villavej og kikkede ud ad vinduet, og jeg spurgte hende – hvad hun dog fik tiden til at gå med. Tilfreds svarede hun, at hun tænkte på sit liv og alle de begivenheder, der var hændt. Den gamles liv bliver således et indre liv – et åndens liv.

Der er forhåbentlig mange år tilbage, og mine mange refleksioner over livet og arbejde med kunst er fyldt med nysgerrighed og tvivl, men jeg mærker også, hvad eftersommerens træ må føle. Bladene slidte, med skader fra svamp og tørke, en følelse af at have fuldendt sit liv med børn og arbejde som har været en glæde, men også har kostet, og at det nok er for sent at ændre dets retning alt for meget. Det er ikke bittert – snarere en mæthedsfølelse, men der ligger også lidt en tristhed over, at det gensidige samvær, korrespondancen, bliver mere og mere sjælden og erstattes af interaktion og floskler. Jeg har set slutningen på plejehjemmene, hvor samtalen handler om den andens ligegyldige obstipation og kampen for at kunne fortælle om sin egen epokegørende tyndskid.

Trods vores refleksioner, analyser og fri vilje og valg så går livet sine egne vegne. I den aktive del af livet griber tiden én, og i en storm hvirvles man ind i en række valg, der ikke altid var de bedste. "Life is what happens to you while you're busy making other plans".

Trods de gode intentioner fejler man dels i uvidenhed, travlhed og mangel på evner og overblik, ja, i sjuskede og fortravlede valg, men også fordi du fulgte den egoistiske tilbøjelighed, som kommer af, at du altid vil være et subjekt forskelligt fra din omverden.

Det har jeg oplevet som læge, som ægtemand, som ven og som far. Det står ikke til at ændre, og tilbage er kun at bede om tilgivelse for det, der gik galt og takke for og glædes over det, der gik godt, og heldigvis var det langt hovedparten. Det er således ikke en ansvarsfraskrivelse, eller depressiv erkendelse, men blot en konstatering.

Kristendommens tilgivelse og kærligheden, der tåler alt, giver som det eneste trods alt en trøst og et svar, som giver mening.

Til Rasmus, Ea og Kasper:

Først tak for jeres tid, og at I kom til verden lige som dem, I er!

I er årsagen til denne bog og danner grundlag for hele meningen med mit liv. I har været en gave, som i hverdagens travlhed er taget som en selvfølge, men som man senere opdager er lidt af et mirakel og en kilde til stor glæde. Bekymringerne er trådt i baggrunden, fordi navlesnoren for længst er kappet, og vi ser jer leve jeres eget voksne liv.

Det er mit håb, at mine erindringer har givet et indblik i et liv på godt og ondt, på styrke og svaghed, og i hvert fald er det intentionen, at I derved får muligheden for at se mig som menneske mere end som far. Formentlig er det en umulighed, for det ligger i biologien, at vi aldrig slipper "forældrene" i os selv, selvom de i vores fortravlede hverdag ikke betyder ret meget. Måske vi alle har brug for nogle idealer, nogen at støtte os til – Gud, konge, familien OG forældrene. Ved at fortælle om svaghederne gør jeg jer måske en bjørnetjeneste, men forhåbentlig også mere stærke, for i sidste instans må vi stå på egne ben og finde os selv i en besynderlig verden, der er meningsfuld at udforske i samvær med andre og med en iboende mening, som vi alle er en del af.

Erindringer er skrevet med alderdommens briller, og alene det gør det til min historie og ikke jeres.

Jeg vil inderligt ønske, at I og vores dejlige børnebørn får et liv i glæde, og at livet ikke tildeler jer alt for store slag, selvom jeg ved, at I ligesom mig ikke kommer igennem livet uden – at vi som forældre trods alle fejlene har givet jer en ballast, der gør livet håndterbart og til en glæde, og at I i de allersværeste stunder vil finde trøst i Guds nærvær.

Det håber og tror jeg på.